"十三五"国家重点出版物出版规划项目

知识产权经典译丛（第5辑）

国家知识产权局专利局复审和无效审理部◎组织编译

发明分析与权利要求撰写

专利律师指南（原书第2版）

[美] 罗纳德·D. 斯拉茨基（Ronald D. Slusky）◎著

吴军芳　马天旗　吕占江　韩树刚　李明娟◎译

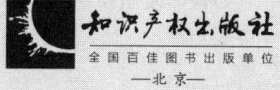

Invention Analysis and Claiming: A Patent Lawyer's Guide, Second Edition by Ronald D. Slusky, originally published by the American Bar Association. Copyright (US) 2012, by the American Bar Association. Translated, published and distributed under a limited license granted to Intellectual Property Publishing House of China. Translation Copyright 2018 American Bar Association. All Rights Reserved.

图书在版编目（CIP）数据

发明分析与权利要求撰写：专利律师指南：原书第 2 版／（美）罗纳德·D. 斯拉茨基（Ronald D. Slusky）著；吴军芳等译. —北京：知识产权出版社，2020.1（2023.10重印）

书名原文：Invention Analysis and Claiming: A Patent Lawyer's Guide（Second Edition）

ISBN 978-7-5130-6396-8

Ⅰ.①发… Ⅱ.①罗… ②吴… Ⅲ.①专利—代理（法律）—指南②专利申请—文件—写作—指南 Ⅳ.①D913.4-62②G306.3-62

中国版本图书馆 CIP 数据核字（2019）第 262865 号

内容提要

本书从专利律师的角度，讲述了如何分析发明，并将其提炼成专利权利要求的方法。本书指出，发明是一种技术思路而非具体的产品，在分析发明时，采用"问题—解决方案"的描述来确定发明构思以及发明的关键技术特征；在撰写独立权利要求时，基于"问题—解决方案"，最大化独立权利要求的保护范围；根据侵权判定等专利实施过程中的情况布局多样化的权利要求；通过"问题—解决方案"指导说明书等申请文件的撰写，由此构建保护范围宽且具有防御能力的权利要求。

选题策划：黄清明　　　　　　　　特约审稿：荀　亮
责任编辑：韩婷婷　程足芬　　　　责任校对：潘凤越
　　　　　　　　　　　　　　　　责任印制：刘译文

知识产权经典译丛
国家知识产权局专利局复审和无效审理部组织编译

发明分析与权利要求撰写
专利律师指南（原书第 2 版）
［美］罗纳德·D. 斯拉茨基（Ronald D. Slusky）　著
吴军芳　马天旗　吕占江　韩树刚　李明娟　译

出版发行：知识产权出版社 有限责任公司	网　　址：http://www.ipph.cn
社　　址：北京市海淀区气象路 50 号院	邮　　编：100081
责编电话：010-82000860 转 8117、8359	责编邮箱：hqm@cnipr.com
发行电话：010-82000860 转 8101/8102	发行传真：010-82000893/82005070/82000270
印　　刷：三河市国英印务有限公司	经　　销：各大网上书店、新华书店及相关专业书店
开　　本：720mm×1000mm　1/16	印　　张：22.5
版　　次：2020 年 1 月第 1 版	印　　次：2023 年 10 月第 4 次印刷
字　　数：426 千字	定　　价：120.00 元
ISBN 978-7-5130-6396-8	
京权图字：01-2019-7513	

出版权专有　侵权必究
如有印装质量问题，本社负责调换。

《知识产权经典译丛》
编审委员会

主　任　申长雨

副主任　贺　化

编　审　葛　树　诸敏刚

编　委　（按姓名笔画为序）

马　昊　王润贵　卢海鹰　朱仁秀

任晓兰　刘　铭　汤腊冬　李　越

李亚林　杨克非　高胜华　董　琤

温丽萍　樊晓东

总　序

当今世界，经济全球化不断深入，知识经济方兴未艾，创新已然成为引领经济发展和推动社会进步的重要力量，发挥着越来越关键的作用。知识产权作为激励创新的基本保障、发展的重要资源和竞争力的核心要素，受到各方越来越多的重视。

现代知识产权制度发端于西方，迄今已有几百年的历史。在这几百年的发展历程中，西方不仅构筑了坚实的理论基础，也积累了丰富的实践经验。与国外相比，知识产权制度在我国则起步较晚，直到改革开放以后才得以正式建立。尽管过去三十多年，我国知识产权事业取得了举世公认的巨大成就，已成为一个名副其实的知识产权大国，但必须清醒地看到，无论是在知识产权理论构建上，还是在实践探索上，我们与发达国家相比都存在不小的差距，需要我们为之继续付出不懈的努力和探索。

长期以来，党中央、国务院高度重视知识产权工作，特别是十八大以来，更是将知识产权工作提到了前所未有的高度，作出了一系列重大部署，确立了全新的发展目标。强调要让知识产权制度成为激励创新的基本保障，要深入实施知识产权战略，加强知识产权运用和保护，加快建设知识产权强国。结合近年来的实践和探索，我们也凝练提出了"中国特色、世界水平"的知识产权强国建设目标定位，明确了"点线面结合、局省市联动、国内外统筹"的知识产权强国建设总体思路，奋力开启了知识产权强国建设的新征程。当然，我们也深刻地认识到，建设知识产权强国对我们而言不是一件简单的事情，它既是一个理论创新，也是一个实践创新，需要秉持开放态度，积极借鉴国外成功经验和做法，实现自身更好更快的发展。

自2011年起，国家知识产权局专利复审委员会*携手知识产权出版社，每年有计划地从国外遴选一批知识产权经典著作，组织翻译出版了《知识产权经典译丛》。这些译著中既有涉及知识产权工作者所关注和研究的法律和理论问题，也有各个国家知识产权方面的实践经验总结，包括知识产权案

---

* 编者说明：根据2018年11月国家知识产权局机构改革方案，专利复审委员会更名为专利局复审和无效审理部。

件的经典判例等，具有很高的参考价值。这项工作的开展，为我们学习借鉴各国知识产权的经验做法，了解知识产权的发展历程，提供了有力支撑，受到了业界的广泛好评。如今，我们进入了建设知识产权强国新的发展阶段，这一工作的现实意义更加凸显。衷心希望专利复审委员会和知识产权出版社强强合作，各展所长，继续把这项工作做下去，并争取做得越来越好，使知识产权经典著作的翻译更加全面、更加深入、更加系统，也更有针对性、时效性和可借鉴性，促进我国的知识产权理论研究与实践探索，为知识产权强国建设作出新的更大的贡献。

当然，在翻译介绍国外知识产权经典著作的同时，也希望能够将我们国家在知识产权领域的理论研究成果和实践探索经验及时翻译推介出去，促进双向交流，努力为世界知识产权制度的发展与进步作出我们的贡献，让世界知识产权领域有越来越多的中国声音，这也是我们建设知识产权强国一个题中应有之意。

申长雨

2015 年 11 月

献给我的家人

史蒂芬·M. 格瑞（1947—2007）

致　　谢

　　作者致谢通常是对那些让他能够完成本书的人表示感谢，例如在写作过程中对各章节阅读并提出宝贵意见的导师、同事和朋友、编辑和其他参与制作出版书籍的人。在此，我也有这样的人要感谢。但首先，要感谢那些早在作者产生本书灵感之前，就应该被感谢的人。

　　我欠我长达31年的雇主——贝尔实验室最大的感激之情。贝尔实验室原来是AT&T的一个部门，现在是朗讯科技公司的一个部门。1970年我在那里接受了专利培训，并开启了我的专利代理人职业生涯。贝尔实验室的法律组织，让我有机会在对各方面都追求完美的环境中学习了专利从业技术。

　　唐·斯内德克（Don Snedeker）是我的第一位导师。他向我展示了如何撰写一份结构化的专利申请，即使用一致的术语、按照逻辑顺序讲述发明故事，并毫不怀疑发明构思是什么。他清晰、直接的写作风格，是我至今难以模仿的榜样。

　　早年在贝尔实验室期间，在我对面工作的是罗伊·利普顿（Roy Lipton），他是一名代理人的儿子，后来也成为代理人。我现在还记得，他的椅背倾斜、两条腿靠在我办公室的墙上，一只手抓住椅子下面，伸出另一只手，手上拿着一张黄色的法定规格的表格，表格里面是刚刚打印出来的权利要求，请一位渴望能像他一样的新手发表意见。罗伊给我的最大的礼物是他在专利审查及诉讼上应用的法理学重点。一位前同事说，回想我说的话，"从法理学上讲"已成为我最喜欢的表达之一。我明白这种感受。几乎每一天，我都会回想起无数次与罗伊对"法理学上的"讨论。

　　我在后来的职业生涯中受到AT&T的专利顾问约翰·麦克唐奈（John McDonnell）的培养。用一句话来定义发明的想法，即本书反复提到的"问题—解决方案"的描述，就是我从约翰那里学到的。也是他委托我执行许多高知名度的项目，后来又把我提拔到贝尔实验室的管理岗位。

　　我也感谢在我的职业生涯中我有幸指导过的代理人们。他们的问题常常迫使我把我早期培训期间内化的概念用语言表达出来。我非常感谢他们对本书中介绍的许多技巧充满"小白鼠"精神。

　　我感谢以下导师、同事和其他审阅初稿的人，他们毫无保留地分享他们的时间和想法，并以多种方式鼓励我：Bob Ardis、Henry Brendzel、Jeff Brosemer、

Ken Brown、Sam Dworetsky、Jim Falk、Mike Fogarty、Barry Freedman、Marc Goldring、Steve Gurey、Dave Hurewitz、Kasey Keegan、Irena Lager、Ben Lee、Roy Lipton、John McDonnell、Scott McLellan、Mike Morra、Gene Nelson、Harry Newman、Anthony Olivetto、Fred Padden、Frank Politano、Peter Priest、Greg Ranieri、Tom Restaino、Eugene Rosenthal、Bruce Schneider、Richard Sharkansky、David Tannenbaum、Chuck Warren 和 Jeff Weinick。特别感谢 Ben Lee、Jeff Weinick，最重要的是我和 Peter Priest 进行了长达数小时的有益讨论，我还要感谢 Frank Politano 专门的鼓励和对整个手稿的详细阅读。

  我对过去有趣的专利的检索，很大程度上得益于托马斯·J. 佩尔科夫斯基 (Thomas J. Perkowski) 的个人出版作品《权利要求带来的声誉与财富：美国先锋发明调查》(*Claims to Fame and Fortune*：*A Survey of Pionner Inventions in America*)。

  Ann Taylor 在酝酿阶段帮助我编辑了手稿，细致程度令我叹服。

  为本书撰写建议书的编辑 Ashley Shelby 以及 ABA（美国律师协会）出版团队 Rick Paszkiet、Sandra Johnson 和 Kelly Keane 的热情将我带到了终点。

  特别感谢芭芭拉·阿佩尔鲍姆（Barbara Appelbaum）。她的意见非常宝贵，帮助一位以专利为中心的世界观的作者认识到，专利代理人认为理所当然的东西，可能会令他人困惑并需要进行耐心的解释。

关 于 作 者

罗纳德·D. 斯拉茨基（Ronald D. Slusky）是纽约私人执业专利代理人。他曾经是贝尔实验室的内部顾问，贝尔实验室最初是 AT&T 的一个部门，后来加入了朗讯科技公司。他在那里 31 年的职业生涯中，指导过数十位专利代理人。

作者拥有哥伦比亚大学电气工程专业的学士和硕士学位以及西顿霍尔大学的博士学位，成绩优异。

本 书 介 绍

几乎所有的专利问题，无论是专利获权、许可还是在法院的执行，都引出同一个基本问题：

本发明是什么？

这个问题看似简单，答案有时却令人难以捉摸。然而，追求答案的技巧对于使专利的经济价值最大化至关重要。熟悉"本发明是什么"这一问题的解答技巧，会使专利权利要求的保护范围远远超出发明人的具体原型或"实施方式"，理想情况下，能够涵盖体现发明实质内容的所有替代方案。同样，不完整或错误地解答，可能会在专利中造成漏洞，允许竞争对手在不侵犯专利权的情况下将发明人所教导的实质内容融入他们自己的产品中去。

解答"本发明是什么"这一问题很难，其部分原因在于，从专利角度来看，发明不是物理上的东西而是一个构思。甚至发明人可能都不明白这个构思是什么。科学家和工程师通常专注于设计和构建某种产品，或配制和测试某种材料，并将产品推向市场。诸如"发明构思"之类的抽象概念，在很大程度上与负责纠错、按时完成项目并满足预算的人无关。确定发明构思，即回答"本发明是什么"的任务主要由专利代理人完成。

本书展示了如何以"问题—解决方案"的描述形式，确定发明构思。该描述可采用这样的句式：

_____的问题，通过_____来解决。

在此，列举一个"问题—解决方案"的描述，其限定了火箭先驱罗伯特·戈达德（Robert Goddard）开创性发明的专利。[1] 本发明的构思是，戈达德认识到通过将给定量的燃料存储在与燃烧腔分开的箱体中，并根据需要将燃料供给到燃烧腔中，可使火箭进一步行进。

在保持火箭重量尽可能轻的同时，使火箭携带大量可燃材料的问题，通过从含有可燃材料的单独箱体连续地将部分材料供给火箭燃烧腔来解决。

---

[1] 美国专利 No. 1,103,503（1914 年 7 月 14 日颁布）。

本书随后会阐述如何将"问题—解决方案"的描述作为撰写专利申请中保护范围最宽的权利要求的基础。事实上，本书的首要主题是强调先从问题解决法的角度分析发明的至关重要性，只有完成了发明分析，才能根据分析结果撰写专利申请的权利要求。例如，上文中对戈达德发明的"问题—解决方案"的描述，很容易转化为以下权利要求：

> 一种火箭装置，包括：一燃烧腔，一与燃烧腔结合的箱体，箱体中容纳一定量的可燃材料，以及将所述可燃材料连续部分供给至所述燃烧腔的装置。

事实上，本书中的每一个主题几乎都是直接或间接地通过"问题—解决方案"的模式来厘清。例如，确认发明及其退守❶特征、撰写限定本发明的各种范围的权利要求、准备说明书以及在审查过程中修改权利要求。

本书摘要

本书分为四个部分。

第一部分——确认发明

我们将在第一部分看到如何确定发明构思，以及如何将"问题—解决方案"的描述扩大到现有技术允许的最宽范围。还阐述了如何使用"问题—解决方案"的模式来确定发明的退守特征，即当申请提交后发现新的现有技术而不得不缩小发明的最初范围时，发明实施方式中可以作为专利性基础的特征。这些退守特征，为在专利申请中构建中范围和窄范围的权利要求提供了依据，也就是本书所称的计划性退守。

第二部分——撰写单独的权利要求

确认了发明及其退守特征之后，我们准备撰写相应的权利要求。第二部分提出了两种基本技巧，用来撰写与宽泛发明对应的权利要求，这两种技巧都基于"问题—解决方案"的描述。其中第一种技巧是基于"问题—解决方案"构建权利要求。即直接从"问题—解决方案"的描述中提取权利要求，几乎不用增加或删减。第二种技巧是基于发明点构建权利要求。这种方法在很大程度上依赖于

---

❶ 原文为 fallback，意指为了防止包含此特征的权利要求由于相对未发现的现有技术而缺乏新颖性/非显而易见性这种情况出现。——译者注

问题解决方案的思考过程，但其结果更加开放。权利要求撰写人可自由发挥创造力，可以用多种方式来表达宽泛的发明，撰写多种结构形式的权利要求。第二部分还介绍了各种类型的中范围和窄范围的权利要求，包括从属权利要求和独立权利要求。例如，包括退守特征的权利要求、表明其特别之处的权利要求、源于实施例的独立权利要求以及最大化专利许可费的权利要求。此类权利要求进行了计划性退守，同时还能起到其他作用。本部分还介绍了说明性权利要求，其对父权利要求（parent claims）中使用的术语进行解释说明。我们也关注在给定的权利要求族中，如何使从属权利要求的设置最优化。最后，我们针对权利要求中的功能性限定，通常表现为装置加功能类型的权利要求，提出法理学上的讨论。

第三部分——权利要求书和可预见的执行情况

只撰写单独的权利要求是不够的，需要根据可预期的执行情况，来构建专利申请的整体权利要求书。即便代理人经验丰富，获取专利的过程也充满了不确定性。在专利授权后发现的现有技术，可能导致部分或全部专利权利要求被无效。技术发展走向的变化可能会使部分或全部权利要求偏离市场需求。

第三部分展示了如何通过预测并解决这些不确定性因素，来构建整体权利要求书。例如，我们知道，权利要求书应该包含将发明限定在每一个具有商业意义的应用场景中的所有权利要求。举例来说，应当同时在编码器应用场景和解码器应用场景中，构建视频编码发明的权利要求。就算不是所有权利要求，大多数权利要求也应当能覆盖个人（而不是共同）直接侵权者的行为。应当用所有合适的法定类型构建本发明的权利要求，这通常意味着既包含方法权利要求又包含产品权利要求。权利要求也应当尽可能多样化。这意味着在限定发明的过程中，使用例如不同格式的权利要求、不同的术语，或者以不同的顺序呈现权利要求要素。权利要求的多样性确保了以下可能性：当某一项权利要求包含了未预期到的侵权漏洞，或者由于现有技术或其本身不清楚被宣告无效的时候，其他权利要求不会受到影响。

第四部分——专利申请的准备和审查过程处理

"问题—解决方案"范式不仅适用于权利要求的准备工作，也适用于说明书的撰写，以及美国专利商标局对专利申请的审查过程。我们在第四部分可以看到，如何根据"问题—解决方案"的描述构建有效的、叙事型的专利说明书。这部分描述了怎样用"问题—解决方案"的范式以最有效的方式来修改权利要求。第四部分还讨论了从业者如何充分利用他们最重要的信息资源——发明人。

发明案例

专利代理人喜欢用技术来说明专利法的原理。例如，笔者回想起，欧文·凯唐教授（Irving Kayton）❶通过在秃头上涂抹番茄酱可以促进头发生长的"发现"，来说明可以为已知物质的新用途申请专利。

本着这种精神，笔者在本书中冒昧地编造了一些东西。这些发明是真实的，其中包括椅子、回形针、微波炉转盘、交通信号灯和退格键。然而，在某些例子中，对作出发明时的现有技术作出了与实际不符的假设。希望这些案例的教学价值能够弥补这种历史准确性的不足。

术语表

本书使用以下术语和排版惯例：

代理人	本文使用"代理人"一词来指代专利代理人和代理商。
竞争对手	其他实施本发明的人被称为专利所有者的"竞争对手"，即使专利所有者本人可能没有任何意图或能力来实施发明，如果有能力实施的话，也就没有竞争对手。
发明人	一件发明通常有两个或更多的"共同"发明人。为了简单起见，本书始终使用单数形式。
实施例	尽管发明人经常设计多个实施例，但本书通常使用单数形式。
他/她	代表发明人使用女性代词，代表专利代理人和其他角色使用男性代词。
说明书	为了便于阅读，当涉及专利说明书的主要部分时，例如背景技术、发明概述和具体实施方式，首字母大写❷。
权利要求编号	专利中的权利要求采用自然数编号，但为了便于描述，在第1章中将权利要求编号为1.1、1.2……，在第2章中将权利要求编号为2.1、2.2……，以此类推。

---

❶ Irving Kayton 博士是美国乔治华盛顿大学法学院的教授，著有《专利实务》（*Patent Practice*）等涉及美国专利法及专利实务的书籍，在美国专利代理行业拥有较高的知名度。——译者注

❷ 原文中将相应英文单词的首字母大写，在中文译本中没有体现。——译者注

阅读和使用本书

本书可以作为参考书来阅读使用。不同的章节相对独立并自由地交叉引用，使得对某个特定主题感兴趣的读者能够寻找到在前面章节中介绍的任何术语或概念。

这本书还具有另一个用途。我们投入大量精力来创作一部作品，一部使新从业者和经验丰富的从业者都可以，并且愿意从头读到尾的作品。各章节的主题以一定的逻辑顺序相互关联，并具有在此类书籍中尽可能多的叙事弧线。这本书不仅仅是一个信息汇编，而且还指导读者以一种全面的方式来分析发明、确定发明构思及发明特征，然后在一系列全面且复杂的权利要求中限定它们。

除了权利要求之外，本书中提出的原则使专利从业者能够制定出一份符合教学要求的专利说明书。在对"发明是什么"这个问题有了一个深思熟虑的答案后，专利从业者发现，随着撰写的进行和令人信服的发明故事的出现，叙述呈现出某种单一的思维模式。在正确的顺序和正确的细节层次上，更容易将所有事情都记录下来，从而能够明确需要加入什么以及需要减少什么。我们并不太需要进行编辑和修订，差不多可以直接得到权利要求。通过激励代理人以一种简约、富有成效的方式来工作，使得整个过程更加令人愉悦和满意。

最重要的是，本书介绍的原则能够使从业者产出优质的产品。

对于发明人来说，这种优质的产品是一个专利说明书，可以阐述一个令人信服的发明故事，并有效地展示发明人对技术的贡献。对于专利所有者来说，它是一个宽泛但精准地回答"发明是什么"这一问题的权利要求书，使得授权专利的经济价值最大化。

对于专利代理人来说，这是一项法律任务，其能够使代理人拥有职业成就感和幸福感。

第 2 版介绍

自本书第 1 版于 2007 年出版以来，专利法发生了重大变化。国会于 2011 年通过了《美国发明法案》；美国最高法院在 2012 年的 *Mayo v. Prometheus*

案❶和 2010 年的 *Bilski v. Kappos* 案❷（澄清法定主题的界限）以及 2007 年 *KSR v. Teleflex* 案❸（解释 35 U. S. C. 103）中表明了其观点；联邦巡回上诉法院就很多不同领域的主题发布了大量的决定。

然而，贯穿本书主要部分的发明分析原则是永恒的，很少受到专利法变化的影响。"发明是什么"首先是一个技术问题。即使那些影响权利要求实践的法院裁决❹，在本书的整体内容中也是相对次要的。

那么为什么出版第 2 版？

权利要求中的功能性限定——装置加功能及其他形式

第 1 版出版一段时间后，作者意识到有一个重要的主题没有被涵盖，即权利要求中的功能性限定。现在通过新的一章，即第 12 章对该主题进行阐述来弥补疏漏。

也是在第 1 版出版之后，作者才最终醒悟，自己之前认为最高法院或美国国会"随时可以"厘清困扰判例法体系的装置加功能困境的想法是多么的一厢情愿。我们在第 1 版中对装置加功能类型案例的自由使用，误导读者以为我们的实践效果很好。作者对这个话题迟来的关注只能归结为一种自满情绪，因为在过去超过 35 年的时间里，在权利要求中采用装置加功能的限定方式都很平常，由此产生了"谁动了我的奶酪"❺ 的心态。无论如何，本书中已经对装置加功能型权利要求重新进行构建和/或通过非装置加功能限定的版本来对其进行增补。另外还增加了一个专门针对装置加功能权利要求的新章节。这一章，即第 13 章，阐述了装置加功能权利要求的历史和现状，并就如何对权利要求要素进行功能性限定提供了一些实用指导，同时避免联邦巡回上诉法院将其认定为"装置加功能的情形"。

章节回顾问题和练习

在编写第 1 版时，作者将该书的主要读者设想为已被美国专利商标局承认

---

❶ *Mayo Collaborative Servs. v. Prometheus Labs. , Inc.*，132 S. Ct. 1289，565 U. S. (2012).
❷ *Bilski v. Kappos*，130 S. Ct. 3218，561 U. S. — (2010).
❸ *KSR v. Teleflex*，550 U. S. 398 (2007).
❹ *In re Nuijten*，500 F. 3d 1346，84 USPQ2d 1495 (Fed. Cir. 2007)（传播信号权利要求是非法定的）；*Abbott Labs. v. Sandoz Inc.*，566 F. 3d 1282，90 USPQ2d 1769 (Fed. Cir. 2009) (en banc in part)（只有在涉嫌侵权的产品是由所描述方法制造的情况下，方法表征的产品权利要求才被侵权）。
❺ 斯宾塞·约翰逊（Spencer Johnson）的书《谁动了我的奶酪？》（Putnam，2002）是一个关于改变态度的格言故事。

的从业人员。

在这方面有两个惊喜。

鉴于该书极具实际操作性，作者并没有预料到该书会在很多法学院使用。然而，事实证明，大约有十几所开设有权利要求撰写课程或高级专利研修班的法学院已将该书纳入其课程体系。因此，第 2 版在每章的最后都增补了章节回顾部分，对接受本书教导以及自学的人有所帮助。章节回顾部分包括：根据本章内容可轻松回答的问题（强化理解）；需要分析、演绎推理的问题或可以激发读者思考的问题（深入思考）；以及发明分析实践和权利要求撰写练习（提升技能）。您可免费向法学教授发送答案以寻求指导。作者联系方式：212.246.4546 或 rdslusky@gmail.com。

另一个惊喜是发明人在准备和提交专利申请过程中对本书的使用程度。本书可以帮助发明人熟悉专利申请工作的相关内容，更好地与专利代理人/代理商进行合作。完全由自己来完成专利申请工作的想法是不切实际的。即使是一整个书架的书，也不能替代学习如何准备恰当的说明书、正确地分析发明并撰写准确的权利要求所需要的指导和经验。[作者想起了初中时代的幽默书籍封面：由医学博士兰斯·博伊尔（Lance Boyle）撰写的《自学脑外科》。]如果您愿意自己撰写专利申请及权利要求，最好在写完后将其交给专业的专利从业人员。

文本的修订

本书中提出的建议之一是"请教您的同事"❶。这是一个复杂的过程，很容易错过某些事情或者误入歧途。正如作者的一位同事曾经说过的那样，"如果很容易，那大家就都这么做了。"事实上，作者利用自身工作的便利性，从本书前言部分的内容开始，尤其是在公开场合和内部研讨会上展示本书内容时，就与多位同事进行了讨论。除了质疑作者过于热衷构建装置加功能型权利要求之外，一些从业经验更为丰富的研讨会参会者还提出了一些想法，促使作者对本书进行了相应的修改。其中包括对多处出现的微波炉转盘案例权利要求进行修订以及对第 6 章中椅子发明的计划性退守进行修订。

其他修订反映了有关传播信号和用方法表征的产品权利要求的法律变化，更新了书中引用的判例法引文，以准确指导最新案件。根据 2011 年《美国发明法案》中的法条变化修订了附录 D。

第 2 版还特别对索引进行了扩展。

---

❶ 第 45 页。本译著为第 39 页。另原书脚注有较多页码指示，译文视重要性选择保留。——译者注

法律参考文献——《美国发明法案》

2011年制定的《美国发明法案》(AIA)修订了本书所引用的第35条下的若干段落，包括第102、103和112段。这些修正案将在本书第2版发布后的一年内生效。然而，AIA中新的细分内容已被纳入本书中，以使本书的适用期更长。因此，目前由段落序号指引的内容，例如，§112下所包含的各项规定，在本书中使用的是它们在AIA中的编号§112（a）～（f）。

译者说明

本书虽然是由美国作者所著,讲解美国专利法框架下的申请文件撰写,但书中所阐述的发明分析方法、权利要求撰写方法等对国内申请人和代理人也极具启发意义,非常值得国内专利行业从业人员一读。这是一本重实践、接地气的书,也是一本幽默、有趣的书。作者具有丰富的从业经验,结合自身深刻的认识和理解,将理解分析发明、撰写申请文件这两件事彻彻底底展开,逐类逐项进行细致入微的剖析,引用大量案例辅以说明,涉及广泛的技术领域,细数法律修改带来的变化和影响,并给出大量练习和讲解,进而不遗余力地指导读者——如何在美国法律框架下,通过理解分析发明并撰写申请文件,为权利人寻求利益最大化的保护。另外,在描述过程中,不仅体现出作者系统的专业知识,还展露了他绘声绘色讲故事的能力,你能想象如何利用希腊神话、《谁动了我的奶酪》《成功领导者的八项核心能力》等文学作品来讲解专利知识吗?能理解为何将对手比喻为电脑黑客吗?以及为何将发明人比为"她"?而"幽灵"又指专利撰写中的什么?作者甚至在每个分析或撰写的步骤中,还对自己的心理变化也进行了描述,很容易引起读者的共鸣。

初读原著时,我们不仅折服于作者的专业素养,被那一个个让人会心一笑的小幽默抓住眼球,同时也被作者发自内心的投入所深深打动。这些都是促使我们下定决心翻译它的重要原因。因此,无论是企事业单位或高校的知识产权工作者、知识产权代理师,还是其他知识产权从业者,想要对美国专利实践有深入了解,希望能够在草拟技术交底书、分析发明和撰写权利要求的过程中得到强有力的引导和启发,抑或是寻求如何通过科学撰写降低被无效的可能性、提升对侵权行为行使权力的可能性,如何规避已有的专利壁垒,以及在审查过程中如何更有效地答复和修改申请文件等方面的知识,我们都推荐读一读这本既专业又有趣的书。相信在阅读过程中,各类读者都能有所收获。

从筹划到翻译成书,两年多的时间,各位译者查阅文献、交流讨论、反复推敲,终于在译者团队的共同协作下得以出版。在翻译过程中,译者们各司其职,并相互进行校对检查,最后由吴军芳进行合稿、统稿。翻译分工为:吴军芳翻译第7~11章、术语表,校对第1~6章、致谢等本书介绍部分的内容;马天旗翻译第1~6章,校对第7~10章;吕占江翻译本书介绍、第14~17章、附录B,校对第12~13章、附录A、C、D和索引;韩树刚翻译第12~13

章、第 21~22 章、附录 A，校对第 18~22 章；李明娟翻译第 18~20 章、附录 C、D 和索引表，校对第 11 章、第 14~17 章、附录 B、术语表。钟锋和李航在前期翻译准备、后期文字稿整理中也付出了很多劳动，她们认真、务实的工作态度令我们敬佩。

  此外，尤其要特别感谢知识产权出版社的大力支持，感谢黄清明编辑、韩婷婷编辑、程足芬编辑在本书翻译过程中提供的大量指导和宝贵意见，感谢编辑部其他同仁在本书编辑出版过程中的努力和付出，正是他们的严谨、细致和敬业，方才促成本书在国内的面世。

  虽然各位译者已经付出了巨大努力，但囿于有限的水平，翻译的内容仍值得推敲，对其中任何不妥之处，请读者朋友一定提出批评指正。

译　者
2019 年 8 月

译者介绍

吴军芳：国家知识产权局专利局专利审查协作河南中心审查业务部副主任，副研究员，国家知识产权局专家库专家、河南省知识产权专家库专家、洛阳市知识产权专家库专家、河南大学职业导师、郑州大学研究生导师，专利局审查员培训局级师资，从事十余年审查员培训工作，参与开发并讲授权利要求分析、创造性、实质审查等多门课程，并多次为代理机构、企业、高校等培训授课。参与过专利局分领域检索手册等专项课题研究工作。发表多篇业务文章。

马天旗：国家知识产权运营公共服务平台副总经理，高级知识产权管理师，全国专利信息利用师资人才，中国专利信息分析人员测评委员会成员，国家知识产权局专家库专家，北京市知识产权专家库专家等。主编《专利分析：方法、图表解读与情报挖掘》《专利布局》《专利挖掘》《专利转移转化案例解析》，参与撰写《专利分析实务手册》《高价值专利培育与评估》《高价值专利筛选》等书籍，发表知识产权相关文章近40篇。

吕占江：国家知识产权运营公共服务平台副总经理，副研究员，先后在国家知识产权局专利局实用新型审查部、审查业务管理部、专利审查协作河南中心工作，曾任专利审查协作河南中心办公室副主任、主任。

长期参与国家知识产权局专利局审查质量管理政策、制度的制定，质量评价体系的运行工作，执笔多年《专利审查质量评价报告》，牵头建立了审查质量外部评价和外部投诉体系，制定了专利审查质量满意度调查体系，建立了审查质量投诉平台；参与过向国务院上报专利质量工作报告的主要撰写工作，以及《基于强局建设的审查业务未来路线图》《五局审查质量合作》等研究工作。参与省部级课题研究二十余项，是《高价值专利（组合）培育和评价标准》《知识产权拍卖规程标准》的主要起草人。

韩树刚：国家知识产权局专利局机械发明审查部汽车配件处处长，研究员。长期为企业人员和专利代理人培训撰写实务方面课程，并参与多项局内有关专利检索、创造性审查等方面的研究课题，发表多篇业务文章。

李明娟：国家知识产权局专利局专利审查协作河南中心电学发明审查部计算机领域室主任，副研究员，局骨干人才、外派国际化人才，局级授课教师，连续多年参与新审查员培训，讲授《创造性审查实践》《实质审查程序》等十余门课程，多次参加对外培训，讲授《专利信息基础》《电学领域申请文件的撰写》等，作为主要执笔人、统稿人等参与局级专项课题以及审协河南中心自主课题的研究，在各类期刊上发表文章多篇。具有BFT高级、PETS5等外语证书，曾赴欧洲专利局参加CPC培训。

简　目

第一部分　确认发明

第 1 章　发明是构思 …………………………………………………………… 3
第 2 章　从技术问题开始（而不是实施例） …………………………………… 9
第 3 章　"问题—解决方案"的描述 ………………………………………… 16
第 4 章　"问题—解决方案"的描述——达到应有的宽度 ………………… 28
第 5 章　"问题—解决方案"的描述——避免过度宽泛 …………………… 44
第 6 章　退守特征和计划性退守 ……………………………………………… 53

第二部分　撰写单独的权利要求

第 7 章　基于问题解决法撰写独立权利要求 ………………………………… 72
第 8 章　基于发明点撰写独立权利要求 ……………………………………… 83
第 9 章　中范围和窄范围的权利要求 ………………………………………… 107
第 10 章　解释性权利要求 …………………………………………………… 119
第 11 章　从属权利要求布局 ………………………………………………… 126
第 12 章　具有功能性语言的权利要求 ……………………………………… 140
第 13 章　装置加功能 ………………………………………………………… 161

第三部分　权利要求书和可预见的执行情况

第 14 章　发明应用场合和直接侵权者 ……………………………………… 179
第 15 章　法定权利要求类型 ………………………………………………… 198
第 16 章　权利要求的多样性 ………………………………………………… 206
第 17 章　结合预期的实施情况检查权利要求 ……………………………… 219

第四部分　专利申请的准备和审查过程处理

第 18 章　撰写背景技术和发明内容 ·········· 225
第 19 章　撰写具体实施方式 ·········· 239
第 20 章　权利要求被拒绝——修改还是争辩？ ·········· 249
第 21 章　权利要求的修改 ·········· 258
第 22 章　与发明人合作 ·········· 268

附录 A　发明构思及其"问题—解决方案"的描述 ·········· 281
附录 B　读者练习——以及作者答案 ·········· 290
附录 C　专利示例 ·········· 295
附录 D　《美国法典》第 35 卷节选（自 2013 年 3 月 16 日起生效）······ 299
术语表 ·········· 303
索　引 ·········· 305

目 录

致　谢 ·· I
关于作者 ··· III
本书介绍 ··· V
译者说明 ··· XIII
译者介绍 ··· XV

第一部分　确认发明

第1章　发明是构思 ·· 3
　　从技术问题开始 ·· 6
　　本章回顾 ·· 7

第2章　从技术问题开始（而不是实施例） ·························· 9
　　技术问题是什么？ ··· 9
　　实物教学课：科纳（Konaclip）曲别针 ···························· 10
　　本章回顾 ·· 14

第3章　"问题—解决方案"的描述 ····································· 16
　　尽早开始 ·· 17
　　大思维 ··· 18
　　不要被发明人的实施例所迷惑 ·· 19
　　先是质疑者，后是辩护者 ·· 20
　　单独的发明创造单独处理 ·· 22
　　定义本发明，试试它的大小是否合适 ····························· 23
　　本章回顾 ·· 24

第4章　"问题—解决方案"的描述——达到应有的宽度 ······ 28
　　设想"对手团队" ··· 28
　　挖掘实施例 ·· 30
　　　　分析究竟发生了什么 ··· 31

将"怎样"与"什么"分开 32
　　　构想替代方案，包括一些难以置信的方案 34
　　拓展技术问题 35
　　修剪和提炼 38
　　请教您的同事 39
　　　首先"看透"本发明 39
　　　使用欧式（"吉普森"式）权利要求作为一种分析发明的模式 39
　　　设想销售场景 40
　　　想象一下，你只有60秒钟来形容本发明 40
　　　反复询问发明人 41
　　本章回顾 42

第5章 "问题—解决方案"的描述——避免过度宽泛 44
　　尽可能宽泛地理解"问题—解决方案"的描述 44
　　正确的缩窄方式 46
　　　持续聚焦于专利宽度及其功能 46
　　　缩窄技术问题而不是解决方案 47
　　反思无马的马车 50
　　本章回顾 51

第6章 退守特征和计划性退守 53
　　为什么需要退守（回退）策略 53
　　计划性退守 54
　　使用"问题—解决方案"范式识别退守特征 57
　　　椅子的计划性退守 58
　　本章回顾 66

第二部分　撰写单独的权利要求

第7章 基于问题解决法撰写独立权利要求 72
　　五个步骤 72
　　示例 73
　　　微波炉均匀加热装置 73
　　　交通信号器 74
　　组合步骤中的可选项 76
　　　前序部分 76
　　　重新排列和重复 76

法定权利要求类型 ·· 76
　　　结构性特征与装置加功能特征 ································ 77
　　　发明的场合 ·· 77
　问与答 ·· 78
　过短的权利要求 ·· 79
　本章回顾 ·· 81

第8章　基于发明点撰写独立权利要求 ························· 83
　步骤1和2：设定场合和权利要求类型 ···························· 86
　步骤3：确定发明点 ·· 86
　　　思考问题和解决方案 ··· 86
　　　找出"究竟发生了什么" ······································· 87
　　　将"什么"与"怎样"分开 ······································· 87
　步骤4：基于发明点撰写权利要求 ································ 88
　　　以终为始 ·· 88
　　　只打包你所需要的 ·· 91
　　　定义，不要解释 ··· 94
　　　使用功能性描述使得权利要求特征数量最少 ··············· 97
　　　仔细检查每个修饰语 ··· 98
　　　确认权利要求正确表达了你的意图 ························· 99
　　　假设输入信号和数据/参数值是现成的——不要在权利要求中去生成 ····· 100
　　　为从属权利要求保留从属权利要求限定语 ················· 101
　　　撰写权利要求时，应胸有成竹，而非囿于附图 ··········· 102
　　　力求简单化 ·· 102
　步骤5：采用"问题—解决方案"的描述作为基准 ················ 103
　本章回顾 ·· 104

第9章　中范围和窄范围的权利要求 ···························· 107
　退守性权利要求 ·· 107
　差异性权利要求 ·· 108
　实施例式独立权利要求 ··· 109
　　　宽度的问题 ·· 110
　　　在许可和诉讼中的好处 ······································ 111
　　　在可专利性和"被侵权性"之间寻找平衡 ··················· 112
　最大化许可费基础的权利要求 ··································· 115
　本章回顾 ·· 116

第10章 解释性权利要求 ... 119
父权利要求可能被与发明无关的现有技术公开 ... 120
父权利要求可能不清楚 ... 121
问与答 ... 123
本章回顾 ... 124

第11章 从属权利要求布局 ... 126
链式窘境 ... 126
单独提供专利性的权利要求应采取非链式方式 ... 129
协同提供专利性的权利要求应采取链式方式 ... 130
不能协同提供专利性的权利要求不应采取链式方式 ... 131
彻底避免不起任何作用的权利要求 ... 131
基于为计划性退守做出的贡献,在权利要求族中分层设置权利要求 ... 133
将从属权利要求的布局应用于不同的权利要求族中,以控制权利要求的数量 ... 135
马库什组——粗心的陷阱 ... 136
本章回顾 ... 138

第12章 具有功能性语言的权利要求 ... 140
"功能性语言"而不是"功能性权利要求" ... 140
涉及新颖性的功能性语言 ... 143
　什么时候权利要求是过度功能性的 ... 143
　什么时候权利要求是非过度功能性的 ... 147
关于范围过宽 ... 150
规则的意义 ... 151
"用词问题" ... 152
　转接词 ... 153
　预期用途的描述 ... 156
　沃巴什的功能性语言到底表达了什么? ... 157
本章回顾 ... 158

第13章 装置加功能 ... 161
装置加功能权利要求的宽度 ... 162
装置加功能权利要求的不清楚 ... 165
不合格的权利要求撰写者在做什么? ... 166
　至少在一些权利要求中,以非装置加功能形式构造功能性要素 ... 169
　只要有意义,就使用博勒加德(Beauregard)权利要求 ... 171

不要完全放弃装置加功能权利要求 ··· 171
用第112条（f）在头脑中精细勾画说明书 ····························· 172
步骤加功能 ··· 174
本章回顾 ·· 175

第三部分 权利要求书和可预见的执行情况

第14章 发明应用场合和直接侵权者 ······································ 179
发明应用场合 ·· 179
发明应用场合的释义 ·· 180
发明应用场合的重要性 ··· 181
维护发明应用场合边界的完整性 ······································· 184
个体直接侵权人 ··· 186
两类常见的侵权对象 ·· 187
采用竞争对手的思维模式 ·· 189
读者练习 ·· 191
示例一：衣服制造 ··· 192
示例二：互联网基础设施 ·· 194
本章回顾 ·· 196

第15章 法定权利要求类型 ··· 198
产品（机器/产出品）权利要求 ·· 198
一般的产品权利要求 ·· 198
计算机可读介质（Beauregard）权利要求 ··························· 200
传播信号权利要求——不再允许 ······································· 201
方法（步骤）权利要求 ··· 202
组合物权利要求 ··· 203
方法表征产品的权利要求 ·· 203
本章回顾 ·· 204

第16章 权利要求的多样性 ··· 206
重组"问题—解决方案"的描述 ··· 207
同时列举功能和结构 ··· 207
术语变化 ·· 208
强制格式权利要求 ·· 209
功能限定与结构限定 ·· 210
要素或步骤的数量 ··· 210

前序部分长度 ·· 210
前序部分内容 ·· 210
要解决的问题 ·· 211
发明点的处理 ·· 211
基础的科学或工程理论 ·· 211
数学方式的限定 ··· 211
粒度 ··· 211
时间性 ·· 212
信号域 ·· 212
强制格式示例 ··· 212
示例一：网络搜索 ·· 212
示例二：行程编码 ·· 213
示例三：模块化地板 ··· 214
本章回顾 ··· 217

第 17 章　结合预期的实施情况检查权利要求 ································ 219
检查整体权利要求书 ·· 219
非专利性/无效性 ··· 219
最大限度地提高专利对其所有者的价值 ·· 219
检查单个权利要求 ··· 220
不恰当地缩小范围 ·· 220
权利要求过宽和不清楚 ··· 220
超出发明应用场合边界 ··· 221
形式检查 ·· 221
本章回顾 ··· 222

第四部分　专利申请的准备和审查过程处理

第 18 章　撰写背景技术和发明内容 ··· 225
读者 ··· 225
背景技术 ··· 226
以终为始 ·· 226
保持简短并有结论 ·· 227
不要在背景技术中引用附图 ·· 228
不要把发明人的发现写入背景技术 ··· 228
发明内容 ··· 231

以一句话陈述发明的解决方案 ································· 233
　　功能性呈现解决方案 ······································· 234
　　闭合"问题—解决方案"环 ··································· 234
　　指定选择性特征 ··· 234
　　使用"倒金字塔"样式 ······································· 234
　　要有创造力 ··· 236
　本章回顾 ··· 237

第19章　撰写具体实施方式
　具体实施方式是背景技术/发明内容的扩展 ······················ 239
　　阐述问题 ··· 240
　　阐述解决方案 ··· 240
　　采用前述的倒金字塔样式获得发明 ··························· 242
　在撰写具体实施方式之前，掌握发明 ··························· 243
　详细描述体现发明的地方 ····································· 243
　随时收集变化和替换方式；把它们保留到最后 ··················· 245
　何时撰写具体实施方式？ ····································· 246
　最后的核查 ··· 246
　本章回顾 ··· 247

第20章　权利要求被拒绝——修改还是争辩？
　四个问题，六个选项 ··· 249
　问题1：审查员关于显而易见性的立场是否有充分依据？
　（框11、框12） ··· 250
　问题2：权利要求可以从所引用的现有技术中获知吗？
　（框13、框14） ··· 252
　　试着从审查员的角度去看 ··································· 252
　　不要过度解读参考文献 ····································· 253
　　不要仅仅依靠发明人对参考文献的解读 ······················· 253
　问题3：被引用的现有技术是否公开了发明构思？
　（框15、框16、框18） ······································· 254
　问题4：发明是否早于参考文献？（框17、框20） ················ 255
　本章回顾 ··· 256

第21章　权利要求的修改
　重新考虑本发明，随后重新考虑权利要求 ······················· 258
　当现有技术没有公开发明构思时的修改 ························· 259

引用的现有技术公开了发明构思时的修改 …………………………………… 261
丢掉无用的限定 ……………………………………………………………… 262
本章回顾 ……………………………………………………………………… 265

第22章 与发明人合作 268

课堂式学习的局限性 ………………………………………………………… 268
自主学习 ……………………………………………………………………… 269
  从已知的起点开始 ……………………………………………………… 270
  慢慢地、谨慎地前进 …………………………………………………… 271
  不要放过任何必要的细节 ……………………………………………… 271
  充分利用你对技术的好奇心 …………………………………………… 273
  从一开始就依靠发明人 ………………………………………………… 274
迈出第一步很难——但你必须这么做 ……………………………………… 276
让发明人参与申请的准备工作 ……………………………………………… 276
  准备申请文件的四阶段协作过程 ……………………………………… 277
本章回顾 ……………………………………………………………………… 280

附录A 发明构思及其"问题—解决方案"的描述 ……………………… 281
附录B 读者练习——以及作者答案 …………………………………… 290
附录C 专利示例 …………………………………………………………… 295
附录D 《美国法典》第35卷节选（自2013年3月16日起生效）……… 299
术语表 ………………………………………………………………………… 303
索　引 ………………………………………………………………………… 305

第一部分

确 认 发 明

第一部分"确认发明"的核心前提是：发明不是某个事物，而是一种构思。我们只有明晰本发明的构思，才能切实撰写出尽其专利宽度❶涵盖本发明的权利要求。

第1章以1888年获得专利的圆珠笔为例，介绍了发明构思的概念。本章还介绍了这样一种理念：确认发明构思最有效的途径是从本发明解决的问题出发，而不是依据发明人的具体实施例来确认解决方案。

第2章进一步阐释了前述理念。使用回形针案例来说明，对发明的分析如果是基于实施例而非基于"问题—解决方案"的，那么会完全误入歧途。

第3章聚焦基于"问题—解决方案"的发明分析方法之核心："问题—解决方案"的描述。"问题—解决方案"的描述是对本发明的释义，其阐明发明人所要解决的技术问题以及能解决该技术问题的、现有技术所允许的最大范围的技术方案。如本书第二部分所述，"问题—解决方案"的描述为专利申请中范围最宽的权利要求奠定了基础。

第4章和第5章从硬币的正反两面来提供分析发明的方法。第4章探讨如何确保"问题—解决方案"的描述不会过于狭窄，而第5章则讨论怎样判断"问题—解决方案"的描述过于宽泛以及如何将其缩窄而又不会过于狭窄。这两章讨论的技巧同样适用于权利要求的撰写。

第6章介绍了计划性退守方案。计划性退守是指确认并排序发明退守特征的策略。万一我们原以为的宽泛发明被证明落入现有技术范围，退守特征作为发明人具体实施方式的一个（多个）方面，将夯实可专利性的基础。

---

❶ 专利宽度＝专利保护范围。专利保护范围，被经济学家抽象为专利生存的空间因子——专利宽度。Klemperer（1990）和Gilbert、Shapiro（1990）在最优专利制度讨论中引入了专利宽度概念。——译者注

第 1 章
发明是构思

对大多数人来说,发明是有形的。人们会想到像拉链这样的机械装置或四环素这样的合成物质。即使像巴氏灭菌法❶这样的工艺发明也能实现牛奶被加热的具体效果。

然而,对于专利律师来说,一项发明不是有形的,而是一个构思。事实上,在 1933 年出版的《专利重复授权》(*Double Patenting*)一书中,作者埃默森·斯特林厄姆(Emerson Stringham)甚至称,一项发明是一种抽象概念:

> 美国法院目前的困难……可以追溯到其初始思维,即专利给予保护的"发明"是有形的。实体实施例或公开内容本身是有形的,会在新颖性问题上与本发明的定义或其权利要求相混淆。这种定义、权利要求或垄断权,有时也被称为其同义词之一的"发明",不是有形的,而是一种抽象概念。定义总是抽象的。专利法意义上的新颖性所定义的"发明"与实体实施例所体现的"发明"的这种初始混淆,有史以来不仅存在于法院中,而且还存在于专利局的一些审查员中!!❷

正如斯特林厄姆所说,只有将受专利保护的发明理解为一种抽象概念,才能进行清晰的思考。

专利从业者将这种抽象概念称之为"发明构思"。

专利代理人的主要任务是发现潜藏在发明人实施方式中的发明构思,然后将其体现在权利要求中。这项任务如果失败,就意味着帮助竞争对手打开了利用发明人技术贡献而又不会侵犯本发明专利权的大门。

---

❶ 巴氏灭菌法,也称巴氏消毒法(法语:Pasteurisation),是法国生物学家路易·巴斯德(Louis-Pasteur)于 1862 年发明的消毒方法。该方法主要用于牛奶上,杀灭牛奶里含有的病菌。——译者注

❷ Emerson Stringham, *Double patenting* (Washington, D. C.: Pacot Publication, 1933).

本章以约翰·劳德（John Loud）发明的圆珠笔（1888 年获得专利❶）为例，来阐释发明构思的概念。劳德的实施例如图 1-1 所示❷。通过弹簧 S 将球 L 压靠在管 A 的收缩口上，该弹簧 S 依次推动杆 G、轴承 H 和抗磨球 K。当球 L 压在纸上时弹簧收缩，调节墨水流到球 L 上，从而在笔移动时墨水从球那里到达纸上。

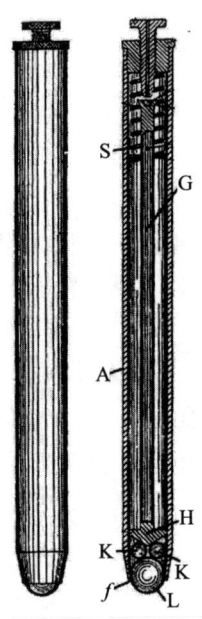

图 1-1　约翰·劳德的圆珠笔

权利要求 1.1 限定了劳德的这种笔：

  1.1 一种笔，包括：
  具有收缩嘴并适于保持墨水的管，
  从嘴部伸出的球形标记点，和
  将标记点弹性地保持在嘴上的墨水流量调节器❸。

该权利要求似乎缩减到了最短。尤其合意的是，该权利要求甚至涵盖了没有墨水的笔，因为该权利要求只要求了一种适于容纳墨水的管子，但是它没将

---

 ❶　美国专利 No. 392,046（1888 年 10 月 30 日颁布）。
 ❷　劳德的实施方案并不实用。一位名叫拉斯洛·拜罗（Laszlo Biro）的匈牙利记者因在 1938 年发明了现代的圆珠笔而名声大噪。
 ❸　对这个特征采取装置加功能的描述方式，可能是"弹性地将标记点固定在嘴上的装置"。由于第 13 章中明确提到的原因，本书中谨慎地使用装置加功能的方式。

墨水作为所要求保护的特征组合的一个要素。因此，该权利要求覆盖了制造中的笔，并可以针对销售不含墨水的笔的制造商（比如当时的钢笔）主张其权利。

然而，假使劳德的专利仍然有效，权利要求1.1也没有多大价值。现代的圆珠笔没有像劳德的"将标记点弹性地保持在嘴上的墨水流量调节器"。取而代之的是，通过使用黏度适当的墨水，并使球体和球窝之间紧密配合，确保墨水不会泄漏。

当然，这需要一位具有相当洞察力的远见者，能预期制造现代圆珠笔所需技术的出现。然而现实中并不需要有远见者预见到这种技术进步确实会发生。事实上，专利代理人的任务是：就算有这样的技术进步，只要新设备体现了发明人的原创工作，其所撰写的权利要求都能确保专利的价值。

实际上，劳德的代理人威廉·道尔斯（William Dowss）完成了这项任务。权利要求1.1及其"墨水流量调节器"并非道尔斯的权利要求，而是本书作者作为示例编写的。如果劳德专利仍然有效，道尔斯的权利要求将对市场上的每支圆珠笔收取专利使用费，因为道尔斯成功地用10个英文单词❶的权利要求体现了构成每个圆珠笔的构思：

  1.2 一种笔，基本如所述的，具有球形标记点。

就是这样！具有球形标记点的笔。一支圆珠笔不能没有一个圆珠。劳德专利中的另一个权利要求同样简洁：

  1.3 一种笔，为实现所述目的并基本如所述的，具有能够在所有方向上旋转的标记球。

市场上有无数不同的圆珠笔，然而每个都体现了劳德第一次在圆珠笔中体现出来并且被道尔斯成功地加以保护的构思。劳德的实施例没有可更换的墨盒、塑料筒或可伸缩尖端。1888年，制造现代细线圆珠笔所用的小球和紧密配合的套筒所需的技术可能是不存在的。今天的金属、塑料和油墨组合物在当时是无法获得的。尽管如此，自劳德以来生产的每一个圆珠笔都体现了超越这些具体细节的构思：一支"具有球形标记点"的笔。

现在很容易认识到权利要求1.1的缺点。但是，如何知道这不是对发明最宽泛的限定？这是一个罕见的发明，可以像权利要求1.2和1.3那样，用很少的词语来保护，因此即使像权利要求1.1一样长度的权利要求看起来也相当宽

---

 ❶ 10个英文单词的原文为：A pen having a spheroidal marking – point, substantially as described. ——译者注

泛。专利代理人道尔斯如何在1888年预见未来圆珠笔不需要权利要求1.1的弹簧式"墨水流量调节器"？

道尔斯可能没有那种预见力。但道尔斯的权利要求清楚地表明了他的理解，即实施细节，如"墨水流量调节器"或具有收缩嘴的管子，与劳德发明的本质无关。

道尔斯是如何达到这种理解的？今天的执业专利代理人怎样才能真正找到发明构思并撰写恰当的权利要求？

这个问题的答案藏在本书的核心内容，即发明分析方法中。

从技术问题开始

通往发明构思的路径始于发明人解决的技术问题。当宽泛地从概念层面阐述时，发明构思是发明人解决该技术问题的解决方案。对于发明人实施例中的任何细节，如物理要素、方法步骤、特定功能或它们之间的特定关系，人们可以思考对于解决所述技术问题，这些细节是否在某种程度上是必需的。如果不是，则该细节不是发明构思的本质。

劳德讨论的问题是，现有的笔（钢笔和羽毛笔）不能在粗糙表面（如木头或皮革）书写。他的解决方案的核心是球本身，问题由此得到解决。权利要求1.1的"墨水流量调节器"说明了如何构造这种笔，而不是如何解决在粗糙表面书写的问题。如果墨水可以以某种方式自动调节，我们仍然可以拥有一种劳德类型的笔。不过，劳德可能从来没有考虑过这种墨水是否存在。我们可以构造一个对某个新鲜事物进行描述的语句——一个带球形标记点的笔，而不必描述如何制造这种笔。

也许更微妙的是笔管收缩嘴的问题，人们可能认为这是绝对需要的，否则如何将球保持在位？

没关系。

想象有一个小精灵，他的工作就是将球保持在位。随着笔在纸张上的滑动，那个精灵拼命地保持该球在位，即便如此，劳德的球形标记笔仍然是一种新的书写工具。区分劳德的笔和以前的笔并不需要说笔具有收缩嘴或墨水流量调节器。不管是否产生有益效果，这些仅仅是实施细节，并不涉及解决在粗糙表面上书写问题的本质内容。

凭空设想本书所称"难以置信的实施方式"，如同我们的小精灵一样，是一个强大的发明分析工具。

有人认为，如果在实施本发明时绝对需要某些细节，那么在发明定义中包含这些细节并没有坏处，但这是一个危险的观点。我们永远不能确定到底将需要哪些特定的细节。技术在进步，我们每天都在发明新的做事方式。

此外，某些内容是否是实施发明构思所需要的，与是否对其进行保护并无关联。专利局在1888年的时候对这方面没有任何争论。如上所述，专利局颁布了劳德的专利权利要求1.2和1.3。事实上，在删除现代实践中不使用的"基本上如所描述的"语言之后，假设圆珠笔还没有被发明的情况下，前述权利要求在今天也是可以授予专利权的。

发明构思是各类发明的基础，而不仅仅是像圆珠笔这样的机械装置。附录A列出了其中的一些，其中包括伯宰（Birdseye）的包装冷冻食品的方法、卡姆拉斯（Camras）的磁记录技术和莱斯佩伦斯（L'Esperance）的激光视力矫正方法等开创性发明。

毫不奇怪，对这些开创性发明可以阐述得非常宽泛，并撰写非常简洁的权利要求。但是，专利商标局每周都在对较为普通的创造颁布同样宽泛的专利权利要求。附录A也提供了一些这样的示例。

本 章 回 顾

强化理解

1. 为什么对于专利的权利要求而言，体现发明的内在构思很重要？

2. 对于那些在实施例中无论如何都必须包括的细节内容，将其写入权利要求中的危害是什么？

深入思考

3. 如何才能使对发明构思进行保护的想法与抽象思想不能作为专利权利要求保护主题的原则相一致？通常可参见：*Diamond v. Diehr*，450 U. S. 175，209 USPQ 1（1981）；*State Street Bank&Trust Co. v. Signature Financial Group, Inc.*，149 F. 3d 1368，47 USPQ2d 1596（Fed. Cir. 1998）。

4. 劳德的圆珠笔没有一项权利要求❶包含毡尖笔。假设我们撰写了一个既包括圆珠笔又包括毡尖笔的权利要求，而现有技术中没有钢笔和羽毛笔，您认

---

❶ 原书中此处有"参见第6页"，实际上权利要求内容位于原书第7页。——译者注

为劳德有权得到这个权利要求吗?

5. 您是否同意作者的观点,即假设不存在任何有关圆珠笔的现有技术,权利要求1.2和1.3在今天将具有可专利性? 为什么?

6. 如果审查员基于下面的条款拒绝权利要求1.2和1.3,您会如何回应?

a. 35 U. S. C. 101 不属于发明定义的"制造",而仅仅是一个构思?

b. 35 U. S. C. 112(b)"含糊不清"?

提升技能

7. 基于列出的现有技术,确定下表各项发明所解决的技术问题和发明构思。

发 明	现有技术	所解决的技术问题	发明构思
圆珠笔	羽毛笔;钢笔	无法在粗糙表面上书写	带有球形标记点的笔
气泡膜泡沫	碎纸;包装花生❶	?	?
滑门	铰链门	?	?
计算机电子表格	铅笔和纸张;字处理	?	?

---

❶ 包装花生(Packing Peanuts)为俚语,指生活中用于打包的塑料泡沫。——译者注

第 2 章
从技术问题开始（而不是实施例）

第 1 章以圆珠笔为例，对问题解决法进行了介绍，可以将其总结为从技术问题开始（而不是实施例）。在分析每一项发明时都应遵循该方法。

本章使用回形针的发明来更详细地说明，如果分析从实施例而不是技术问题开始，会出现什么错误，以及从技术问题开始是如何提高覆盖他人实施发明人教导所得产品的概率的。

技术问题是什么？

据说，构建一个更好的捕鼠器，世界的大门将向你敞开。

这种情况很少发生。

说到捕鼠器，尽管多年来已有数百种捕鼠器设计获得专利，尽管每种捕鼠器在某种程度上都"更好"，但商店货架上只有几种捕鼠器。即使是最好的想法也不可能轻易取得商业上的成功，除非通过有吸引力的定价、协调一致的营销和有效的广告将其孵化到市场中。与许多首次获权的专利权人的期望相反，获得专利并不是一个过程的结束，它通常只是开始。

然而，构建一个更好的捕鼠器仍然体现了一个重要理念：一项好的发明解决了之前的发明解决不了或者根本没有解决的问题。一项好的发明不仅与现有技术不同，它还能修正某些缺陷。例如，有些人发现标准的弹簧式捕鼠器很难操作，而有些人则不愿意看死老鼠，更愿意把老鼠活捉，然后把它放出去。少数几个"更好"的捕鼠器通过解决一个或多个此类问题而获得了市场的认可。

要回答在"本书介绍"中提出的典型专利问题"发明是什么"就需要回答"技术问题是什么"。如果不能充分重视技术问题，就无法充分重视解决方案。

发明分析与权利要求撰写——专利律师指南（原书第2版）

并非所有的从业者都从技术问题开始。许多代理人被教导从关注解决方案开始，即发明人设计的具体实施例。通常权利要求是按照该实施例起草的，然后通过"修剪和提炼"的过程逐渐拓宽权利要求，使狭义的术语变成通用术语。例如，"螺丝"变成"紧固件"。单独列举的物理部件或方法步骤被合并为更上位的特征或步骤。例如，将"指向［某个图标］"并"点击"的双重步骤提炼为"选定"的单个步骤，将其他限制一并删除。不断进行修剪和提炼的操作，直到任何进一步的扩展都会导致权利要求覆盖到现有技术。对发明来说，这样最终能够获得尽可能宽泛的权利要求。可以用类似的修剪和提炼方法对实施例进行概述、列出组件或步骤，最终得到的就是权利要求。

以如此方式得到的权利要求，必然比其开始时更宽泛，亦因此涵盖更多的实施方式。然而，本发明的构思可能涉及原始权利要求中未提及的功能或关系，并且不太可能将这些功能或关系加入到最终的权利要求中，这就可能导致重大侵权漏洞。即使这些发明构思涉及的功能或关系存在于原始权利要求中，但如果没有意识到它们的重要性，也可能在扩展权利要求的过程中不知不觉将其去除。就像平面国的居民一样❶，从实施例开始分析发明的代理人可能会被困在一个有限的分析框架中，无法辨别出更大的世界。

实物教学课：科纳（Konaclip）曲别针

让我们通过实例来深入分析一下，前述的从实施例出发，通过撰写权利要求分析发明的方法是怎样错过更宽泛的发明的。然后，我们将看到通过遵循从技术问题开始（而不是实施例）的方法，是怎样轻易地发现宽泛发明的。

这个例子是一种早期的曲别针，即市场上曾出现的科纳（Konaclip）曲别针，如图2-1所示。科纳曲别针所标榜的优点之一是能够牢固地保持一叠纸，同时易于夹持和取下而不会损坏纸张。这是以前的现有技术，如图2-1所示的瓦勒尔（Vaaler）曲别针和完美（Perfection）曲别针所不具有的功能。对瓦勒尔曲别针而言，纸堆的一角环绕并穿过曲别针的重叠臂，的确可以牢固地固定纸张。然而，这会永久性地弄皱纸张，令人生厌。完美曲别针作用于纸张的力度适中，很容易夹持和脱下，但它对纸张的控制力很差。

---

❶ 正如埃德温·A. 艾勃特（Edwin A. Abbot）在《平地：多维的浪漫》[*Flatland: A Romance of Many Dimensions* (New York: Signet Classics, 1984)] 中所描述的那样，如点、线和多边形的平地中的居民对第三维度一无所知，他们被各种三维物体造访时出现的某些现象所迷惑。

第2章 从技术问题开始（而不是实施例）

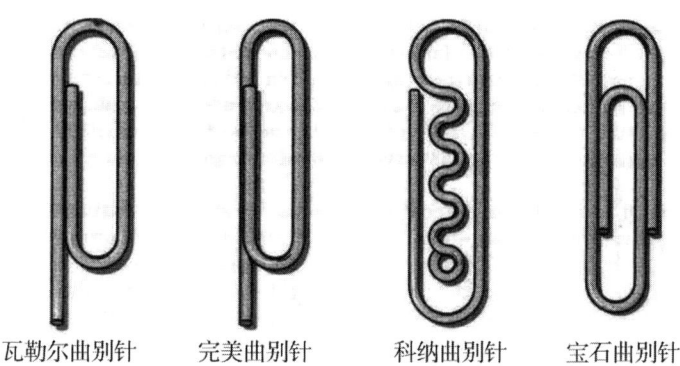

瓦勒尔曲别针　　完美曲别针　　科纳曲别针　　宝石曲别针

图2-1　曲别针的进化过程

并不是说科纳曲别针就没有问题，例如纸堆中间的纸张仍然有可能掉出来。但科纳曲别针在固定纸张方面的确比完美曲别针效果更好，并且像完美曲别针一样，不会损坏纸张。

图2-1中还显示了现在无处不在的宝石（Gem）曲别针。尽管历史记录尚不清楚，但这个例子中是假定宝石曲别针在科纳曲别针之后发明的。❶

我们以科纳曲别针的权利要求撰写为例，来说明"通过撰写权利要求而分析发明"的方法为何注定悲剧。参见权利要求2.1，请注意权利要求2.1是如何描述科纳曲别针向内弯曲的腿向下延伸到曲别针中间的。这是科纳曲别针最独特的特征，并将科纳曲别针与现有技术瓦勒尔曲别针和完美曲别针明显区分开来。

2.1 一种由一定长度单根弹簧钢金属丝弯曲而成的曲别针，弯曲形成了具有一对相对的圆形端部的细长框架，所述金属丝的一末端沿着框架以及框架所在的平面内部的一端向下弯曲，并且沿着曲别针的中心线纵向充分地延伸到曲别针的全长，所述金属丝的这一末端具有蛇形的形状并且终止于一个孔眼中。

权利要求2.1过于狭窄了。与科纳曲别针的"中央腿"无关的限定术语："单根""弹簧钢"和"一对相对的圆形端部"可以从这个权利要求中删除，并不会导致其覆盖现有技术，但同时其仍然是一个"粘合在一起"具有整体性的权利要求，如带修改标记的权利要求2.2所示。事实上，鉴于这些限制同样适用于瓦勒尔曲别针和/或完美曲别针，它们对所保护主题的限制根本无法

---

❶　亨利·佩特罗斯基（Henry Petroski）发表了一篇关于曲别针发展的有趣报道：《有用事物的演变》[*The Evolution of Useful Things* (New York: Alfred A. Knopf, 1992)]。

将本发明与现有技术区分开来。

2.2 一种由一定长度单根弹簧钢金属丝弯曲而成的曲别针，弯曲形成了具有一对相对的圆形端部的细长框架，所述金属丝的一末端沿着框架以及框架所在的平面内部的一端向下弯曲，并且沿着曲别针的中心线纵向充分地延伸到曲别针的全长，所述金属丝的这一末端具有蛇形的形状并且终止于一个孔眼中。

在这个权利要求中仍然有中央腿的各种特征，如蛇形形状、长度、它在整个框架平面内的位置以及末端的孔眼。由于现有技术的曲别针没有任何中央腿，所以对将科纳曲别针与现有技术区分开来说，这些特征都无关紧要。从权利要求中剔除这些特征会使其范围更宽，同时仍然不会覆盖现有技术，如带修改标记的权利要求2.3所示。

2.3 一种由一定长度金属丝弯曲而成具有细长框架的曲别针，所述金属丝的一末端沿着框架内部的一端向下弯曲，并且沿着曲别针的中心线纵向充分地延伸到曲别针的全长，所述金属丝的这一末端具有蛇形的形状并且终止于一个孔眼中。

最终，这是对于中央腿的描述，"沿着曲别针的中心线纵向延伸"，将科纳曲别针与瓦勒尔曲别针和完美曲别针区分开来。权利要求2.4是最终版本。

2.4 一种由一定长度金属丝弯曲而成具有细长框架的曲别针，所述金属丝的一末端沿着框架内部的一端向下弯曲，并且沿着曲别针的中心线纵向延伸。

这一权利要求显然比我们最初的权利要求要宽泛得多。确实，权利要求2.4将包含许多与图2-1中所示的特定实施例不同的科纳式曲别针。权利要求2.4不包含后来发明的宝石曲别针，宝石曲别针没有科纳曲别针的中央腿。但科纳曲别针体现的构思被宝石曲别针吸收并引用。科纳曲别针的专利❶没有针对这一构思提出权利要求，但它本来可以提，它本有可能使得科纳曲别针的专利权人有权向每个宝石曲别针主张权利。

这就是这个故事的寓意。

若应用从技术问题（而非实施例）出发的原则，科纳曲别针发明的内在构思将自然显现。回想一下，科纳曲别针打算解决的问题是现有技术的曲别针无法在不损坏纸张的情况下牢固地固定一摞纸。为了解决这个问题，科纳曲别

---

❶ 美国专利 No.648,841（1900年5月1日颁布）。

针究竟做了什么？简单思考一下就能得到答案。纸张一侧的曲别针将纸张推向位于纸张另一侧的曲别针框架上的一对相对导轨。这样，曲别针框架会有很大区域与纸张相抵靠，并且在一定程度上将纸张折叠到轨道之间的空间中。图 2-2 显示了科纳曲别针和宝石曲别针具有相同的构思。

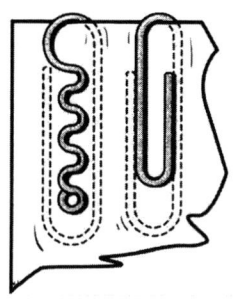

图 2-2　科纳曲别针和宝石曲别针具有解决纸张夹持问题的相同构思

权利要求 2.5 是根据该解决方案撰写的权利要求。这个权利要求不仅包含了科纳曲别针，而且还包含了当时没有发明的宝石曲别针！

　　2.5　一种由一定长度金属丝弯曲而成具有细长框架的曲别针，所述框架具有两个相对的轨道，所述金属丝的一末端设置在框架内部的平面内，使得一叠纸能够插入该末端与相对轨道之间，并基本上均匀地抵靠所述两个相对的轨道。

对科纳曲别针进行基于实施例的分析来得到权利要求 2.5 几乎是不可能的。如果不首先考虑科纳曲别针打算解决什么问题，并从能达到的效果上更广义地思考问题是如何解决的，那么就不可能发现针对宽泛解决方案的作为权利要求出发点的文字。这些文字当然也不可能出现在最终的权利要求中。基于实施例对科纳曲别针的分析从一开始就注定要失败。权利要求 2.1 确实有一丝权利要求 2.5 的影子，即金属丝的一末端在框架的"平面内"。然而，在权利要求的拓展过程中，这些词语被删除了。

如果科纳曲别针专利包括类似于权利要求 2.5 的权利要求，那么虽然他自己的产品在商业上失败了，但其发明人可以向宝石曲别针制造商收取大量的专利使用费。不幸的是，科纳曲别针专利仅仅关注了曲别针"中央腿"的几何形状，而不是其基本构思。因此，本身具有潜在价值的科纳曲别针专利变得像科纳曲别针本身一样毫无价值。

类似的情形很常见。很多时候，即使发明构思当时就在那儿等待被发现，但基于实施例分析发明所能得出的范围最宽的权利要求仍未能正确体现发明构思而功亏一篑。发明构思通常就像上述曲别针的例子一样呼之欲出，基于问题解决法的分析能轻而易举地发现它。

但也不是所有的发明都像科纳曲别针那样，直截了当地公布其发明本质。蕴含在某些发明里的构思如此微妙，达到媲美戈耳迪之结❶之程度。如果想要准确确定发明构思的话，就更应该从技术问题而非实施方案出发。

修剪和提炼是完善权利要求的有效工具。但是，早期需要的不是一个权利要求撰写工具，而是一个发明分析工具。有时候，即使从实施例出发，我们也能殊途同归：一位有洞察力的代理人深入分析权利要求，尤其是在发明人的大力支持下，可能会将最初源于实施例的发明特征转化为体现发明构思的权利要求，而此时的权利要求已与原始权利要求相去甚远。但此种方式并无胜算。

撰写一个能够涵盖发明人所有实施方案的宽泛权利要求是相对简单的。而撰写一份能够在他人产品问世之前就抓住其产品特征的权利要求要难得多。无论困难与否，这都是一项必须完成的任务。否则，就可能发生以下情形：发明人的原始实施方案被市场上"新的和改进的"实施方案所取代，并且这种新方案不会落入发明人已授权权利要求的保护范围。科纳曲别针的例子已经非常明确地说明了这一点，并且说明了从技术问题而非实施例出发是如何有效避免这种结果的。

下一章将介绍一种方法，该方法真正从技术问题出发来确定更宽泛的发明，并且通过"问题—解决方案"的描述来解释发明。这种对发明的解释可以作为专利申请中范围最宽的权利要求的基础，并且正如我们将看到的那样，也可以是整个专利申请的根本主题。

本 章 回 顾

强化理解

1. 请解释为什么"修剪和提炼"权利要求并不会必然得到对本发明最宽

---

❶ 〈希神〉戈耳迪之结，比喻极其复杂的问题。戈耳迪是佛律基亚的国王，他将一辆象征命运的马车献给宙斯，用绳索打了个非常复杂的结以将马车的车轭牢牢地系在车辕上。神谕凡能解开此结者，便是"亚洲之王"。——译者注

第 2 章　从技术问题开始（而不是实施例）

泛的定义。

深入思考

2. 为什么专利制度应该允许像科纳曲别针发明人那样，通过请求保护范围很宽的发明来涵盖发明人没有真正想到的东西，例如宝石曲别针？

3. 在什么情况下，我们期望拥有针对实施方案的权利要求，例如，比现有技术所允许的范围更窄的权利要求？

提升技能

4. 修剪和提炼下列权利要求，在不覆盖所述现有技术的情况下，扩大权利要求的范围。你对最终权利要求的范围是否满意？

技术问题	人们可能会将危险物品带入禁区，例如机场登机区、学校等
现有技术	在人身上手动"拍打"来检查
发明人实施例	穿行金属探测器
权利要求	用于检出人体所携带金属的装置，包括： 人能通过的拱道， 设置在拱道内的电磁场发生器，用于产生电磁场，当金属物体通过拱道时电磁场会发生改变， 检测磁场变化的检测器，和 响应于检测到的变化而触发的警报器

技术问题	只会讲英语的观众看不懂其他语言的电影
现有技术	双语电影伴侣实时语音翻译
发明人实施例	在电影中添加字幕
权利要求	一种电影胶片盘，电影中的对话使用英语以外的语言，其中对话被翻译成英语并印制在电影胶片上

第 3 章
"问题—解决方案"的描述

问题解决式的发明分析方法的核心是"问题—解决方案"的描述。

"问题—解决方案"的描述就是用一句话陈述本发明。在不覆盖现有技术的前提下,尽可能宽泛地陈述以下内容:(a)发明解决的技术问题,(b)发明人解决该技术问题的解决方案。"问题—解决方案"的描述可以作为专利申请中范围最宽的权利要求的基础,也是衡量专利申请权利要求书的基准。同时,它可以作为主线,使得专利说明书的阐述更加有效。

"问题—解决方案"的描述形式如下:

_____的问题,通过_____来解决。

例如,以下是前两章讨论的圆珠笔和科纳曲别针的"问题—解决方案"的描述:

实现笔能够在粗糙表面上书写的问题,通过具有球形标记点的笔来解决。

在不损坏纸张的情况下牢固地固定纸堆并且能够容易地松开纸张的问题,通过"由金属丝弯曲而成具有细长框架的曲别针,所述框架具有两个相对的轨道,至少一个内部部分处于单一平面内,并设置为当一摞纸插入内部部分与一对相对轨道之间时,该摞纸受到内部部分的推压均匀抵靠所述两个相对的轨道"来解决。

附录 A 提供了更多示例。

某些发明可以有多种宽泛的表征方式。我们在劳德圆珠笔的例子中看到了这一点。如果发明的不同表征方式对应于不同的分析过程,我们应该针对每种表征方式形成相应的"问题—解决方案"的描述。基于这些不同的表征方式,能够撰写不同的权利要求。

第3章 "问题—解决方案"的描述

尽早开始

一旦我们掌握了足够的关于技术问题和相应解决方案的概要信息，就应该尽快形成"问题—解决方案"描述的初稿。尽早开始，可以消除非必要的实施细节对我们认知宽泛发明的不利影响。这会使得我们免于被细节所迷惑，并避免在一开始就过于狭隘。如果等所有细节都已清晰，然后再尝试对这些细节进行组合以得到发明，那我们打开的是通向基于实施例而不是基于"问题—解决方案"的大门。尽早开始，我们很难被不知道的东西误导。

对发明最初的认知可以是发明人提供的技术论文或其他书面材料，只要开始阅读，我们就应该在脑海中牢记"问题—解决方案"的模式。正如发明人所阐述的那样，我们应在内心将疑似技术问题与疑似解决方案区分开来，同样，也将疑似具体实施细节与疑似发明构思区分开来。如果发明人之前已经知晓专利申请程序，并且已经习惯于采用"问题—解决方案"来描述发明，那么这件事对他来说是很轻松的。此时，发明人才有可能非常清楚地阐述解决技术问题的过程，以及之前尝试解决这些技术问题的方法及其缺点。无论如何，只要从发明人提供的材料中得到足够的信息，我们就应该尽快形成"问题—解决方案"描述的初稿，即使不是写在纸上，至少也应该在脑海中进行思考。

或者我们可以通过与发明人面对面或电话交流来认知本发明。再次强调，技术问题和解决方案应该是早期关注的焦点。应该针对发明人设置"问题—解决方案"的交流环节，询问她要解决什么技术问题以及围绕她试图解决的技术问题有哪些现有技术。

然后可以请发明人解释她是如何解决该技术问题的。在这个环节中行之有效的方法是：及时让发明人回到发明产生的时刻，并促使她以尽可能少的实施细节、高度强调功能性的方式表述她的解决方案。

> 马拉，关于我们刚刚谈到的问题，你会说什么？如果可以的话，用一句话来概括，你解决这个技术问题的核心是什么？如果你能够让自己回到那个时刻，即你认为你有一种清晰的解决方案的时刻，在那一刻你想到了什么？如果以一种自上而下的方式来阐述你的发明，用最宽泛、最常规的方式来表达你的解决方案，会是什么？

如果发明人能够因此提出一个宽泛的、完美的解决方案，就像雅典娜在宙斯的头部完全成形一样❶，那将是一件好事。这种情形确实偶尔会发生。然

---

❶ 〈希神〉火神赫斐斯托斯应宙斯的要求打开他的头颅，雅典娜作为智慧与战争的女神手持长枪、身披战甲从父亲宙斯的头部诞生，一出生就光彩照人。——译者注

而，更常见的是，发明人拿起她的铅笔就开始通过介绍实施例来阐述她的解决方案。这很正常，因为发明人习惯于在有形领域而不是抽象领域思考她们的工作。尽管如此，鉴于代理人的劝勉，发明人至少会在一定程度上宽泛地从功能上描述解决方案，这是一个好的开始。下一章介绍确保"问题—解决方案"的描述尽可能宽泛的技巧。

因此，代理人应该随时注意，一旦确定可能的宽泛方案，可以马上尝试构建"问题—解决方案"的描述，然后可以与发明人讨论发明的初始轮廓。

如果代理人对技术不熟悉，最初的"问题—解决方案"描述可能会过度宽泛。然而，我们仍然建议尽早开始并且瞄准更高的目标，即使这意味着在了解现有技术的全部内容后，我们需要以更狭窄的视角认知本发明。如果一开始我们起步太晚并且预期过低的话，可能导致发明的定义过于狭窄。当发明人认为最初的"问题—解决方案"描述过于宽泛时，代理人要做的很简单，只需要促使发明人继续阐述发明内容，然后敏锐抓住良机来构建出更聚焦于发明人技术贡献的"问题—解决方案"的描述。

大 思 维

与"尽早开始"相匹配的是"大思维"（见图3-1）。

在与发明人讨论的早期，代理人就已经了解了实施方案的功能，他可以采用大思维来告诉自己"只要能够获知发明的直接意图，我们尽可想象这个专利的价值"，这意味着对实施例剔除具体细节，进行功能上的拓展。在这个过程中，我们越早以这种方式开始思考越好。

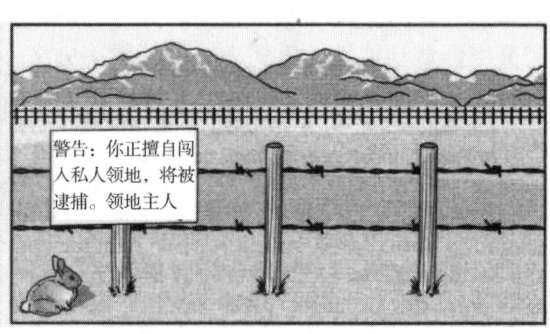

图3-1 代理人的"大思维"是指，如果多努力一些能够获得更多的知识产权领地，那么就不应满足于一个虽然容易获得但很有限的领地

现在我们来讨论问世的第一只闹钟。基于实施例对其进行分析，我们会关

注各种组件：针式台钟面板、铃铛、指示期望闹钟时间的指针等。然而，此时具有"大思维"的代理人会思考："我们是否有可能得到（即要求保护）在选定的时间报警的真实意图？想想专利权许可费！想想市场份额！"然后思考"现有技术是什么？它能阻止我们吗？我们如何绕过它？"如果我们不将专利限制于任何特定的计时设备或者报警装置，就很容易涵盖未来出现的闹钟，例如电子钟、电子手表、个人数字助理等。

或者再来看看电脑鼠标。一位具备"大思维"的代理人会希望他的客户拥有对显示屏幕光标进行随机访问控制的真实意图。这样的权利要求将涵盖未来的鼠标技术革新：跟踪球、操纵杆、触摸板，甚至带有语音命令的光标控制等。

"大思维"意味着不满足于虽然相对容易获得但很有限的知识产权领地。这意味着要克服困难，坚定不移地努力获得宽泛的知识产权保护。

当然，"问题—解决方案"的描述不能太宽泛以至于覆盖现有技术。通过电波发送电影图片的想法太棒了，但其已经有近百年的历史了。因此，虽然我们很想尽可能宽泛地定义发明，但是在某些时候也不得不让步于现实。

然而，期望更高并不得不在一定程度上调整目标也比期望更低更好。当其他人带着发明人实施方案的变形进入市场而又没有落入发明人专利权利要求保护范围时——而专利原本是可以覆盖到的，发明人此时认识到问题为时已晚。

不要被发明人的实施例所迷惑

宽泛的发明通常描述的是一些新功能，实施例如何实现这些功能并不重要。然而，发明人可能并不理解这中间的差异，因此可能导致代理人误以为新功能在本领域中是已知的，继而就此丧失定义发明人真正贡献的机会。

为避免出现上述的结果，代理人通常可作为倾听者，并以大思维尽早开始分析发明。

例如，图3-2所示的滴灌式咖啡机。当玻璃瓶不在接收位置时，咖啡箱中的阀门阻止液体从咖啡箱滴落到燃烧器或工作台面上。将玻璃瓶滑入到位会推起销钉，从而打开阀门允许咖啡流动。如果玻璃瓶被移除，阀门再次关闭。

在发明人设计这种针阀时，现有技术中可能已经有了在玻璃瓶未到位时关闭液体流的宽泛构思，也可能没有。如果现有技术中没有这种构思，发明人就有权要求保护确认玻璃瓶存在的所有方式——光电管、微型开关、重量传感器等。

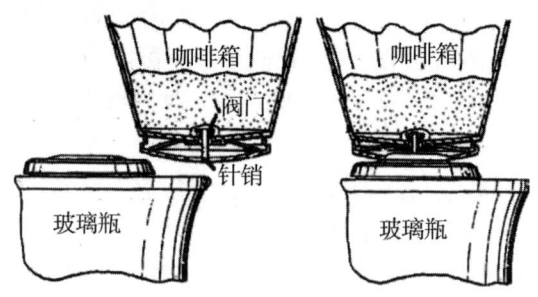

图 3-2　具有防滴漏功能的咖啡机

不幸的是，发明人可能会认为她所解决的问题不是咖啡滴漏的问题，而是如何关闭咖啡流的问题。如此一来，发明人的宽泛发明有可能会被归入现有技术。如果在早期引入"问题—解决方案"的描述，就能有效避免代理人被这种过于狭隘的想法所误导。他将有机会与发明人一起探讨，本发明是否的确可以宽泛到当玻璃瓶不在接收位置时关闭咖啡流的直接意图。

先是质疑者，后是辩护者

之前我们已经描述了发明人不理解本发明整体范围的情况。相反也是可能的，也就是说，发明人对其发明宽度的看法可能过于乐观。这种现象在非专业的发明人中特别常见，例如扶手椅的发明人，因为不具有设计实操性实施方案的工程技能，所以她只能向代理人描述非常宽泛的想法。

专利行业一个亘古不变的真理是：如果一个问题长期存在并且多年前就可以被解决，那本发明的解决方案很可能是现有技术！因此，如果代理人面对的是一项解决已有技术问题的发明，而且这个问题很容易用已有技术解决的话，那么，对该发明的分析应带有一定程度的合理质疑。

例如寻呼机或手机，当在街道等喧闹的场合时，其携带的麦克风检测到环境噪声太高导致无法听见响铃时，可以自动从响铃模式切换到振动模式。这个想法很好。但是，在嘈杂的环境中听不到音频警报的问题与寻呼机本身一样古老。用于感应环境噪声水平的微型麦克风很早就出现了。因此，这个问题可能早就被解决了，我们的直觉告诉我们，这不是一个新想法。事实上，的确不是。❶

通过检测雨量并相应调整雨刷速度的挡风玻璃雨刷系统怎么样？这也是一

---

❶ 美国专利 No. 5,646,589（1997 年 7 月 8 日颁布）。

个古老的想法。❶

这并不意味着仅仅因为怀疑其是现有技术，就让发明人卷铺盖走人，而是说我们必须进行现有技术检索，以验证或反驳我们的质疑。

代理人作为质疑者的角色也涉及 35 U.S.C. 103 中的显而易见性问题。以往的经验可能会让代理人认为发明人提出的宽泛发明相对于现有技术是显而易见的。在这种情况下，发明人需要进行质疑论证（在代理人的帮助下，如下文所述），以阐明为什么宽泛定义的发明并非显而易见。

这种怀疑主义的要点不是费尽口舌劝说发明人不要追求专利，至少在最初阶段并不是。事实上，代理人的角色是支持并帮助发明人获得她理应得到的任何知识产权保护。这种怀疑主义的意义在于针对代理人认为目前的宽泛发明可能收到的关于显而易见性的否决意见，在代理人和发明人之间进行一场预演抗辩。

但是，一旦向发明人表明了审查员因显而易见性否决发明的可能性之后，代理人需要转变角色成为发明的辩护者。例如，应该鼓励发明人指出作为代理人质疑基础的一些臆断其实是不正确的，比如代理人就特定现有技术所进行的诠释。代理人应与发明人一起探讨判例法确定的任何非显而易见性的标准是否适用。这些标准包括：

- 现有技术参考文献的修改或组合产生意想不到的结果；
- 从现有技术参考文献的修改或组合中获得的"教导"程度；
- 存在所谓的次要考虑，如长期需要。❷

在这些方面，代理人经常会收获惊喜，经常能从发明人那里得到一些令人惊讶的技术和/或法律上充分的理由，使得代理人对显而易见性的初始观点并不像一开始那样十分确定。

一旦已掌握所有相关现有技术，至少应针对可预期的显而易见性否决意见准备一些合理的论证资料。在否决理由恰如所料的情况下，代理人将处于有利的地位来抗辩发明的可专利性。不过，代理人应该早在此之前就积极体现其辩护角色。我们将在第四部分看到，精心撰写的专利说明书可以作为辩护本发明可专利性的有力工具。

---

❶ 美国专利 No. 5,949,150（1999 年 9 月 7 日颁布）。

❷ 《专利审查程序手册》[*Manual of Patent Examining Procedure*，§2145，¶ X（8th ed., rev. July 2010）] 中列举了一些非显而易见性的标准。

单独的发明创造单独处理

宽泛的发明实际上可能是两个或更多的解决方案结合在一起以实现一些意想不到的技术效果。然而，一个装置或方法可能包含两个或多个解决方案以解决各自相应的问题，其中每个解决方案都是一个单独的发明（假设满足新颖性❶和非显而易见性❷的要求）。例如，图3-3所示的食物蒸锅至少解决了三个问题，每个问题都由蒸锅各自的技术特征来解决，每个问题都会产生自己的"问题—解决方案"的描述：

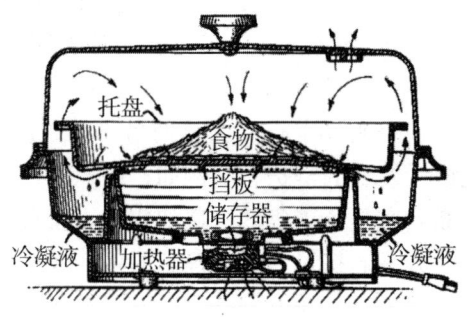

图3-3 使用三种独立方案解决三个技术问题的食物蒸锅

1. 蒸锅蒸干带来的气味问题，通过防止冷凝物回流到沸水储存器来解决。

2. 与凝结的蒸汽保持接触使食物变得潮湿的问题，通过专门设计的使冷凝液从食物中排出的食物托盘来解决。

3. 初始蒸汽形成时间过长的问题，通过促进沸水储存器中的水局部加热的挡板来解决。

识别特定设备、方法或系统中包含的独立发明，并将其设计在不同的专利中，对于防止竞争对手轻易进行规避设计是至关重要的。如果专利的权利要求是针对多种问题的多种解决方案的组合，只要竞争对手的产品采用少于所有这些解决方案的手段，其将免于侵犯该专利权。因此，不考虑当许可或执行专利时可能出现的问题，将所有解决方案合并在一起是很危险的。一般而言，应为每个独立的、新颖的/非显而易见的想法形成"问题—解决方案"的描述。

❶ 35 U.S.C. 102.
❷ 35 U.S.C. 103.

定义本发明，试试它的大小是否合适

形成"问题—解决方案"描述的整个过程可总结为：定义本发明，试试它的大小是否合适。

"定义本发明"是指在一定范围内形成"问题—解决方案"的描述。"试试它的大小是否合适"是指将该"问题—解决方案"的描述与现有技术进行比较，以确定其是否太宽、太窄或"恰到好处"。"问题—解决方案"的描述可能在技术问题或解决方案中包含对将本发明与现有技术区分开而言不必要的限制。在这种情况下，需要扩大"问题—解决方案"的描述。或者，"问题—解决方案"的描述覆盖到了现有技术。此时，需要缩窄"问题—解决方案"的描述。

这个过程是迭代的。一旦重新定义了发明，就必须重新校准新的"问题—解决方案"的描述。原本过于宽泛的"问题—解决方案"描述，现在可能太窄，反之亦然。事实上，"问题—解决方案"描述的后续版本可能在"太宽"和"太窄"之间反复变化，直到"恰到好处"（参见图3-4）。这类似于调整相机的焦距或以越来越小的幅度前后缩放，直到图像达到完美。这一动态变化清晰展示在附录B中作者对退格键的"实时"分析中。

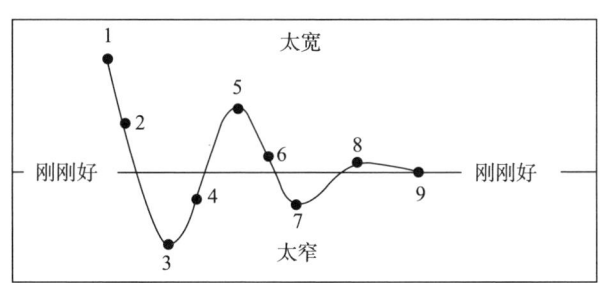

图3-4 不断调整发明定义并校准每个定义的大小，就像调整相机的焦点或以逐步缩小的幅度来回缩放

有效释义本发明意味着要尽快掌握现有技术。否则，我们将在过度宽泛的"问题—解决方案"描述上浪费时间和精力。如果在提交专利申请前意识到范围太大，意味着我们需要额外花费时间和费用来重新构建专利申请文件及其权利要求。如果在专利审查过程中才发现可预期的现有技术，我们将面对一份没有得到有效支持或没有充分公开"真实"发明的申请文件。

对于代理人和发明人而言，双方一起在美国专利商标局（USPTO）网站或商业网站上进行现有技术检索是必要的。即使以前已经做过现有技术检索，或者发明人自信已经知晓所有相关的现有技术，仍可能存在以下问题：构造并拓宽"问题—解决方案"的描述后，更多"外界"的现有技术却冒出来了。因此，进行补充检索是必要的。

代理人和发明人在双方的第一次（也许是唯一的一次）会面中会讨论很多事情，即使最终只是得到一个精雕细琢的"问题—解决方案"的描述，并确定发明的重要退守特征。❶ 早日确定发明构思，会有助于高效撰写并得到精准聚焦的专利申请。许多从业者期望在第一次会面中至少能形成权利要求书。如果是在基于问题解决法完成发明分析之后，也没什么问题。但撰写权利要求书不应该是认知发明的主要工具。我们也许熟知撰写权利要求的结构形式，但其太容易误导我们，使我们误以为发现了发明的全貌，而实际上我们只是在管中窥豹。在没有完成发明分析的情况下起草权利要求，就像没有调查地形就去绘制地图一样。第2章中介绍的科纳曲别针的例子应该已经使读者认识到了先分析发明、再撰写权利要求的重要性。

专利撰写的基本技能是评估发明的能力，无论是以"问题—解决方案"的描述还是权利要求的形式，都应确定其是否过于宽泛、过于狭窄或"恰到好处"。在接下来的两章中，我们将帮助读者拓展这项技能。

本 章 回 顾

强化理解

1. 因为"问题—解决方案"的描述不是权利要求，如果"问题—解决方案"的描述覆盖到现有技术，会有什么不同？

2. 为什么要在"问题—解决方案"的描述上费心？为什么不直接撰写发明的权利要求呢？

3. 与等发明人解释清楚实施方案再开始分析发明相比，尽早预估宽泛的发明有什么好处？

4. 作者在提及发明的"直接意图"时意味着什么？

5. 专利代理人的工作是为发明的非显而易见性辩护。那么，为什么在与

---

❶ 见第6章。

发明人的初步讨论中，代理人应该对非显而易见性持怀疑态度呢？为什么不等等看审查员说些什么呢？

6. 在专利申请范围最宽的权利要求中，将对应于多个技术问题的多个解决方案组合起来会有什么危险？

7. 为什么尽快掌握现有技术很重要？

8. 对"问题—解决方案"的描述进行校准、"试试它的大小是否合适"的两种主要方式是什么？这两种方式为什么很重要？

9. 直到收到专利局的第一次审查意见通知书，才考虑什么是真正的发明，会有什么危险？

深入思考

10. 发明人与专利代理人思考发明的方式有什么不同？这些差异对发明分析有什么影响？

11. "大思维"通常会导致对发明的描述比发明人所设想的要宽泛得多。代理人是否因此应该成为共同发明人？

12. 具备"大思维"的专利代理人经常提出发明人，即客户从未想到的被发明构思涵盖的实施例。在这种情况下，应如何准备专利说明书、如何用权利要求体现发明以最好地保护客户利益？

13. 本质上在于解决已有问题的已有设备不能被授予专利。例如，请参阅 *Abbott Labs. v. Baxter Pharm. Prods. Inc.* 案，80 USPQ2d 1860（Fed. Cir. 2006）。那么，我们何苦还要通过技术问题和解决方案来定义发明呢？也就是说，如果"问题—解决方案"的描述中解决方案部分覆盖到了现有技术，不管问题部分说了什么，为什么我们不会彻底失败？

14. 如果能够像劳德的圆珠笔那样，以多种方式宽泛地描述一项发明，是否意味着有多项发明？

15. 在咖啡机的例子中，作者认为：是发明人首先提出在没有玻璃瓶的时候关闭咖啡流的想法，她有权获得涵盖该想法所有实现方式的权利要求，尽管发明人的唯一实施例是采用针阀。您同意吗？

16. 如何使作者的上述主张符合 35 U. S. C. 112（f）的规定，即，使像"当玻璃瓶不在接收位置时关闭液体流的装置"这样的装置加功能描述能够覆盖：

说明书中描述的相应结构、材料或动作及其等同物！！！

那是不是说，机械式的针阀开关与光电管"等同"？

17. 作者将专利权授予的排他性领域称为"知识产权领地"。这种不动产类比是否恰当？您能否想到专利权利要求可类比的另一种法律概念？

18. 本书说明了将两个或更多个解决方案归并在一项权利要求中的危险。如果客户最初不想为了涵盖各种解决方案而支付多份专利申请的费用，可以有怎样的选择？

提升技能

19. 遵循"先是质疑者，后是辩护者"的规则，结合给出的现有技术以及您认为会"有问题"的任何其他现有技术，尝试思考如何辩护下列想法的可专利性：

	实施例	现有技术
a. 重复的地铁广告	 地铁车厢内部至少一侧的所有广告都宣传同一组织，例如美国陆军。	 在现有技术中，广告宣传的是不同的产品/组织。
b. 颠倒的番茄酱标签	 颠倒的番茄酱标签可以在瓶子倒立时使用，这样番茄酱就会始终靠近瓶子的嘴部，但标签始终是向上的。	

续表

	实施例	现有技术
c. 艺术品修复者使用的黏合剂	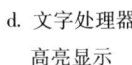 B-72 是一种用于修复有价值的博物馆藏品的优质黏合剂。对修复者来说，这种从管中分配的黏合剂是最好用的，因为黏合剂在管中会长期保持新鲜。	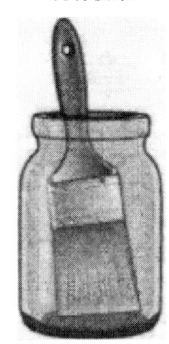 B-72 在现有技术中是已知的，但仅是固体颗粒，使用者将其与溶剂混合形成液体，该液体仅用作清漆而不是黏合剂。由于暴露在空气中，B-72 在罐中保存时很快就会变干。
d. 文字处理器高亮显示	实施例 文字处理器中的"高亮功能"允许作者突出显示选定的单词。	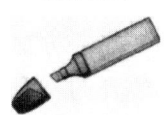

第 4 章
"问题—解决方案"的描述——达到应有的宽度

就如何形成尽可能宽泛的"问题—解决方案"的描述并最终撰写尽可能宽泛的权利要求而言,第 3 章中"尽早开始"和"大思维"是一个良好的开端。本章就此方面继续介绍一些可付诸实施的对策和理念。这些技巧既适用于我们思考的初期阶段,甚至是"问题—解决方案"描述的第一稿之前;也适用于稍晚阶段,在搜索侵权漏洞并调整"问题—解决方案"描述的宽窄的时候。

"问题—解决方案"的描述将为某些专利申请中保护范围最宽的权利要求夯实基础。❶ 不过本章所述观点亦同样适用于直接撰写权利要求书。

设想"对手团队"

在描述一项发明时,应试图体现发明人对本领域所做的贡献。这个观点是对还是错?

答案看起来当然是"对",但这个答案并不完整。专利的价值并不在于权利要求如何巧妙或出色地限定发明人的产品或方法。专利的价值在于,它的权利要求能够覆盖他人将向市场推广的或若非本专利的存在本将向市场推广的事物。如果预计竞争者会一味照搬"模仿复制"发明人所售产品,那其实并不难,几乎任何权利要求都能应对。但这种情形很少。更多时候,竞争者在贯彻发明人的教导时,会采取明显不同于发明人实施方案的方式。

因此,当我们在形成"问题—解决方案"的描述,并将其作为专利申请

---

❶ 见第 7 章。

中保护范围最宽的权利要求的基础时，释义发明人做了什么反而不是最恰当的思维方式。

相反，我们的思维方式必须是释义竞争对手利用发明人的成果可以做的事情，特别是那些意图绕过发明人专利权的竞争对手。

让自己具有这种思维模式的一种有效方式是在脑海中设想一个潜在的侵权者和他的专利代理人，本书将他们称为"对手团队"。这些对手将在专利颁布之后对权利要求进行深入研究，寻找权利要求与他们产品的不同之处，或者寻找某种规避方式。

在我们构建"问题—解决方案"的描述或者撰写权利要求的时候，我们应该想象自己就是对手团队。随着每个单词、短语和特征术语出现在屏幕上或便签纸上，我们应该像实际的对手团队一样，试着想办法绕过它们。事实上，作者在撰写时常有这种感觉：对手团队正站在身后，密切注意漏洞的出现，以便能够绕开授权专利进行规避设计，或者抗辩他们的产品并未构成侵权（见图4-1）。

图4-1　在代理人准备专利申请资料时，对手团队仔细检查他写下的每一个字，寻找侵权漏洞

时刻警惕对手团队，使我们成为自己最严厉的批评者，或者也可以说，是自己最好的批评者。这样可以帮助我们实时了解"问题—解决方案"的描述（或权利要求）中的不当限制，以便问题能够得到及时解决。

采用对手团队的思维方式，能够帮助我们找出潜在的论点，论证"问题—解决方案"的描述是否过于宽泛或模棱两可，进而可能导致基于该描述的权利要求不可专利（待决申请）或被无效（已颁布的权利要求）。

发明人也应该意识到对手团队的存在，或者是其他类似的说法。在首次起草或随后编辑"问题—解决方案"的描述或权利要求时，我们可以向发明人强调，我们的目标是以一种防止有目的的竞争对手"掠夺"发明的方式来界定发明构思。可以鼓励发明人一起思考如何恰当地将竞争对手排除在当前

"问题—解决方案"描述的范围之外。发明人常常乐于接受这个挑战,并且发现代理人可能从未想到的漏洞。

作者的一位同事曾经这样说:

> 一旦我相信我理解了发明的核心,我就向发明人提出质疑:"你认为发明至少需要 x + y + z。如果你发现某人只需要 x + y,不使用 z,你会不会因为这个人能够做到这一点但无需付给你专利费而感到沮丧?"根据我的经验,这很快就会让发明人思考"这个人"如何试图侥幸利用本发明却因不使用发明人实施例中原认为必要的一些条件而逃脱侵权惩罚,进而专注于本发明的核心。
>
> ——HTB

作者的另一位同事将对手团队比作一名电脑黑客。尽管他是在分析权利要求时表达了这个观点,但这个观点同样适用于"问题—解决方案"的描述:

> 我对待权利要求的分析方法,很像黑客对待系统。虽然人们看待系统的角度通常是它做对了什么,但黑客会在系统的边缘寻找它做错了什么。因此,在撰写权利要求时,我的思维方式是,站位本领域技术人员,尝试从说明书中提取有商业价值的内容,据此修剪权利要求的边界。我问自己,如果我是一个商业竞争者(或他精明的律师),不管权利要求撰写得有多好,我将做/构建/争辩什么来绕开权利要求。从这个意义上说,我在撰写权利要求时往往从最不利的情况考虑,或者至少是一种非常防守的态度。
>
> 在工作中,我倾向于将权利要求中的每个限定放在脑海中不断循环思考,试图理解每个限定在眼前的场景下如何构成"隐患",即一个侵权漏洞。
>
> ——BSL

简而言之,专利代理人若想竭尽所能增进其客户利益,必将从设想"对手代理人如何穷尽所能增进其客户利益"的思维模式中受益。

挖掘实施例

我们已经看到了从实施例开始分析发明的危险。但是,适当聚焦于实施例可以帮助我们在采用"问题—解决方案"分析发明的时候揭示本发明的宽度。本节介绍的方法将有助于此。

分析究竟发生了什么

深刻理解发明宽度的一种方法是：询问究竟发生了什么。或者，更准确的表达是：究竟发生了什么？"究竟"这个词强调寻找基本问题和根本解决方案。究竟是怎么回事？

"究竟发生了什么"的答案，通常可以用功能性术语来表达，所以我们应更多思考其功能性而非结构性，其动词而非名词，其方法步骤而非结构特征。

探索"究竟发生了什么"需要我们运用技术上的好奇心，挖掘并发现发明在其本质上实现了什么，以 5 万英尺的抽象思维高度来理解正在发生的事情[1]，从基本原因和最终效果两个层面来看待发明，撇除介于两者之间的所有冗余。

回答"究竟发生了什么"意味着，要确定解决问题的基本方式，而不是最优选、最高效或最具商业吸引力的方式。这意味着要挖掘究竟实施例的哪些方面对解决问题是必不可少的。竞争对手实施发明的方式肯定不会跟发明人一模一样。实际上，如果竞争对手能够进入市场或避免支付专利使用费，他们可能会在一定程度上牺牲其产品的品质、效率甚至商业吸引力。或者，他们可能会设计出自己的优选、高效或具商业吸引力的实施方案。"问题—解决方案"的描述（最终是由此得到的权利要求）中的限定越多，潜在侵权者就越容易使自己成为非侵权者。

如果发明人设计了两个或更多的实施方案，我们应该尝试确定它们之间的共同点。如果它们确实是同一发明的不同实施方案，"究竟发生了什么"在每个实施例中都是一样的。如果发明人只设计了一个实施例，我们可以鼓励她去构思其他的实施例，甚至是一些如下所述"牵强附会"的实施方式，然后确定它们之间的共同点。

"究竟发生了什么"不仅可以用于规划"问题—解决方案"描述的初稿，而且还可以在已经形成的"问题—解决方案"的描述或权利要求中排除不必要的限定。对于实施例的某个特征，例如：物理元件、方法步骤、功能或者连接关系，我们应该思考其对于解决方案是否是必不可少的，或正好相反，它们只不过碰巧是发明人实施方案的一个细节罢了。任何对解决方案的核心没有贡献的特征或细节不是"究竟发生了什么"的内容，也不是宽泛发明中不可或

---

[1] 管理咨询师拉姆·查兰在《成功领导者的八项核心能力》中提出"从 5 万英尺到 50 英尺"的概念："从 5 万英尺的抽象思维的高度，到小虫子的微观视角……如果两方面都能做好：既能思考宏观概念，也能挖掘微观细节，我们对核心能力的使用会更出色"。——译者注

缺的部分。这样的特征或细节可能造成侵权漏洞，使其他人能够利用发明人的教导，而不会落入发明人的专利权范围。

发明人有时坚持认为，没有某些特定的细节，本发明就不能实施。或者她可能会坚持认为，该发明仅适用于狭窄的技术环境。如果发明人是正确的，在发明定义中包括该细节或环境不仅不会有坏处，反而会有潜在的好处。发明定义的内容（最终体现在专利权利要求中）越受限制，专利审查员越难以找到在先的现有技术。这可以降低法律成本并有助于更快授权。

但是，几乎无法保证发明人的观点是正确的。发明人经常囿于具体实施例而不能正确思考他人将如何实现她的基本想法。发明人常常意识不到她的具体实施例只是"一叶障目不见泰山"。然而，通过设想一些在商业上合理的，但并不包括发明人认为必需的一个/多个细节的替代实施方案，代理人通常能够很轻易地帮助发明人领悟发明真正不可或缺的是什么。

将"怎样"与"什么"分开

与本发明的其他实施方式相比，发明人实施例的某些方面也许能更加完美有效地解决技术问题。但是，发明不是致力于提供解决问题的优选方式。发明是致力于解决问题，仅此而已。区分"怎样"与"什么"意味着搞清楚是"什么"解决了该技术问题，与之相对应的是，实施例是"怎样"执行该技术方案的。

区分"怎样"与"什么"的过程，聚焦点不在于什么是宽泛发明，而在于什么不是宽泛发明。问题是：即使在实施例中没有特定部件、步骤或相互关系的情况下，当前定义的发明是否至少在某种程度上解决了技术问题？如果是的话，那么该实施例的上述方面很可能是"怎样"而不是"什么"，它们并不涉及宽泛发明，只涉及具体实施。我们在圆珠笔例子中看到其实施例的"墨水流调节器"和收缩筒的嘴对于解决在粗糙表面上用墨水书写的问题并不重要，因此对于定义发明而言不是必要的。

这并不是说实施细节"怎样做"完全不重要。实施例"怎样做"将作为退守性权利要求的重要基础；[1] 同时还需满足"可实施性"和"最佳模式"的要求。[2] 然而，此刻我们关注的是提炼发明的本质。

区分"怎样"与"什么"有助于专利从业人员抵抗隐秘的心魔之一，即无法抵抗某些实施细节对我们施加影响的心理压力。即使是最有经验的代理人

---

[1] 见第6章。

[2] 35 U.S.C. 112（a）.

也可能会认为实施方式中某些方面对发明是必要的,然而实际上则不是。通过努力区分"怎样"与"什么",我们的思维将从实施方案及其细节的诱惑中转向更宽泛的发明。

请注意:如果单独使用该技巧,将会像科纳曲别针案例那样扩大实施方案,但彻底遗漏发明本质。我们不应该在一开始构建"问题—解决方案"的描述或权利要求的时候就使用这种技巧,而应该在已经开始基于"问题—解决方案"分析发明之后,或者想开始撰写一项小于最大范围的权利要求时,才使用这项技巧。❶

一旦将"问题—解决方案"的描述与现有技术进行比较,我们对实施细节"是什么"与"怎样做"的观点就会发生变化。例如,莱特兄弟1906年飞行机器专利的一个特点是机翼翘曲机构,如图4-2中的虚线所示。翘曲的机翼在飞行期间进行横向控制,允许飞行员保持机翼水平。进行横向控制必然是实施细节,是"怎样做"的内容,但这对重于空气的飞行机器而言,并非是必不可少的。因此,我们可将莱特的发明描述为只包含提升机翼和动力源的任何东西,如下方的"问题—解决方案"的描述:

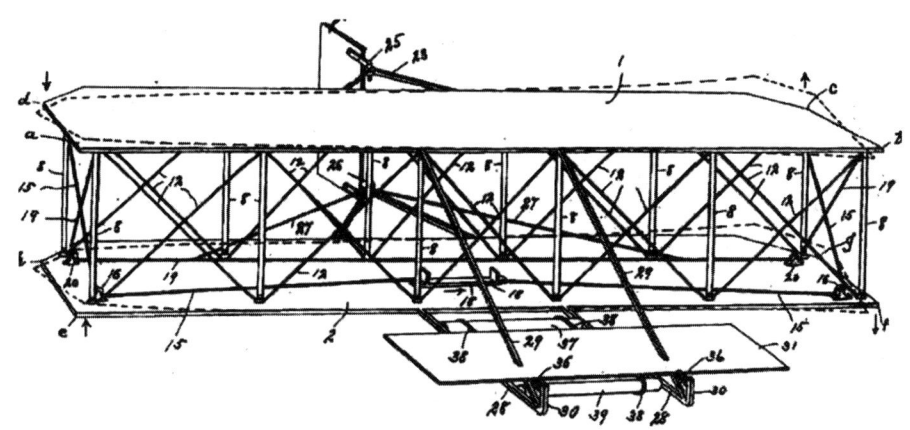

图4-2 莱特兄弟的"飞机",于1906年授予专利

获得重于空气的飞行机器的问题,通过(a)当相对于大气移动时提供升力的机翼结构和(b)产生所述相对运动的动力源的组合来解决。

然而,这个"问题—解决方案"的描述过于宽泛。在莱特兄弟之前,克莱门

---

❶ 见第9章。

特·阿德尔❶已经建造了带有提升机翼和动力源的飞行器，比基蒂霍克❷试飞大约早13年。阿德尔的飞行器是不切实际的，它没有横向控制机制，因此无法持续飞行超过150英尺。❸ 即便如此，上述"问题—解决方案"的描述不仅覆盖了莱特兄弟1906年的飞行器，还覆盖了阿德尔的飞行器，以及飞行的恐龙和大多数鸟类。

因此，我们看到，改变机翼结构以实现横向控制并不是莱特兄弟"怎样"实施其发明的一个细节，而就是本发明，实际上其也被写入了1906年专利中范围最宽的权利要求中。❹

构想替代方案，包括一些难以置信的方案

找出发明定义中漏洞的强大工具是：构想发明人实施例的多个替代方案，包括一些难以置信的替代实施例。这些替代实施例越牵强附会越好，虽然"稀奇古怪"，但至少能在某种程度上解决技术问题。重点并不是在专利申请中主张或披露这些替代实施例，重点在于即使是牵强的实施例，也可以在不包括申请中实施例所需具体细节的情况下解决技术问题。构想难以置信的实施例是另一种将发明本质与其实施细节区分开的方式，并且由此可从"问题—解决方案"的描述或权利要求中识别出根本不需要的限定。

例如，20世纪60年代推出的按键式电话机❺，用电子振荡器产生的音频取代转盘式电话机的电脉冲❻来进行拨号。振荡器是当时已知的以电子方式产生音频的唯一方式，并且物理开关（例如，按键）是用户确定要拨打号码的唯一方式。以下是一种本发明"问题—解决方案"的描述：

---

❶ 克莱门特·阿德尔（Clement Ader），法国人，制作飞行器"风神"（Eole）。1890年10月9日，阿德尔进行了第一次载人动力飞行尝试，"风神"离地20厘米高，飞出近50米远。然而阿德尔当时并不能对"风神"进行持续而有效的控制，与13年后莱特兄弟的成绩还有本质上的差距。——译者注

❷ 基蒂霍克（Kitty Hawk），位于美国北卡罗来纳州，是人类飞行史上值得标注的地点。1903年12月17日，莱特兄弟驾驶自己制造的第一架飞机"飞行者1号"，在基蒂霍克进行了首次有动力驱动的持续飞行。——译者注

❸ Tom D. Crouch，翅膀之梦：美国人与飞机，1875—1905（华盛顿特区：史密森学会出版社，1989年）。

❹ 美国专利 No. 821,393号（1906年5月22日颁布）。莱特专利的权利要求1节选："在飞行机器中，通常平坦的飞机有侧向边缘，其能够向上或向下扭转到相对机身平面的不同位置……"

❺ 按键式电话机由美国电话电报公司于1963年11月正式开通，是转盘式电话的改进版。按键式电话机利用音频拨号，拨打电话时，按下相应数字键，电话机自动产生一组对应的DTMF码由交换机感知，当拨号完毕后，交换机便可以根据感知到的号码向目标位置自动转接电话。——译者注

❻ 转盘式电话机利用电脉冲拨号，转盘的每格位置对应接通脉冲，利用脉冲个数表示拨号数字：拨数字1的时候会撞击触发1次脉冲，拨数字2时角度更大，触发2次脉冲，依次类推到数字9；而拨数字0时几乎是绕一整圈触发10次脉冲（因为无法撞击0次）。——译者注

第4章 "问题—解决方案"的描述——达到应有的宽度

转盘式电话设备拨号慢的问题，通过使用振荡器响应用户的按键操作产生音频来解决。

然而，我们可以设想一个按键式电话的牵强实施例：让受过训练的微型鹦鹉吹口哨来响应口头指令。这样的实施例并不使用振荡器或按钮，却实现了与"真实"实施方式相同的理念：使用音频而不是脉冲从电话客户的房屋向电话网络发出信号。针对吹哨鹦鹉和语音命令，我们会得到一个不涉及振荡器或按钮的"问题—解决方案"的描述：

转盘式电话设备拨号慢的问题，通过为特定的多位数拨号序列的每一个拨号指示产生相应的至少包括一个音频的特定信号的电话拨号器来解决。

第二个"问题—解决方案"的描述不仅涵盖原始的振荡器加按键的实施例，还包括鹦鹉加口头命令的实施例。当然，后一个实施例并不具有实际意义。然而，重要的是，由于这种牵强附会的实施方式，我们得出了一个更为宽泛的"问题—解决方案"描述，其涵盖了在按键式电话时代难以想象的现实实施例。现在有很多不用振荡器就能产生音频的方法，以及不使用按键就可以拨打电话号码的方法，比如通过语音命令或在电脑屏幕上点击拨号。因此，基于第二个"问题—解决方案"描述的专利权利要求将具有更长的生命力，并且会比基于第一个"问题—解决方案"描述的专利涵盖更多真实的现实实施例。虽然在这个例子中，专利很可能早在非振荡器的音频产生方式大规模进入市场之前就过期了，但总的来说，我们永远不知道今天的实施方式会多快过时。设想难以置信的实施方式有助于我们应对这种可能性。

指望发明人或其代理人预言未来的技术进展是不合理的，但期望他们预测某种必然会发生的进步并非不合理。构想本发明的各种实施例，包括一些牵强附会的实施例，有助于我们识别在当前的"问题—解决方案"描述中，哪些是发明构思的内涵，而哪些仅仅是说明性细节。

拓展技术问题

当"问题—解决方案"的描述过于狭窄时，通常是解决方案部分出了问题。但也可能是技术问题描述得过于具体，正如解决方案太具体一样，由此会导致权利要求过窄。

发明人站位自身工作视角，是导致将技术问题描述得过窄的原因之一。正如我们在图3-2所示的咖啡机中所见，这将导致发明人的一部分贡献被降格到现有技术水平，继而导致"问题—解决方案"的描述过窄，并最终导致权利要求过窄。

在另一个例子中，假设科纳曲别针的发明人已经阐明了以下重要事实：如果科纳曲别针的中央腿是直的，如图4-3所示，而不是如图2-1所示的蛇形，科纳曲别针将不能非常牢固地固定纸张。由此可得出结论：中央腿的直线形是技术问题，而蛇形是解决方案。

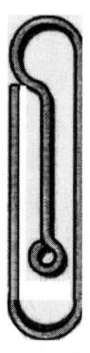

图4-3　具有直线形中央腿的科纳曲别针

如果直腿的科纳曲别针属于现有技术，这个分析就是正确的。但由于以前不存在科纳式曲别针，因此这样的分析就过于狭隘，导致发明定义包括了蛇形中央腿。科纳曲别针的发明人所解决的技术问题并不是"科纳曲别针直腿与蛇形腿相比没有技术效果"。别忘了，他发明了科纳曲别针。更确切地说，科纳曲别针发明人所解决的是更一般性的问题，即如何牢固方便地固定一摞纸而不损坏它。这才是对科纳曲别针而言准确的技术问题。

另一种将技术问题描述得过窄的情形是，没有完全搞清楚发明的环境或背景而导致最终对技术问题的描述过于狭义。

例如，拉链解决了什么问题？已知的拉链用途包括：服装、拉链环形活页夹、背包等。今天我们很清楚，拉链解决的一般性问题是如何快速轻松地连接和分开两块柔性材料。但是，最初为拉链设想的用途非常具体，发明人惠特康·贾德森（Whitcomb Judson）将拉链作为鞋扣的替代品。鞋扣很小，并且需要使用扣钩，穿鞋子是一个冗长的过程。图4-4中所示的贾德森的"钩子锁扣"承诺为全世界的穿鞋者带来福音。发明人很可能完全局限于鞋子，以至于忽视了问题可能远不止于鞋子的拉合。因此，贾德森和他的专利代理人可能会满足于如下所示的"问题—解决方案"的描述（下划线表示与鞋子相关的术语）：

第4章 "问题—解决方案"的描述——达到应有的宽度

用鞋扣固定鞋子所产生的问题,通过(a)由设置在鞋的相对翼片上的一排互锁部件制成、当处于锁定位置时仅能在与应变线成一定角度的方向上彼此接合的一排扣钩,和(b)具有两条轨道、所述轨道在一端分离并会在另一端汇聚成单个轨道的可移动导轨来解决。

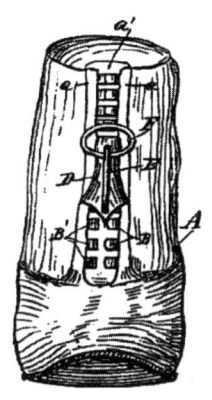

图4-4 贾德森的"钩子锁扣"(后来称为"拉链")
最初想解决的问题是鞋扣的不便

令人欣慰的是,他们实际上更聪明。尽管贾德森和他的专利代理人詹姆斯·威廉姆森(James Williamson)可能局限于本发明以鞋为中心的视角,但至少有一个人知道解决的问题并不限于鞋的闭合。正如贾德森1893年的专利中所描述的:❶

> 本发明特别用于扣紧鞋子,但其可普遍用于任何可使用由互锁部件组成的扣钩的场合,例如,邮袋、皮带以及闭合柔性主体的接缝。

事实上,该专利的大部分权利要求都体现了这种构思,正如其前序部分所描述的:

4.1 一种用于在鞋或其他物品上啮合和脱开一系列成对扣钩的装置,包括……

4.2 一种用于锁定或解锁一系列成对扣钩或类似互锁部件的手动装

---

❶ 美国专利 No. 504,038 号(1893 年 8 月 29 日颁布)。但贾德森的技术并不太实用。与我们今天所知的拉链更相似的是由吉德昂·逊德巴克(Gideon Sundback)发明的一个改进版,为此他被授予第 1,219,281 号美国专利(1917 年 3 月 13 日颁布)。[贾德森1893年的专利,由于扣钩搭接松散、拉头移动不畅等原因,未能实现商品化。吉德昂·逊德巴克的专利克服了上述缺陷,巧妙设计了链齿,最终成功实现了其市场价值。——译者注]

置，它们通过角运动啮合或脱开，所述装置由……组成。

许多开拓性发明往往具有比发明人最初的设想更广泛的适用性。例如常压蒸汽机（最初用于从煤矿中抽水）、条形码（铁路货车）和电子管放大器（无线电广播）。就目前而言，无论专利请求保护的范围是否远超发明人最初的设想，还是技术或市场能否在专利过期之前将其用于其他领域，都不重要。我们永远不知道需要多久才能发现超出发明人最初设想的用途。因此，在调整"问题—解决方案"的描述时，重要的是要脱离问题产生的最初环境去考虑，以确认对问题的描述是否比实际情况要窄。

许多方式和方法有助于拓展"问题—解决方案"描述中的解决方案部分，对问题部分也同样适用。例如：

- 提问：真正解决的是什么问题？例如，对拉链而言，答案是能够连接柔性物体，而不仅仅是连接鞋的翼片。
- 构想另一种可能，甚至是难以置信的情形，以此作为在更通用的背景下看问题的一种途径。
- 看看是否可以通过修剪、提炼当前的表述得出更一般性的问题。

修剪和提炼

拓宽"问题—解决方案"的描述或权利要求的诸多技巧中，修剪和提炼是其中较为机械的一种，甚至被认为仅仅是一种文字处理。

修剪意味着完全删除将本发明与现有技术区分开来所不需要的限定。需要仔细确定每个部件、每个功能、每个形容词是否真的有必要。

提炼与此类似，但不是完全删除，而是使其更加通用化，或者将两个或更多个功能或部件组合成单一的、更通用的或综述的功能或部件。例如，我们可以用更通用的术语"紧固件"替代"螺栓"，或将"指向"和"点击"的多个步骤组合成单个步骤"选择"。

不仅要推敲每个部件，我们还应该推敲每个单词，尤其应该关注形容词。有时候，准确的形容词可能会有效地将本发明与现有技术区分开。然而，大多数形容词只会缩小发明定义的范围，而不能突显与现有技术的区别。一般情况下，形容词是多余的，我们可以放心地删除，从而拓展"问题—解决方案"的描述。本书后面的内容中将以汽车地垫和可伸缩结构为例来加以说明。

第2章曾以消极态度提及修剪和提炼。不过，当时的情形是：修剪和提炼所针对的是直接源于实施例的权利要求，并不能确保将本发明的核心内容表达

第4章 "问题—解决方案"的描述——达到应有的宽度

出来。即使将其表达出来,我们也无法确保不会在修剪/提炼过程中无意将其删除。

在本章语境下,修剪和提炼是安全的,因为我们所面对的单词并不是对实施例的描述,而是以"问题—解决方案"的形式对本发明进行定义的术语。

请教您的同事

有多少个代理人,就有多少种分析发明的方法。因此,几乎任何发明的分析都可以得益于与同事的讨论。三人行必有我师。

本节介绍一些执业专利代理人与作者分享的确认发明的理念。毫无疑问,作者和其他代理人的方法能够汇聚成几个主题。毕竟,我们都聚焦于相同的目标——确定发明是什么。

首先"看透"本发明

一位同事将他撰写权利要求的起点称为"看透"发明。这个方法很有用。看透发明意味着对"究竟发生了什么"这个问题的答案很有把握。

> 在撰写权利要求之前,首先必须"看透"本发明,而不仅仅是本发明的一个实施例,尽管有时这两者不太容易区分。但我认为理解本发明的关键是获得对实施例背后所蕴含构思的基本理解。通过理解背后的原理,权利要求撰写者应该能够得出范围更为宽泛的权利要求。为此,我通常会重复向发明人提问,每次都会口头剔除冗余信息以改变之前陈述的内容,并仍能让发明人说,"是的,这就是我的意思",或者,"是的,那也可以!"
>
> 我以前接受的培训是每次都要撰写"问题—解决方案"和权利要求。现在我直接写出反映我思维过程的权利要求并依此提炼发明。但我想我在琢磨权利要求时,已经预先在脑海里通关技术问题和解决方案了。
>
> ——DHT

使用欧式("吉普森"式)权利要求作为一种分析发明的模式

另一位代理人建议在发明分析阶段按照欧式或"吉普森"式的权利要求来考虑发明,无论我们是否希望最终的专利申请具有此种权利要求。读者很可能已经对这种权利要求非常熟悉,其中采用诸如"改进包括"或"其特征在于"之类的过渡性短语引出所谓的发明点。

例如，以下是针对椅子腿（"细长支撑构件"）的欧式权利要求：

1. 一种装置，包括：

座椅，

座椅支撑件，其在座椅下表面支撑座椅，

<u>其特征在于</u>，座椅支撑件包括一个或多个细长的支撑构件。

在权利要求中以此种方式表明其新颖性要点可能非你所愿，然而：

> 这很可能是您思考的起点，这种方式有助于将之前已经采取的技术手段以及发明人为解决问题或改进产品而增加或改变的内容概念化。如果可以简单地表述改进之处（仅用一个特征），那么您已经有了构建宽泛权利要求的良好开端。然后，再思考前序部分，即在"改进包括"之前的那些词语，考虑同样的改进是否能应用于其他场合。
>
> ——BHF

这种方法可以作为第 8 章 "基于发明点撰写独立权利要求" 的撰写技巧的基础。

设想销售场景

另一位代理人通过聚焦发明的目标市场，从而熟悉并采用发明人的自有术语。

> 我要求发明人设想一下发明产品的销售场景，如果她必须真的去销售发明产品，她会如何吹捧她的发明呢？例如，它比已有产品更快？更轻便？更便宜？更有效？一旦她明确告知，我会请她指出在她的系统或工艺过程中，究竟是什么使得她的发明具有这些优势。然后我们一起在纸上勾勒发明，并精炼到仅包含最少的、必需的现有技术来支撑发明人所指。这种方法有一个特别的好处，它使得发明人能够在她自然而常规的分析框架内提供代理人所需的东西，而不必第一时间将发明人改造成初级专利代理人。
>
> ——GCR

想象一下，你只有 60 秒钟来形容本发明

一位同事建议，可以通过以下问题提炼出发明的本质：如果只有 60 秒钟，你会怎样描述本发明？

第4章 "问题—解决方案"的描述——达到应有的宽度

当我为企业指导专利代理人时,我常常提出如下建议:"设想你必须向掌管专利申请资金的经理解释发明,而经理急着出席一个会议,想象一下,在陪同他到会议室门口的过程中,你只有60秒钟来描述发明的新颖性。你会用一两句话说什么?"

我也强烈建议对于本发明的一两句描述应该集中于本发明的解决方案及其有益效果。了解这些技术效果有助于确定是哪些特征带来了这些效果,从而确定范围最宽的权利要求中应该包含的若干特征。

——HTB

类似地,另一位代理人指出,除非能够简洁明了地回答"发明是什么",否则就需要对发明进行更多分析。

我们要能在不需要过多肢体语言或冗长议论的情况下回答"发明是什么"。否则,就很难掌握发明的本质。一旦能够回答"发明是什么",就能画出一个边界,圈出本发明为克服现有技术未解决的问题而采用的特征/功能,无论是机械上的、电子上的抑或其他的。然后,通过将多个具体功能聚合成一个更宽泛的一般性功能,从圈出的多个特征中提炼出相同的功能。

——DRP

反复询问发明人

在另一种方法中,一位同事在撰写早期就写出专利申请的背景技术和发明内容,并建议最好让发明人也参与进来。这使他能够以叙事模式探索技术问题和解决方案。随着叙述的逐渐深入,对发明人进行反复询问。(这也是作者最喜欢的方法,后面将在书中予以介绍。❶)

我在撰写专利申请时尽可能让发明人待在旁边,用一种我称之为"反复询问发明人"的方法来分析发明。在最初根据发明人告知的内容来撰写背景技术和发明内容时,我不断向发明人求证我写的每个内容是否都至关重要。就像正在法庭上对发明内容进行质证一样,我设想某些特定内容可能并不必要,并督促发明人也这样做。完成发明分析后,我将其转换为权利要求。然后我向发明人解释权利要求是什么,技术特征是什么,以及为什么它们对于对抗侵权是必要的。然后我再次检查每一个特征,看看

---

❶ 参见第22章中"准备申请文件的四阶段协作过程"。——译者注

是否有哪些内容看起来不是必需的。如果有任何变化，我再回头去修改发明内容。当然，当我开始撰写详细的说明书，并真正理解发生了什么的时候，发明人会一步步披露更多内容，并做更详细的解释，从而揭露出一些她无意中（或者甚至有意）对我隐瞒的深层次内容，我会以迭代的方式进一步细化发明内容和权利要求。

——EJR

确定发明的宽度只是成功了一半。我们还必须能够评估"问题—解决方案"的描述或权利要求，以确定它们是否过于宽泛以至于覆盖到了现有技术，并在其过于宽泛的情况下进行修正。接下来将对此展开讨论。

本 章 回 顾

强化理解

1. 作者所称的"对手团队"是指什么？在分析发明时，为什么要重点关注对手团队？

2. 如果发明人坚持认为，在实践中如果没有某些具体细节，就不能实现本发明，那么，在"问题—解决方案"的描述（或权利要求）中包含特定实施细节的危险是什么？

3. 构想"难以置信的实施例"是如何帮助确认发明构思的？

4. 由于本发明的方法或装置是在"问题—解决方案"描述中的"解决方案"部分定义的，为什么达到应有宽度的过程还涉及"技术问题"部分的拓展？

5. 通过列举发明人实施例的各个特征，然后明确对于将本发明与现有技术区分开来而言，哪些特征不是不必可少的（怎样做），哪些特征是必不可少的（是什么）。采用这种方法来确认发明构思有什么危险？

深入思考

6. 作者所建议的思考方式："从功能上而非结构上进行分析、使用动词而不是名词、采用方法步骤而非结构特征"是如何有助于发明分析的？

7. 当专利代理人拥有深厚的技术背景时，怎样做才能有助于对发明宽度的确定？

8. 将恐龙和鸟类作为莱特兄弟飞行器的现有技术是否现实？

提升技能

9. 有经验的代理人有很多方法来达到发明应有的宽度。询问您身边那些经验丰富的同事，看他们是如何做的。

10. 请为以下发明撰写达到其应有宽度的"问题—解决方案"的描述：

发　明	现有技术
公共厕所纸巾分配器，使用电子眼从连续卷纸中分配一定量的纸张	分配器，响应于用户拉下环形布毛巾的一端，露出一定量的未使用的毛巾
汽车无线电天线或嵌入车窗的除霜线	装甲车中的钢丝玻璃

第 5 章
"问题—解决方案"的描述——
避免过度宽泛

正如"问题—解决方案"的描述可能太窄那样,它也可能太宽泛。基于过度宽泛的"问题—解决方案"描述的待审权利要求将因不可专利性而被驳回。过度宽泛的权利要求还会被宣告无效。

因此,在评估"问题—解决方案"描述的合理范围时,意味着不仅要确定它是否过于狭窄,还要确定它是否过于宽泛。第 4 章介绍了使得"问题—解决方案"描述尽可能宽泛的技巧。本章介绍确保"问题—解决方案"的描述或权利要求不会过于宽泛的方法。

尽可能宽泛地理解"问题—解决方案"的描述

对于专利代理人来说,一项重要技能就是能够预期专利权利要求中的词语与我们之前的意图相比,可以被解释成什么意思。本书描述的方法是首先构建"问题—解决方案"的描述,而不是权利要求。然而,我们将在后续章节中看到,专利申请中至少部分权利要求将会基于"问题—解决方案"的描述。因此,应该根据预期中可以达到的宽度斟酌"问题—解决方案"描述中的语句。

代理人在将"问题—解决方案"的描述限制在合理范围时,不能只从自己的视角来理解这些语句。我们应该像审查员审查权利要求一样,基于现有技术来理解"问题—解决方案"描述中的语句,看这些语句是否会以某种任意的方式覆盖现有技术,而无论其是否与发明的实质贡献有关。例如,第一个采用大思维为"无马的马车"撰写"问题—解决方案"描述的代理人,可能认为该发明就是在轮式车辆上安装发动机并用其能量转动车轮:

第5章 "问题—解决方案"的描述——避免过度宽泛

不使用人或动物的力量移动人或物的问题,通过在轮式车辆上安装发动机并利用该发动机产生的能量转动车轮来解决。

然而,早于汽车出现的铁路机车也符合这个说法。桨轮汽船也一样。代理人意图使用"轮式车辆"这个术语来表达更狭义的含义是没有用的。我们需要缩窄这个"问题—解决方案"的描述。

实际上,在很多案例中,专利申请人坚持认为他的权利要求表达了某种特定的东西,但专利审查员和法院认为其权利要求有着更宽泛的含义。例如有这样一个案例❶,专利申请人认为权利要求中A和B彼此"一体成形"的限定意味着A和B必须熔合成一整体,例如通过铸造成形或焊接在一起,见图5-1。

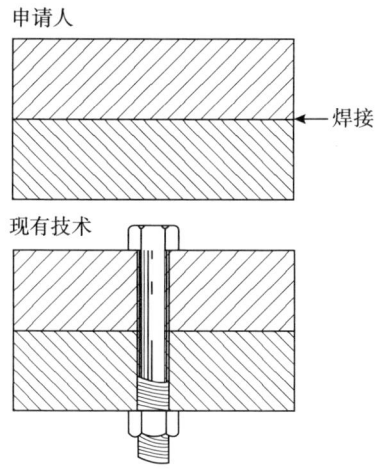

图5-1 哪一种是两个部件"一体成形"?

他们需要法院采纳这一抗辩,以规避"A和B是分开的部件而被螺栓连接在一起"的现有技术。然而,联邦巡回上诉法院认为,"一体成形"一词实际上可以包含现有技术中的这种两件式结构,并且肯定了审查员对于不可专利性的认定。类似的例子是用于定义计算机界面的宽泛术语"窗口"和"数据"。❷

这些案例的启示是:权利要求的语言所表达的含义不一定像专利申请人事前预期的那样狭窄,也不一定像专利申请人对新的现有技术进行抗辩的那样狭窄。相反,权利要求的语言可以解释为任何字面上合理的含义。实际上,审查

---

❶ *In re Morris*, 127 F. 3d 1048, 44 USPQ2d 1023(Fed. Cir. 1997)。

❷ *Apple Computer Inc. v. Articulate Systems Inc.*, 234 F. 3d 14, 57 USPQ2d 1057(Fed. Cir. 2000)。

员有义务将权利要求中的词语以平意原则❶进行诠释，以权利要求术语所能理解的最宽泛含义来确认权利要求是否覆盖了现有技术，就算是现有技术与本发明几乎无关联或根本没有关联，而且也没有透露发明构思。❷ 这样能够保护公众在该专利颁布后实施现有技术而免受专利权人的侵权诉讼。

在说明书中没有明确定义的情况下，权利要求术语包含了其合理意义上能够代表的一切事物，而不仅仅是申请人意图表达或者抗辩的意思。

因此，需要对"问题—解决方案"的描述或权利要求的语言进行评估，必要时适当缩窄。

正确的缩窄方式

以某些方式缩窄过于宽泛的发明定义是很容易的。只要找到发明人的实施方式中没有被现有技术公开，也非显而易见的方面并将其添加到正在起草的"问题—解决方案"的描述或权利要求中即可。

然而，这种做法是灾难性的，因为它可能导致对发明的理解太狭隘。正如随后要讨论的那样，我们还得继续寻找本发明为解决技术问题所提出的解决方案中宽泛的、功能性的特征。此外，我们需要考虑是否并非是解决方案过于宽泛，而是技术问题过于宽泛，而技术问题正是解决方案产生的背景。

持续聚焦于专利宽度及其功能

在决定怎样才能最恰当地缩窄过于宽泛的"问题—解决方案"的描述或权利要求时，我们需要持续聚焦于之前阐述的原则。例如，我们需要明确究竟是什么解决了所述技术问题，而不是过于宽泛的"问题—解决方案"的描述中囊括的现有技术解决了这个问题。我们太容易根据已有的实施例细节来修正"问题—解决方案"的描述，特别是在持续地非常疲倦地思考这个问题的时候。但是，我们必须抑制这种冲动，以免得到的发明过于狭窄。

让我们重新回顾第2章科纳曲别针的例子。其最初的"问题—解决方案"描述可能是滑动到纸张的两面并使用弹簧动作来保持纸张的曲别针。

牢固地固定堆叠在一起的纸张，在方便地夹持和取下的同时不损坏纸

---

❶ 平意原则（Plain Meaning Rule），即对文字必须按通常具有、普通说话者所理解的平白朴实意思去理解。——译者注

❷ 请参阅 In re Suitco Surface, Inc., 603 F. 3d 1255, 1259, 94 USPQ2d 1640（Fed. Cir. 2010）; In re Morris, supra. Cf. In re Donaldson Co., 16 F. 3d 1189, 29 USPQ2d 1845（Fed. Cir. 1994）(en banc)（说明书中对美国专利商标局在合理解释标准下可以如何宽泛地诠释装置加功能语言设置了限制）。

第 5 章 "问题—解决方案"的描述——避免过度宽泛

张的问题,通过包括至少两个可滑动到纸堆的相应侧面上、通过弹性作用被推入纸面中的部分,并具有弯曲线的曲别针来解决。

然而,科纳曲别针发明的描述过于宽泛。它不仅包括科纳曲别针,而且还包括了现有技术中的完美曲别针,其也滑动到纸张的两侧并且通过弹簧动作将纸张保持在位。图 5-2 示出了这两个曲别针。

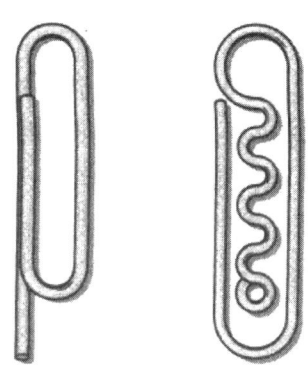

图 5-2 完美曲别针与科纳曲别针

通过比较科纳曲别针和完美曲别针,我们很可能会试图通过增加科纳的中央腿来缩窄这个"问题—解决方案"的描述。的确,科纳曲别针的这一独特特征可以清楚地区分它与之前出现的所有曲别针。然而,至少在我们的例子中,这样一个对科纳曲别针发明的描述并不能覆盖到在其后出现的宝石曲别针,而实际上如我们所知,宝石曲别针成了市场赢家。我们之前的分析得出的结论是,科纳曲别针的理念是以同等压力对抗相对的轨道。像中央腿一样,科纳曲别针的等压理念将其与完美曲别针区别开来。然而,与中央腿不同的是,科纳的等压理念被宝石曲别针采纳,并像宝石曲别针一样,解决了牢固、方便且无损伤地保持一叠纸的问题。我们知道,科纳曲别针很快就退出了市场,但其体现在宝石曲别针中的基本构思却存活至今。

缩窄技术问题而不是解决方案

_____的问题,由_____来解决。

这个"问题—解决方案"句式的固有理念是:一项发明不仅包含解决方案,而且包含其解决的技术问题。因此,"问题—解决方案"的描述中包含了本发明产生的环境或背景。如果"问题—解决方案"的描述过于宽泛,那么对其进行缩窄的最佳方式可能不是缩窄解决方案,而是缩窄技术问题。即使"问题—解决方案"的描述中解决方案部分覆盖了现有技术,如果:(a)解决方案产生的环境或背景与现有技术不同,并且(b)在该环境或背景下使用所述的解决方案并非显而易见的,则该"问题—解决方案"的描述整体上并不会过于宽泛。

例如,微波炉发明一段时间之后,人们认识到,如果加热的时候食物在炉腔内移动,加热会更加均匀。❶加热不均匀是由于炉腔内的驻波❷导致部分区域能量高于平均水平,部分区域能量低于平均水平。在炉腔内移动食物可以使食物各个部位接收到的能量相等。

以"大思维"进行思考并回答"究竟发生了什么"的代理人,会认识到转盘只是一个具体的操作特征,而宽泛的发明就是简单地将食物转动起来。由此可得到以下"问题—解决方案"的描述:

食物加热不均匀的问题,通过在加热时移动食物来解决。

然而,这个"问题—解决方案"的描述过于宽泛。例如,它覆盖了现有技术中的旋转烤肉架,它甚至可以覆盖在炉子上搅拌平底锅中食物的烹饪勺。

通过引入转盘(假定食物烹饪的现有技术中没有使用转盘),能使上述"问题—解决方案"的描述缩窄到可专利范围。但是对"问题—解决方案"的分析已经告诉我们,真正解决问题的不是使用转盘,而是食物被转动的事实,不管以何种方式,反正转动就可以了。我们可以构想一个虽然牵强但同样可以解决该问题的实施方案,例如招募一群微波不能穿透的小人来排队翻动烤炉内的食物。

解决办法在于修正技术问题。通过将本发明放入微波炉背景中,可以缩窄"问题—解决方案"的描述以避开现有技术中的旋转烤肉架和烹饪勺。

微波炉中食物加热不均匀的问题,通过在加热食物时在炉内移动食物来解决。

现有技术在传统的食物烹饪中"移动食物"的教导不会使得在微波炉中执行该步骤显而易见,因为微波辐射到整个炉腔内,最初不可能想到有加热不均匀的问题。

然而,在审视第二个"问题—解决方案"的描述后,我们发现它仍然过于宽泛。早期的微波食品加热设备将食物移动到发射微波的波导管末端,从而

---

❶ 美国专利 No. 2,632,838(1953年3月24日颁布)。
❷ 驻波是由频率相同、振幅相同而传播方向相反的两列波叠加而成,在两者电压(或电流)相加的点出现波腹,在两者电压(或电流)相减的点形成波节。波形虽然随时间而改变,但不向任何方向移动,给人"驻立不动"的印象,因此得名。——译者注

第5章 "问题—解决方案"的描述——避免过度宽泛

已实现了"移动食物"(见图5-3)。❶

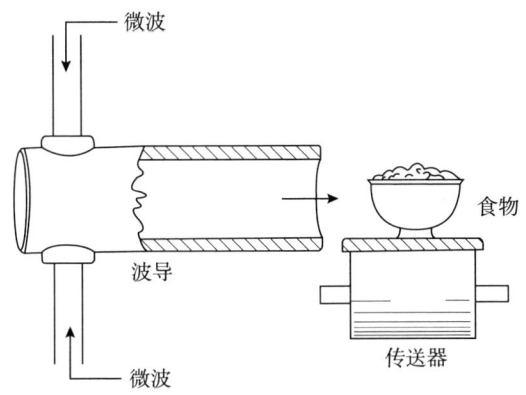

图5-3 早期微波炉

对"问题—解决方案"描述的修正不得不再次回到技术问题及其产生的背景上。现有技术中使用波导的微波加热设备没有遭受驻波现象,因此不会出现加热不均匀的问题。当微波被限制在微波腔内时,才会出现驻波。现今微波炉的封闭主室就是这样一个空腔。通过在"问题—解决方案"描述的技术问题部分中包括"腔"来将本发明置于该背景下,从而将本发明与现有技术区分开来,而不必借助于在解决方案部分中增加"转盘"的限定:

微波炉<u>腔</u>中食物加热不均匀的问题,通过在加热食物时在<u>腔</u>内移动食物来解决。

虽然这一章介绍的是怎样防止过度宽泛,但我们不能对"问题—解决方案"的描述是否太窄置之不理,就算它已经缩小到了可专利的范围。也许我们正处于图3-4中第7点的位置,与一开始的范围相比已经足够窄,已经不再覆盖现有技术,但与原本可以达到的宽度相比有点太窄了。

有两件事需要仔细思考。

上述"问题—解决方案"描述的问题部分限定为"食物"有点太狭窄。微波炉加热什么并不重要,而且无论旋转盘上放的是什么,它都会转动。这提醒我们,我们应该能够说一些比"食物"更广泛的东西,比如"物质",并且仍然能够限定一项可专利的发明。

事实上,在没有本发明的情况下,任何可以放入炉内的东西都可能加热不均匀。另外,还可以构想一些或许很牵强,但也能解决问题的替代方案。可以

---

❶ 美国专利 No. 2,495,429 号(1950年1月24日颁布)。

想象一下，我们不移动被加热的物质，而是移动微波驻波，就像海浪向海岸的运动。或者完全消除驻波。（我们假设：在本发明出现之前，人们尚未意识到驻波现象是加热不均匀的原因。否则，仅将本发明描述为消除驻波将是过度功能性限定。关于这一点可参见第12章。）

通过这些深入的思考，我们能够得到以下更优的"问题—解决方案"的描述，其包含所有三种情况：(a) 在腔内移动物质，(b) 在腔内移动驻波，或 (c) 完全消除驻波。

> 微波腔中用微波加热物质产生的加热不均匀的问题，通过以下至少一种方式：(a) 在腔内移动物质，(b) 使微波能量处于移动驻波的形式，或 (c) 使微波能量处于驻波以外的其他形式来解决。

也可以表述为：

> 微波腔中微波能量对物质的不均匀加热的问题，通过不用与物质相对静止的驻波加热物质的方式来解决。

反思无马的马车

现在回到无马的马车和其过于宽泛的"问题—解决方案"的描述，我们应该问自己，与现有技术的"轮式车辆"如机车和桨轮蒸汽船相比，无马的马车解决了什么问题？至少有一个答案是，机车和蒸汽船行迹受限，它们不能随意行驶到任何地方；而无马的马车可以在开阔的地面上任意行驶，当然，是沿着任何足够宽的小路或公路行驶。我们可以考虑这样修改上述"问题—解决方案"的描述：

> 不使用人或动物的力量<u>在道路或开阔地面上</u>移动人或物的问题，通过在<u>能够在道路或开阔地面上移动</u>的轮式车辆上安装发动机并利用该发动机产生的能量转动车轮来解决。

然而，这个"问题—解决方案"的描述表明发明人只是解决了一个已知问题。人们已经拥有能够在道路上或者开阔地面上行驶的车辆（例如马拉的马车和货车），但是这些车辆需要动物的力量来拉动它们。也就是说，在汽车发明之前，人们已经期望马车能够像机车和船舶一样，用机械能源替代动物动力。正如第12章将要讨论的，这使得上述"问题—解决方案"的描述"过度功能化"，因此过于宽泛。但是如何让车辆到达我们想去的任意地方？这个问题可以通过从车内引导车轮来解决，而这种解决方案无疑是使无马的马车成为

第5章 "问题—解决方案"的描述——避免过度宽泛

可能的发明之一。假设可操纵的玩具车晚点出现，那么对于无马的马车，以下是不会过度宽泛的"问题—解决方案"的描述：

> 不使用人或动物的力量<u>在任何期望的方向上</u>移动人或物的问题，通过在具有能够<u>从车上或车内操纵的轮子</u>的轮式车辆上安装发动机并且利用发动机产生的能量转动轮子来解决。

根据迄今为止提出的原则，我们能够基于现有技术尽可能宽泛地定义发明。这里是指，基于我们所知晓的现有技术。其他现有技术可能在专利申请提交后的任何时间冒出来，证明"问题—解决方案"的描述过于宽泛，权利要求可能因此而被无效。预测这种可能性是下一章的主题。

本 章 回 顾

强化理解

1. 本书敦促读者像审查员一样评估"问题—解决方案"的描述是否过于宽泛。这不是对付自己吗？为什么不按照最初的宽泛定义进行下去，在收到专利局第一次通知书之后再"调整"这些权利要求呢？

2. 可以通过寻找发明人实施例中那些没有被现有技术公开的特征，并将其添加到"问题—解决方案"的描述中来缩窄过度宽泛的"问题—解决方案"描述。为什么作者认为这种方法是"灾难性的"？

3. 既然是在"问题—解决方案"描述的"解决方案"部分表述发明内容，为什么防止过度宽泛的过程可能会涉及缩窄"技术问题"部分？

深入思考

4. 据说专利申请人可以是他自己的词典编纂者。这如何与作者的主张相一致："［用于定义发明的］权利要求的语言所表达的含义不一定像专利申请人事前预期的那样狭窄……［以及］……权利要求的语言可以解释为任何字面上合理的含义？"

提升技能

5. 以下每个"问题—解决方案"的描述都过于宽泛。根据您所了解的现有技术陈述原因，并重新撰写"问题—解决方案"的描述使其具有可专利性。

  a. 防晒霜：人们被晒伤的问题，通过用阻挡太阳光线的材料覆盖皮肤来解决。

  b. 使用电子眼从连续卷筒中分配固定量纸张的公共厕所纸巾分配器：在公共洗手间中擦手材料的浪费问题，通过一种每次分配一定数量的擦手材料的装置来解决。

  c. 移动电话：语音通信设备便携性差的问题，通过使用电磁能量实现语音通信设备之间的相互通信来解决。

  d. 一次性咖啡杯盖上的撕开片：当携带一次性饮料容器时，可以在饮用容器中液体的同时使得溢出最少的问题，通过具有穿孔片的容器盖来解决。

第 *6* 章
退守特征和计划性退守

在专利申请提交后,有时会发现其他的现有技术可能会使范围最宽的权利要求不可授权或被无效。本章介绍了一种策略来应对这种可能性,我们称之为计划性退守。该策略的核心是使用"问题—解决方案"范式来确定发明的"退守特征",其最终将转化为专利申请的中范围和窄范围的权利要求。

为什么需要退守(回退)策略

一项专利申请必须包含至少一项权利要求。[1] 但是,仅限于这一项权利要求并不是一个好主意。我们永远无法确保已经发现了所有相关的现有技术,也无法确保"问题—解决方案"的描述以及由其得出的任何权利要求不会过于宽泛。现有技术数量很多,其中包括在美国发行的 700 多万份专利和在全球各国发行的数千万专利,更不用说所有的期刊文章和技术书籍了。

因此,专利申请需要不同范围的权利要求。这意味着不仅需要范围最宽的权利要求,还需要其他对宽泛发明进行限制以界定适当的知识产权领地的权利要求,可以是独立或从属权利要求。

我们希望专利申请中范围最宽的权利要求能够在专利审查中以及对手团队对专利性的任何攻击中存活。如果范围最宽的权利要求能够存活下来,那么授权专利中窄范围的权利要求将无用武之地。即使只侵犯了一项权利要求,也构成专利侵权。但另一方面,我们永远不知道申请提交之后可能会冒出来什么样的现有技术,导致我们需从最初确定的发明边界回退。我们也不能预测需要回退的程度。如果在授权专利中没有宽范围、中范围和窄范围的权利要求形成梯

---

[1] 35 U. S. C. 112 (b).

度以作保障，那么专利所有者有可能在将来没有任何可执行的专利权（见图6-1）。

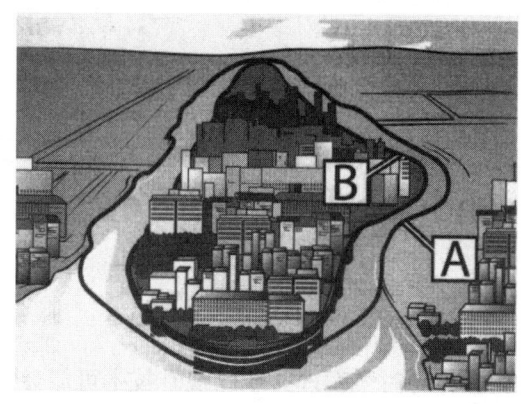

图6-1 如果最初的知识产权包含的范围太广泛（A），经过深思熟虑的计划性退守使我们能够尽可能少地放弃有价值的知识产权，同时为剩下的内容确立一个可辩护的位置（B）

最初提交的专利申请就应该包括中范围和窄范围的权利要求有很多重要的原因。实际上，根据（a）专利是正处于审查过程中还是已授权公布，以及（b）专利申请公开了哪些没公开哪些内容，我们可能需要支出更多费用甚至根本就不可能确保在那些新发现的现有技术面前，最佳定义本发明的权利要求有效。

计划性退守

计划性退守策略是指依次设定一系列越来越窄的退守位置，每个位置都由相应的权利要求来限定。如果新冒出来的现有技术迫使我们回退，我们可以撤回到其中一个位置。当然，我们退守的具体位置取决于现有技术披露了或者未披露什么。

计划性退守的基本思想是：如果能未雨绸缪，通过放弃一两个平方英尺来解决专利性问题，就没有任何理由放弃一英亩。贯彻上述思想的原则是依次选择可回退的位置，即逐渐缩窄的权利要求，并满足下述两个标准：每个渐次缩窄的权利要求都应该（a）尽可能少放弃有价值的知识产权；（b）为余下的知识产权建立一个防御位置。

"尽可能少地放弃有价值的知识产权"意味着保留实施例中我们认为最可能应用到竞争对手所售产品上的技术特征。举个例子，对于双悬窗这一宽泛概念而言，这样的特征就是在提拉下窗扇时抵消其重量的机械装置，诸如吊窗锤或弹簧。我们能够预想到，这样的机械装置是任何可商业化的双悬窗不可缺少的特征，比用棍子支撑窗扇或者紧密摩擦配合件更实用，见图6-2。

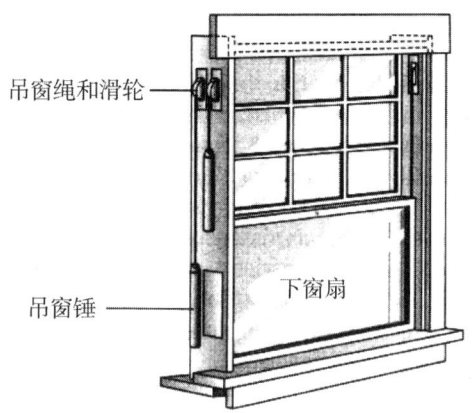

图6-2 对仅披露了窗户的现有技术而言，吊窗锤或者其他抵消双悬窗的下窗扇重量的机械装置将是一个有价值的回退位置

"为余下的知识产权建立一个防御位置"意味着与回退前相比，我们不得不退守的更窄的发明定义应该具有更高的可专利性。不管多受市场欢迎，如果本发明加上额外技术特征后并没有增强其可专利性，那么建立这样的回退位置是没有用处的。

例如，假定一种新型笔的宽泛发明最终被证实在现有技术专利中已公开，但现有技术未提及墨的颜色。由于黑色可能是最受欢迎的墨水的颜色，所以将本发明的笔限制为黑色墨水的退守位置将符合计划性退守的第一标准，即尽可能少地放弃有价值的知识产权。但是"黑色墨水"并不是一种可防御的回退位置。尽管现有技术专利没有提及墨水的颜色，但显然任何笔中的墨水都可以是黑色的。如果宽范围的钢笔权利要求失守了，窄范围的具有黑墨水的钢笔权利要求将会与之一起失守。

使计划性退守奏效的内容是发明的"退守特征"，也被称为"创造性特征"、"后备位置"和"次要发明"等。万一原来的宽泛发明被证明落入现有技术范围，退守特征作为发明人实施方式的一部分内容将作为可专利性的基础。如果说宽泛发明是由多个特征组合而成的话，那么退守特征就是一个或多个特征的详述细节、附加特征或特征之间的连接关系。例如，如上所述，双悬窗的退守特征是提拉窗扇的某个机械装置。劳德圆珠笔的退守特征是用于笔的球形标记点的抗磨轴承。

通过识别并优先考虑退守特征来实现发明的计划性退守，即在回退的每个阶段尽可能少地放弃有价值的知识产权，同时为余下内容建立一个可防御的位置。我们将在本章后面部分看到是如何通过"问题—解决方案"的范式来实现这一理念的。我们将在第 9 章中看到分析结果是如何转化为专利申请的中范围和窄范围权利要求的。

以椅子的发明为例。图 6 - 3 示出了发明人的实施例，图 6 - 4 示出了假设的现有技术。基于这种现有技术，我们认为宽泛的发明是具有一个或多个细长支撑构件的座椅装置。发明人称它们为"腿"。正如本发明"问题—解决方案"的描述中所体现的那样，椅子腿解决了现有技术座椅太重和便携性差的问题。

图 6 - 3　第一把椅子　　　　　图 6 - 4　针对椅子的现有技术

提供轻便便携座椅装置的问题，通过具有一个或多个细长支撑构件的座椅装置来解决。

那么，我们的退守位置应该是什么？如果必须回退，那么椅子实施例中哪些特征可以实现放弃尽可能少的有价值的知识产权，同时为余下的内容提供防御位置？

如果市场发展速度足够快，我们可能会有"后见之明"的幸运。如果椅子的某些特征已经受到消费者的欢迎，而专利申请此时仍在审查过程中并且这些特征已经在专利申请中披露的话，就可以将包括这些特征的权利要求添加到专利申请中。

然而，我们没有这样的后见之明。实施例涉及的细节太多了，漫无头绪，我们很难把它们都撰写成权利要求，更别提多种组合方式的权利要求了。

例如，以下仅仅是发明人椅子实施例的部分技术特征：

- 腿与座位垂直。
- 腿数正好是四个。
- 腿由木头制成。

- 腿长相等。
- 腿是圆柱形的。
- 腿的底部是圆形的。
- 腿的横截面是 3 平方英寸。
- 腿位于矩形座位的角。
- 腿永久地连接到座位（例如，使用树脂黏合剂）。

请注意，所有这些特征都涉及椅子腿，而不是座椅靠背或其他。回想一下"单独的发明创造单独处理"的原则。座椅靠背是一个单独的发明，解决了坐在椅子上的舒适性问题，而不是细长座椅支撑构件解决的重量和便携性问题。即使没有细长支撑构件，座椅装置也可以配备座椅靠背，反之亦然。事实上，根据图 6-4 所示的现有技术，椅背是一种新的想法，可以单独提出专利申请。

再看看上面列出的与腿部相关的特征，"后见之明"使我们现在不难找出能满足"放弃相对较少的知识产权，并且有益于计划性退守"目标的特征。例如，将要求保护的发明限制于正好具有四条腿的座椅装置仍然能够包含大量有价值的知识产权。而且，根据图 6-4 所示的现有技术，四条腿是一个退守的防御位置。出于类似的原因，将腿部永久性连接到座椅的想法是另一个非常好的退守位置。

诸如腿垂直于座位或位于座位周边的特征，由于其具有期望的市场价值，因此相对来说放弃的知识产权也较少。但鉴于图 6-4 所示的现有技术"长凳"，这些特征是否能额外提供可专利性值得怀疑。

相对而言，其他特征就会放弃较多的知识产权，使得竞争对手很容易将其绕过而仍有可售产品。"腿的横截面是 3 平方英寸"就是这样一个特征。而且，它作为退守位置的可防御性值得怀疑。如果椅子腿在现有技术中是已知的，那么横截面的大小无疑将被视为常规选择，并且因此是显而易见的。

但是，话又说回来，所有这些都是"事后诸葛亮"。我们需要能够前瞻性地确定发明中哪些特征可以作为最佳的退守位置。

使用"问题—解决方案"范式识别退守特征

"问题—解决方案"范式再次为我们提供了很好的帮助。

回想一下，识别退守特征的原因是我们认为的宽泛发明实际上可能是现有技术。我们所需要做的就是假定存在基础的现有技术，使用与发明相同的方式解决了相同的问题。然后我们根据此假设的现有技术来进行"问题—解决方案"的分析。

在椅子案例中，我们假定现有技术中已经存在具有一个或多个腿的简陋座椅装置，例如图 6-5 中示出的单腿凳子。然后，我们思考实施方案解决了与腿相关的什么问题，从可专利性的角度，将最具防御性的解决方案确定为退守特征。以下列出更规范的操作步骤：

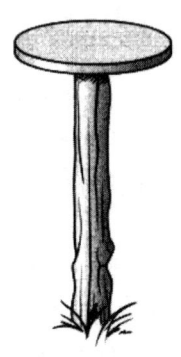

图 6-5　假定的现有技术椅子

1. 假定宽泛发明落入现有技术范围。
2. 确定实施例所解决的关键子问题。❶
3. 笼统地描述发明人对每个子问题的解决方案。❷
4. 将那些最符合计划性退守的双重准则的解决方案确定为退守特征。
5. 将步骤 1~4 应用于每个确认的退守特征来确认其退守特性，并反复进行此操作，直到研究透每个关键的子问题及其相应的解决方案。

我们将在下一部分内容中看到，基于这样的分析，四条腿和腿部座椅之间的永久性连接如何脱颖而出成为最有价值的退守特征。

椅子的计划性退守

现在将"问题—解决方案"范式应用到我们的椅子上，结合图 6-6，让我们看看椅子发明人在改进原型时出现的问题：

---

❶ 见第 3 章。
❷ 见第 4 章。

第 6 章　退守特征和计划性退守

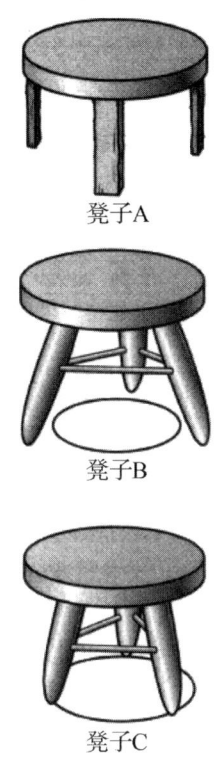

凳子A

凳子B

凳子C

图 6-6　椅子发明人的早期实施例

一旦我想出了我称之为"腿"的细长支撑构件,为了让我的座椅设备轻便便携,我的主要担忧是稳定性和低成本。

我从未像你(专利代理人)提醒的那样想过只有一条腿的方案可能会落入现有技术范围。事实上,我在开始时就假定会有三条腿,因为它是确保稳定性所需的最小数量。即使你可以有更多选择,这显然是不二之选。

我决定给我的三腿装置起名为"凳子"。

在我开始构建凳子时,我意识到为了获得最佳的稳定性,三条腿的底端应该相距很远,并且应该是非共线的。而且我也意识到,当它们垂直于座椅时,可以支撑的重量最大。我以这些原则构建的凳子被称为凳子A。不幸的是,凳子A容易倾倒。

然后我意识到,如果将三条腿展开,可以使我的凳子更稳定,由此得到的凳子我称为凳子B。然而,人们容易被凳子B绊倒,所以我不得不减小腿的倾斜角度,同时将腿部稍微远离边缘。我把这种凳子叫作凳子C。

虽然凳子 C 比凳子 B 的稳定性略差，但凳子 B 会绊倒人，这是无法接受的。

还要注意的是，对于我的任何一种展开结构，倾斜的腿部必须比垂直的腿部更粗以支撑相同的重量。我还需要水平连接件以防止腿从座位上脱落。所有这些额外的材料都增加了凳子的成本和重量，这就是为什么我一开始时喜欢垂直腿，就像凳子 A 一样。然而，凳子 A 又非常不稳定。

所以看起来最佳选择是（1）如果一个人的首要考虑是最大限度地减少椅子的重量，选择凳子 A；或者（2）如果一个人首要关注的是稳定性，那么选择凳子 C。

但后来我偶然蹦出了使用四条腿的想法。

事实上，我发现四条腿有很多优点，尤其当它们垂直于座位并位于四边形座椅的四角的时候。我将这种四条腿的装置称为"椅子"。

具有垂直的四条腿的装置比具有垂直的三条腿的装置稳定性更好。当腿部连接在椅子的四角时，它甚至更能抵抗倾翻。

三条腿的优点是装置不会晃动，因为三点限定了一个平面。但只要精确切割以使腿部尽可能一样长，晃动就不是主要问题。

尽管我的椅子相对于三条腿的凳子需要四条腿的材料，但每条腿比凳子 A 稍微细一点也仍然能够支撑相同的负荷，因此具有四条腿并不会使重量增加太多。当然我的椅子需要的材料少于腿部展开的凳子 B 和凳子 C，同时表现出良好的稳定性。

那时我在想，如果四条腿比三条腿好，那么也许五条腿比四条腿好。但事实非如此。五条腿确实比四条腿稳定性更好，但改进效果很小。五条腿加重了摇摆的问题，增加了椅子的重量，使其制造成本更高，所以四条腿是理想的数字。

我发现整体性是另一个问题。只要将椅子放好了，就足以将腿部楔合到座椅底部的凹槽中。但是当移动椅子时，腿部很容易掉落。我通过将腿永久地连接到座椅来解决这个问题。这就使得椅子成为一个整体从而更加便于携带。

根据以上内容，椅子可能的计划性退守如下：

1　　具有一个或多个细长支撑件（"腿"）的座椅（独立权利要求）
2　　腿至少有 3 条
3　　腿不共线
4　　腿与椅面垂直

4a		腿不共线
5		腿在有角椅面的角上
6		腿数量正好是4条
6a		腿在四边形椅面的角上
7	腿展开	
8		腿不能超出椅面边缘
8a		水平连接件
9	水平连接件	
10	腿垂直于椅面	
11	腿永久地连接到椅面上	

这里解释一下我们如何根据计划性退守的双重准则——商业价值和可防御性，来得出这个特定的回退计划。首先着手于从宽泛的发明构思直接回退的退守位置，然后转向其余的、间接的退守位置。

直接退守位置2：三条或更多腿

商业价值（计划性退守标准Ⅰ）：因为至少有三条腿是解决稳定性问题的主要途径，因此，这个退守位置不会让我们放弃太多。不管是否包含任何其他特征，具有这一特征的椅子可能会在市场上大受欢迎，因此竞争对手的座椅设备很可能会采纳该特征。

可防御性（计划性退守标准Ⅱ）：有三条或更多条腿可以说是非显而易见的，因此似乎是可防御的退守位置。即使现有技术中已知的座椅具有一个或两个细长支撑构件，本领域技术人员也可能认为不需要两个以上的支撑件。注意两个支撑件是现有技术中已知的最大数目。另一方面，如果现有技术已知的座椅装置仅具有一个细长支撑件，那么为现有技术中的"长凳"提供两个细长支撑件是显而易见的。因此，对具有至少一个细长支撑件的座椅装置而言，具有至少两个细长支撑件的座椅装置不是一个具备良好防御性的位置。因此，退守位置2将腿的数量限定在三条或更多。

直接退守位置7：展开的腿

商业价值：这个特征改善了稳定性问题，不管椅子是否还包含任何其他特征，在市场上应该有一定的吸引力。因此，退守位置7是直接从宽泛的发明构思上的回退。根据发明人的试验，把腿展开可能会产生额外的成本和重量，但部分买家并不是特别关心这些问题。

可防御性：退守位置7应该是一个可防御的后退位置，因为我们知晓的现有技术中的椅子没有任何东西是展开的。

直接退守位置 9：水平连接件

<u>商业价值</u>：这个特征有助于提高结构稳定性，应该具有一定的市场价值。虽然连接件特别适用于腿展开的情形，但是显然也可以用于腿不展开的情况。因此退守位置 9 是直接从宽泛的发明构思上的回退。这些连接件可能会产生额外的成本和重量，但部分买家并不是特别关心这些问题。

<u>可防御性</u>：退守位置 9 是一个可防御的后退位置，因为我们知道现有技术中没有椅子具有这种连接件。

请注意，退守位置 9 的内容也将出现在下面要讨论的退守位置 8a 中。

直接退守位置 10：腿垂直于椅面

<u>商业价值</u>：因为垂直腿比展开腿更细，其改善了重量问题，并且不管椅子是否还包含其他特征，在许多市售的商用座椅中，垂直腿可能更为普遍。因此，退守位置 10 是直接从宽泛的发明构思上的回退。

<u>可防御性</u>：退守位置 10 可能并不是一个特别具有防御性的回退位置。参见图 6-5，如果现有技术公开了具有单个细长支撑件的座椅装置，则支撑件很可能是垂直于座椅的，由此可以预期到退守位置 10。因此，如果我们对退守位置的数量有所顾虑，可以考虑放弃这个退守位置。

请注意，退守位置 10 的内容也将出现在下面要讨论的退守位置 4 中。

直接退守位置 11：腿永久地连接到椅面上

<u>商业价值</u>：此特征可解决便携性问题，因此普遍应用于许多市售的商用座椅中，无论椅子是否还包含任何其他特征。因此，退守位置 11 是直接从宽泛的发明构思上的回退。

<u>可防御性</u>：退守位置 11 是一个可防御的后退位置，因为我们知道没有现有技术将腿永久地连接到椅面上。

<u>单独的发明</u>：虽然退守位置 11 的商业价值和可防御性看起来很好，但我们应该认识到，将座椅支撑件连接到座椅对便携性而言是有利的，而不管座椅支撑件是否包括"一个或多个细长支撑件"。因此，将座椅的支撑结构连接到座椅这个想法本身应作为单独的发明来申请专利。

间接退守位置 3：至少有三条腿并且不共线

<u>商业价值</u>：由于发明人预计绝大多数商用座椅将具有三条或四条腿，并且多数座椅的腿将非共线地分布在座椅周围，因此，我们预计大多数商用座椅产品将包含这两个特征。

<u>可防御性</u>：首先，我们应该问为什么使用笨拙的词汇"非共线"，为什么不说腿部位于座椅边缘？

如果现有技术中公开了具有单个细长支撑件的装置，那么将现有技

"长凳"的两个支撑件修改为"细长的"就是显而易见的,从而得到细长支撑构件设置在边缘的方案。如果退守位置2的内容,即具有至少三条腿的想法也是已知的或显而易见的,那么在现有技术长凳的两端之间某处,例如在中央位置设置第三条细长腿则毫无疑问是显而易见的。考虑到原木的尺寸较窄,很可能会认为这样的第三条腿也在"边缘",因为"边缘"这个词的含义不仅可以理解为木头的末端,还可以理解为木头的两侧。

因此,在座椅边缘设置三条细长腿的退守位置将是较差的回退位置。然而,腿是"非共线的"则提供了一个可防御的位置,因为现有技术长凳的第三条腿将是共线的而不是非共线的。实际上,正是非共线的支撑件使得发明人的方案具有稳定性。

间接退守位置4:至少有三条腿并且垂直于椅面

商业价值: 我们关于退守位置4的说法与退守位置3类似。也就是说,因为发明人预计绝大多数商用座椅将具有三条或四条腿,并且大多数座椅,尤其是有四条腿的座椅的腿都垂直于椅面,所以,我们预计相当数量的商业座椅产品将包含这两个特征。

可防御性: 退守位置4将"垂直腿"与退守位置2的"至少三条腿"结合起来,使其比退守位置2或者将"垂直腿"与宽泛发明构思的"至少一个细长支撑件"组合起来的退守位置10更具防御性。

一方面,现有技术中有两种椅子,一种是具有两个支撑件的"长凳",另一种是图6-5所示的假定的具有单个细长支撑件的座椅,它们都可表征为具有至少一个垂直支撑件。因此,我们将面临这样的抗辩:由于现有技术中至少有两种具有不同数量垂直支撑件的椅子,所以支撑件的数量仅仅是常规选择的,这使得退守位置4变得显而易见。

但另一方面,我们可以如此反驳上述抗辩:从这两件现有技术中得出"垂直支撑件"的特征,只不过是在本发明人教导下的"事后诸葛亮"。除非现有技术明确表示座椅装置具有垂直支撑件,否则可以抗辩,在没有更多其他现有技术的情况下,目前的现有技术并没有教导在增加腿的数量时将"垂直支撑件"当作通用原理使用。

间接退守位置4a:至少有三条腿,垂直于椅面且不共线

商业价值: 尽管退守位置4a包含多个不同的特征,发明人仍预计有相当多的商业产品将包含所有这些特征。

可防御性: 退守位置4a之所以被划掉,是因为基于可防御性考虑可以放弃它。如果基于退守位置3(其也包含不共线的特征)的权利要求被允许的话,退守位置4a并没有增加任何的额外保护,因为退守位置4a覆盖的范围都

被退守位置3所覆盖。

另一方面，如果我们不能解决退守位置3因新颖性/非显而易见性被驳回的问题，那么退守位置4a就无法作为从退守位置4后退的可防御位置。因为对于三条腿的椅子来说，如果垂直性和非共线性分别都是显而易见的，那么很难争辩两者结合是非显而易见的。在这种情况下，就不必设置退守位置4a。

间接退守位置5：腿在有角椅面的角上

商业价值：发明人告诉我们，当她的椅子有四条腿，每条腿连接到四边形椅面的角上时，椅子的抗倾翻性能特别优良。因此，我们预计相当数量的商业产品将纳入这一特征。

但是我们将"腿连接到椅面的角上"这个特征作为从退守位置2回退的退守特征，因为我们认识到这个特征不是四腿式座椅设备所特有的。发明人只设计了具有四个角椅面的椅子，并没有设计具有其他数量角椅面的椅子。然而，我们认识到，三腿式座椅装置可以构造三角形椅面，并且将腿安装在这种椅面的角上，也能切实增强其稳定性。

可防御性：这是一个可防御的退守位置。我们所知道的现有技术没有披露有角的椅面，更不用说在每个角安上一条腿。

间接退守位置6：正好有四条腿

商业价值：按照发明人的说法，四条腿是理想的数字，因为它解决了稳定性问题，同时比相对稳定的三条腿所需材料更少。因此，与三条腿相比，四条腿可能更受市场欢迎，而无论椅子是否还包括任何其他特征。

就像发明人发现的那样，尽管其"正好"四条腿的要求太过具体，但由于其在诸多方面的优越性，这个退守位置预计会占据很大的市场。

可防御性：正好四条腿似乎是一个比三条腿（退守位置2）具有更好防御效果的后退位置。即使现有技术中确实提出了具有两个以上细长支撑件的构思，但对于发明人而言，显而易见的是三条腿，而不是四条腿。四条腿产生了意想不到的效果，因为它已被证明是确保以最低成本和最轻重量提供良好稳定性的最佳数量。请注意，五条腿不如四条腿，因为第五条腿显著增加了重量却并没有提高稳定性。

间接退守位置6a：四条腿在四边形椅面的四个角上

商业价值：发明人告诉我们，当有四条腿，每条腿连接到四边形椅面的角上时，椅子的抗倾翻性能特别优良。因此，我们预计有相当数量的商业产品将纳入这一特征。

可防御性：退守位置6a之所以被划掉，是因为基于防御性考虑可以将其放弃。这个论点与之前我们对退守位置4a的讨论类似。如果基于退守位置5

（将腿设置在有角椅面角上的更宽泛构思）的权利要求被允许的话，退守位置6a就没有增加任何额外的保护，因为退守位置6a所覆盖的任何内容都被退守位置5覆盖。

另一方面，如果我们不能解决退守位置5因新颖性/非显而易见性被驳回的问题，那么退守位置6a就无法作为从退守位置6回退的可防御位置。因为如果将腿设置在三角形座椅的角上是已知的或显而易见的，则很难争辩将腿设置在四角形座椅的角上是非显而易见的。

间接退守位置8：展开的腿不能超出椅面边缘

<u>商业价值</u>：如果你要使用将腿展开的座椅，最好不能将人绊倒，所以市售的带有展开腿的座椅可能具有这个特征。

<u>可防御性</u>：图6-5中假设的单腿座椅的腿不会超出椅面边缘，否则它还能怎样？所以，我们可以为退守位置8做如下抗辩：将图6-5所示的座椅装置表征为"具有一条不超过椅面边缘的腿"不过是"事后诸葛亮"，而并非本领域技术人员已知的一般原理。

间接退守位置8a：水平连接件

<u>商业价值</u>：此处适用上文所述的针对退守位置9的商业价值分析。

<u>可防御性</u>：退守位置8a可能是一个不用花费太多心思的回退位置。如果退守位置9因细长支撑件的连接件对于"非展开腿"而言是已知的而不具有可专利性，那么虽然退守位置8a描述了用于"展开腿"的连接件，但也不会比退守位置9更具可专利性。

关于椅子的计划性退守体现在下面的权利要求中，用斜体字表示各种退守特征，这些权利要求显示出它们在整个回退计划中的位置。权利要求编号对应于上文使用的退守位置名称，例如，退守位置2出现在权利要求6.2中。

6.1 一种装置，包括：

椅面，以及

椅面支撑件，其在椅面的下层表面将其向上支撑，

椅面支撑件包括*一个或多个细长支撑件*。

6.2 如权利要求6.1所述的装置，其中，所述椅面支撑件包括*至少三个支撑件*。

6.3 如权利要求6.2所述的装置，其中，所述一个或多个细长支撑件是*非共线的*。

6.4 如权利要求6.2所述的装置，其中，所述一个或多个细长支撑件*基本垂直于所述椅面*。

6.5　如权利要求6.2所述的装置，其中，所述椅面具有多个角，并且每个所述细长支撑件在相应角的附近支撑所述椅面。

6.6　如权利要求6.2所述的装置，其中，所述椅面支撑件包括正好四个细长支撑件。

6.7　如权利要求6.1所述的装置，其中，所述一个或多个细长支撑件是展开的。

6.8　如权利要求6.7所述的装置，其中，所述展开的支撑件不超出椅面的边缘。

6.9　如权利要求6.1所述的装置，还包括至少一个连接至少一对细长支撑件的连接件。

6.10　如权利要求6.1所述的装置，其中，所述一个或多个细长支撑件基本垂直于所述椅面。

6.11　如权利要求6.1所述的装置，其中，所述一个或多个细长支撑件永久地连接到所述椅面。

关于如何像上述的权利要求族那样，按照计划性退守策略设置各种组合的从属权利要求，将在本书第11章进行讨论。

本章是本书第一部分"确认发明"的最后一章。我们以"问题—解决方案"范式确定了发明构思，并制订了计划性退守方案。现在我们已经准备好撰写权利要求书了。

本 章 回 顾

强化理解

1. 为什么在确定如何保护发明时，我们要制订退守计划？

2. 在获知所有现有技术后，我们可以在审查过程中修改权利要求。既然如此，为什么在准备专利申请时要花时间制订退守计划？

3. (a)"权利要求范围"和(b)"退守特征"是什么意思？

4. 有效的退守计划的两个准则是什么？为什么两者都很重要？

5. 如何用"问题—解决方案"范式制订退守计划？

6. 对椅子发明来说，当可以在一个宽泛的（"具有细长支撑件"）权利要

第6章 退守特征和计划性退守

求的从属权利要求中对椅背进行限定时，为什么图6-3中椅子的发明人愿意支付额外的费用，在另一份专利中请求保护椅背的构思？

7. 对某个发明而言，为什么最初确定的潜在退守特征最终可能并没有被列入退守计划？请给出两个原因。

8. 应该采用什么标准来确定某个退守特征在整个退守计划中的位置？为什么某些特征会出现在多个权利要求中？

深入思考

9. 为什么"问题—解决方案"范式在确认发明的退守特征时与在确认发明时一样有效？

10. 为什么发明人的参与对于有效地制订退守计划很重要？

11. 假设我们已经确定了大量的实施例特征，并且可以针对每一个特征撰写对应的从属权利要求，那我们为什么还要不厌其烦地分析退守计划呢？

12. 如果必须选择，哪一项更有价值：（a）不太可能被他人使用的高度新颖的退守特征，或者（b）很有可能被他人使用的几乎显而易见的退守特征。（注意：这是一个没有"正确答案"的问题，需综合考虑很多因素以及不可知的意外情况，但是，思考这个问题可以帮助读者提高对退守计划的分析技能。）

13. 为什么不提交一系列延续申请来保持专利申请的存活状态直到市场上出现"胜出"特征，然后直接将其撰写成权利要求，而是试图预测消费者期望哪些退守特征并将其写入权利要求中？

提升技能

14. 牢记计划性退守的双重准则，根据第62页❶所述内容，为以下的每个发明制订退守计划。使用"问题—解决方案"范式来确定退守特征。

发 明 构 思	实 施 例
对第一和第二道路自动同步指示的交通信号灯	

---

❶ 系指原书第62页，本译著为第54页。——译者注

续表

发 明 构 思	实 施 例
通过无线信道与电话网络通信的电话	
装钱币的抽屉,具有放置不同面值硬币和纸币的隔间	

第二部分

撰写单独的权利要求

撰写专利权利要求是一项非常有挑战性的工作,尤其对于新手而言。空白的纸张或电脑屏幕,都如幽灵般令人心怵。

不过,如果已经按照第一部分介绍的规则确定了"问题—解决方案"的描述,其实就已经完成了最难的部分。有了"问题—解决方案"的描述,专利代理人就无需面对空白屏幕,而可以依照发明本质的核心内容撰写权利要求。先前在"问题—解决方案"的描述上的投入,现在将得到回报。依此而行,撰写权利要求将通向发明分析全程的顶峰,而非孤立行径。

第二部分——怎样撰写单独的权利要求

第 7 章和第 8 章阐述了为专利申请撰写范围最宽权利要求的两种方法。这两种方法都利用了确定"问题—解决方案"的描述时所得到的成果,且两种方法互为补充,帮助我们准确判断整个权利要求书,即第 16 章的主题中权利要求的多样性。第 7 章中描述的撰写权利要求的方法是基于问题解决法:该方法直接从"问题—解决方案"的描述入手来提炼权利要求,仅仅进行非常少量的增删,在此过程中几乎无需再思考发明本身,而是将确定"问题—解决方案"的描述时所有的分析和思考直接用于权利要求。第 8 章描述的是基于发明点法:该方法虽然很大程度上也倚重对"问题—解决方案"描述的思考,然因不设限而更具开放性;权利要求撰写者可以自由发挥创造力,以多种方式构建权利要求,以多种途径表述发明范围。

第 9 章是关于中范围和窄范围的权利要求,即通过列举附加技术特征、详细说明已经列举的技术特征或其之间的关系,来限定或缩窄宽范围的权利要求。我们永远不能确定已经掌握了所有相关的现有技术,中范围和窄范围的权利要求可以实现计划性退守,如果范围最宽的权利要求最后不能被授予专利权,还有后退的空间。

第 10 章讨论了解释性权利要求。这种权利要求一般是从属权利要求的形式,对其父权利要求中的术语进行解释性说明。解释性权利要求解决了其父权利要求可能存在的两个潜在缺陷。一个潜在缺陷是,父权利要求可能被没有披露发明构思的现有技术公开。另一个潜在缺陷是,父权利要求本身含义不清楚,或者由于其引用的权利要求存在不清楚的术语导致该父权利要求不清楚。

第 11 章解释了将从属权利要求链接起来的原因和理由。

第 12 章讨论了权利要求中的功能性语言,与描述技术特征的结构相比，其描述该特征做了什么（其"功能"）。鉴于当今时代有太多创新存在于软件功能而非物体结构中，理解功能性语言的含义，以将发明与现有技术区分开是非常重要的。

第 13 章的主题是装置加功能特征，一种特定形式的功能性语言。装置加功能的权利要求过去曾是美国专利撰写实务的主流，现在却沦落到无用武之地；因为来自联邦巡回上诉法院的一系列观点对装置加功能加以严格限制，同时对支持其所需的内容增加了新的披露要求。本章告诉我们如何不采用装置加功能的方式对权利要求的特征进行功能性限定。

第7章
基于问题解决法撰写独立权利要求

作者常常想,出版一本名为《专利权利要求格式》的恶作剧之书,书中所有内页都是空白的。这个玩笑只有专利律师能完全领会。每个发明都是不同的,因此,并不存在一个填空型的权利要求格式。撰写权利要求必须从零开始,因而使其非常具有挑战性。

本章所描述的基于问题解决法的权利要求撰写方法是面对挑战的有效途径。该方法通过对"问题—解决方案"的描述进行很少的增删,将其转换为权利要求。这种方法一般不会产生意外。斯特林厄姆(Stringham)告诉我们,一项发明并非是一个事物,而是一种构思。构思是由词语来构成的。因此,无论我们用哪种形式——权利要求或"问题—解决方案"的描述,来定义一项发明,任何形式中用来描述这种构思的词语应该基本上是一致的。

五个步骤

基于问题解决法的权利要求撰写方法通过以下五个步骤将"问题—解决方案"的描述转换为权利要求:

1. 确定一个或多个权利要求的场合(参见后续介绍);
2. 为每个场合确定一个或多个法定的权利要求类型(参见后续介绍);
3. 删除与问题有关的语句和模式化语句"……的问题,通过……来解决",但是保留产生问题的背景内容;
4. 尽可能不添加词语,将剩下的语句组合成一个或多个权利要求;
5. 将得到的权利要求与"问题—解决方案"的描述对比,以确定转换是准确的。

第7章 基于问题解决法撰写独立权利要求

通过这五个步骤，可以很容易地获得与"问题—解决方案"的描述范围基本一致的权利要求。如果在分析发明的过程中，产生了多个"问题—解决方案"的描述，可将上述五个步骤应用于每个"问题—解决方案"的描述来分别得到相应的权利要求。

读者可能会有所怀疑：当从零开始撰写或者改写权利要求时，用掉一个小时甚至更多时间并非是偶然现象。这像食谱一样的五个步骤怎么可能取代那一切？传统上撰写专利权利要求的那些关键性思考又怎么可能被轻易绕开？

实际上，我们并没有绕开任何一个关键性思考。在确定问题及其解决方法，并将它们提炼成高度聚焦的发明构思的过程中，我们已经进行了深入的思考。就像在生活中一样，专利工作中没有免费的午餐，但是至此我们已经支付了午餐的费用。

本章通过两个例子来描述基于问题解决法的权利要求撰写过程，每个例子后面都会有一些问题及其答案，用来解释基于问题解决法的权利要求撰写方法的基本理论。

示　　例

以下是两个基于问题解决法撰写权利要求的例子。

微波炉均匀加热装置

第一个例子回到之前讨论过的微波炉。首先，以最宽泛的"问题—解决方案"的描述为基础：

> 微波腔中微波能量对物质的不均匀加热的问题，通过不使用与物质相对静止的驻波加热物质来解决。

我们将微波炉作为发明的一个场合。（如果在本实施例中使用的转盘不同于一般的转盘的话，另一个场合可以是转盘）我们可以同时撰写一个方法权利要求和一个采用装置加功能结构的产品权利要求。

1. 场合	微波炉
2. 法定权利要求类型	方法和产品（采用装置加功能特征）
3. 删除与问题相关的语句和模式化语句	微波腔中微波能量对物质的不均匀加热的问题，通过不使用与物质相对静止的驻波加热物质来解决

续表

4. 组合	7.1 一种方法，包括使用除与物质相对静止的驻波之外的微波加热微波腔中的物质。 7.2 一种装置，包括： 一个微波腔， 一个用微波能量加热微波腔中的物质的部件，所述加热部件不使用与物质相对静止的驻波加热物质
5. 比较	读者应校验转换的准确度

我们可以将这种方法应用于之前聚焦于优选实施例得到的"问题—解决方案"描述，其中，被加热的物体是"食物"，通过移动食物来解决问题：

微波腔中食物加热不均匀的问题，通过在加热时移动微波腔中的食物来解决。

我们不采用装置加功能的形式来撰写产品权利要求。如下所述，我们需要增加对于"食物承载器"的结构性描述。

1. 场合	微波炉
2. 法定权利要求类型	方法和产品（不采用装置加功能特征）
3. 删除与问题相关的语句和模式化语句	微波腔中食物加热不均匀的问题，通过在加热时移动微波腔中的食物来解决
4. 组合	7.3 一种方法，包括在加热时移动微波腔中的食物。 7.4 一种加热食物的装置，包括： 一个微波腔， 一个食物承载器，用于在加热食物时在微波腔中移动食物
5. 比较	读者应校验转换的准确度

交通信号器

第二个例子是交通信号器。

早期的交通信号器是人工操作的，由操作员举起"通行"或者"停止"的牌子。这就存在一个问题，操作员如果感到疲劳，向交叉口的不同方向举起"通行"或者"停止"牌子的时间就会不同步，就会使司机和行人都产生困扰。解决的办法就是一项在现代交通信号器中很常见的发明，即两个方向的

"通行"或"停止"标记同步地自动切换,这项发明甚至可以用图7-1所示的简单的手摇交通信号器来实现。

图7-1 早期的交通信号器

以下是此项发明的"问题—解决方案"的描述:

在交叉路口实现安全有序交通的问题,通过采用一种指示标记可自动切换的交通信号器来解决;其中,随着交叉路口第二方向上的"通行"和"停止"标记的切换,第一方向上的"通行"和"停止"标记以预定的响应关系进行相应的自动切换。

以下是根据此"问题—解决方案"的描述,采用问题解决法撰写权利要求的步骤,我们会得到两个不同场合下的产品权利要求:(a)一种新型交通信号器;(b)一种具有新型交通信号器的交叉路口。

1. 场合	(1)交通信号器;(2)具有该交通信号器的交叉路口
2. 法定权利要求类型	应用于这两个场合的产品权利要求,一个采用装置加功能特征,另一个不采用
3. 删除与问题相关的语句和模式化语句	在交叉路口实现安全有序交通的问题,通过采用一种指示标记可自动切换的交通信号器来解决;其中,随着交叉路口第二方向上的"通行"和"停止"标记的切换,第一方向上的"通行"和"停止"标记以预定的响应关系进行相应的自动切换

续表

4. 组合（两个产品权利要求）	7.5 一种交通信号器，包括： 在交叉路口用来指示交通的"停止"和"通行"标记； 控制"停止"和"通行"信号自动切换的装置，其中，随着交叉路口第二方向上的"通行"和"停止"标记的切换，第一方向上的"通行"和停止"标记以预定的响应关系进行相应的自动切换。	
	7.6 一种组合设置，包括： 一个交叉路口；和 一个交通信号器，用以显示交叉路口第一方向上的"停止"和"通行"指示标记，以及交叉路口第二方向上的"停止"和"通行"指示标记，其中，随着交叉路口第二方向上的"通行"和"停止"标记的切换，第一方向上的"通行"和"停止"标记以预定的响应关系进行相应的自动切换	
5. 与"问题—解决方案"的描述进行比较	读者应校验转换的准确度	

组合步骤中的可选项

当在第 4 步组合权利要求时，撰写者可以有以下一些选择。

前序部分

通过组合而成的权利要求，可能适合采用公式化的简短前序，也可能适合采用包括实质性限定的较长前序。我们可以根据哪种方式与"问题—解决方案"的描述更为契合，以及我们撰写的是产品权利要求还是方法权利要求，来做出选择。通常，两种类型的前序部分不分伯仲。

重新排列和重复

我们可以重新排列"问题—解决方案"描述中的词语。实际上，有些重排是必须的，只要保留"问题—解决方案"描述中特征之间的关系就可以。必要的时候，可以重复一些单词或短语以保证整个权利要求前后连贯。

法定权利要求类型

"问题—解决方案"的描述可以转换为一种或多种法定权利要求类型：

（a）用来描述"过程"的方法权利要求；（b）用以描述"机器"和"产品"（工业制造品）的产品权利要求；（c）组合物权利要求，用以描述化合物和其他组合物❶。例如，通过微波炉的例子，我们可以看到"问题—解决方案"的描述是如何转换成为 7.1 和 7.3 的方法权利要求，以及 7.2 和 7.4 的产品权利要求的。如果难以将"问题—解决方案"的描述转换成为一种特定类型的权利要求，我们可以根据脑海中期望的权利要求类型重新加工"问题—解决方案"的描述。

我们将在第 15 章讨论用任一特定类型的权利要求来阐释一项发明的好处。

结构性特征与装置加功能特征

产品权利要求可以有一个或多个用功能性语句描述的特征，可以是如权利要求 7.2 和 7.5 中的装置加功能特征❷，也可以是如权利要求 7.4 和 7.6 中的非装置加功能特征。理想情况下，"问题—解决方案"的描述以功能性术语来表达发明。因此，通常可以直截了当地将"问题—解决方案"的描述转换为一个方法权利要求和一个以功能性术语来描述物理特征的产品权利要求，其中可以采用装置加功能限定，也可以不采用。

采用装置加功能限定的权利要求会引发很多问题，这些将在第 13 章讨论。现在只需注意到：为了避免使用"部件"一词，或者联邦巡回上诉法院认为与其等同的其他词，例如"组件""机件"和"设备"，我们可能不得不增加一些实际上在"问题—解决方案"的描述中并不存在的结构性限定。在权利要求 7.4 中，即增加了"食物承载器"的限定。

发明的场合

发明的场合是指发明构思得以体现的环境或背景。例如，交通信号器发明的一个场合就是交通信号器本身，另一个场合是具有该信号器的交叉路口。权利要求 7.5 和 7.6 分别以这两种场合限定了本发明。权利要求 7.1～7.4 都以相同的场合限定了微波炉的发明——微波炉本身。然而，如果发明的转盘有充分的、不同于其他转盘的特性，也可以将微波炉的转盘作为另一个场合。

我们将在第 14 章详细讨论发明的场合，在此不再赘述。现在只要知道"问题—解决方案"的描述通常会将发明设定在某个特定的场合就可以了。一般来讲，从"问题—解决方案"的描述直接得到的权利要求具有与之相同的

---

❶ 35 U.S.C 101.

❷ 35 U.S.C 112（f）："权利要求中的特征可以被表示为用于执行特定功能的装置或步骤"。

场合。如果希望权利要求具有其他的场合,可以在已有的"问题—解决方案"描述上改写或增加一些词语,将其转变为期望的场合。但是,如果需要改写的内容比较多,那么最好针对期望的场合重新撰写一个新的"问题—解决方案"的描述。若对原来的"问题—解决方案"描述进行太多修改,最终得到的权利要求将面临风险:要么具有不恰当的限定,要么被现有技术公开。

问 与 答

以下的问题与答案解释了基于问题解决法的权利要求撰写方法的基本原理。

为什么要删除与问题相关的语句?

权利要求中仅仅是描述问题的词语不会增强权利要求的可专利性,因此是多余的。无论现有技术是否解决了该问题或者认识到该问题的存在,被现有技术公开的权利要求是不可专利的。❶ 权利要求的特征或步骤组合必须能够体现发明自身的优点,而无须考虑其解决的问题。

相反,描述问题的语句可能带来不利影响。权利要求中的每个单词都"能够并将在法庭上用以反驳你自己"。对方可以辩称他们的产品或工艺过程解决的问题不同于权利要求中所描述的问题。随后他们会声称,如果发明人的发明并不局限于解决某一个特定的问题,她就不必将这个问题写在权利要求中。无论得失,留下这种被攻击的可能性毫无意义。

为什么保留描述环境或背景的语句?

在"问题—解决方案"中描述环境或背景的词语,对阐明发明而言很有必要。如果不必要的话,我们早已在校对"问题—解决方案"的描述时就将其删除了。

例如,在微波炉的发明中,我们已看到,要想将发明与现有技术区别开,需要将发明设定在微波炉腔这样的场景中。确实,在该方法的步骤1中,我们并没有删除这样的场景限定词语。

为什么要严格限制组合步骤?

我们先前曾在构思"问题—解决方案"的描述时字斟句酌,以期恰如其分地阐述发明。现在还不是我们过度发挥创造力的时候。如果我们偏离"问题—解决方案"的描述太远,那么先前我们使"问题—解决方案"的描述尽可能接近但不同于现有技术的努力,就会大打折扣。增加或修改词语会缩小发

---

❶ *In re Dillon*, 892 F. 2d 1554, 13 USPQ2d 1337 (Fed. Cir. 1989)(全庭)。

明的范围，但我们并不期望如此。当采用其他的权利要求撰写策略时，例如第8章所描述的基于发明点的撰写方法，我们将有很多机会来发挥创造力。

既然权利要求直接来源于"问题—解决方案"的描述，为什么必须进行第五步——将权利要求与"问题—解决方案"的描述进行对比？

我们希望确定权利要求的转换是精准的，没有任何意外。需要进行以下核查：

- 权利要求中是否有特征（装置特征或方法特征）并未明确存在于"问题—解决方案"的描述中？
- 是否某个功能性描述对应于权利要求中两个或更多的特征？
- 是否无意中引入了一些修饰语（形容词或副词）？这常常会导致给权利要求带来不恰当的限定。
- 权利要求中特征之间的相互关系是否并不存在于"问题—解决方案"的描述中？

"问题—解决方案"的描述与权利要求之间的不一致有可能导致漏洞产生，使其为竞争对手所利用，在避免侵权的情况下占用发明人的技术贡献实质。但若我们已经严格遵守本方法步骤，那么漏洞应寥寥无几。

过短的权利要求

基于问题解决法撰写的权利要求所特有的简洁性，也许会使读者有所担忧。这种权利要求通常比较短，包括的装置特征或方法特征最少。这是我们尽量压缩"问题—解决方案"描述中的词语和限定所必然导致的结果。

短权利要求优于长权利要求。然而，我们听说审查员有时候并不"喜欢"权利要求太短。他们"喜欢"看到权利要求中有更多的结构、更多的特征，简而言之，即更多的限定。这导致很多从业者并未尽力去撰写宽范围的权利要求；因为他们知道，除非权利要求看起来"足够长"，否则，审查员将以功能性限定或不清楚为由驳回权利要求。

这会有损发明的收益。既然我们已经确保"问题—解决方案"描述中所描述的主题是"合法的""新颖的"和"非显而易见的"[1]，那么，无论权利要求中包括的词语或特征多么少，基于该"问题—解决方案"描述的权利要求都应经得起审查。权利要求可能是高度功能性的，或者仅用非常少的词语来

---

[1] 35 U. S. C. 101–103.

阐述发明，但这些并不能成为驳回权利要求的合理依据。❶

然而，即使没有预期的现有技术，审查员有时也会驳回他们认为太短或过于功能性的权利要求，理由就是 35 U.S.C. 112（a）中关于清楚性的要求：专利权利要求应该"明确、清楚地指出申请人要求保护的发明主题"。

这样的驳回是不合理的。

只有无法根据权利要求的描述确定所保护主题的范围时，权利要求才是不清楚的。❷ 权利要求用功能性而非结构性特征限定发明并无不清楚之处，下述已授权专利可兹证明：❸

7.7 一种两冲程发动机，具有一个压缩空气轨道，用来产生喷入每个独立燃烧腔的雾化燃油喷雾；其中，计量一定量的润滑油进入压缩空气流使其雾化，压缩空气流来自所述空气轨道或与其连接的容器；产生的油气混合物直接喷射到曲轴箱中需要润滑的位置上。

追求客户利益最大化意味着我们应从专业的角度来判断客户有权主张的权利要求并据此撰写提交。我们需要以我们认为合适的方式来撰写发明权利要求，而不是以审查员认为合适的方式撰写。

话虽如此，在实践中仍然存在一些问题。专利权人可能没有足够的资金或者强烈的意愿与美国专利商标局长期相持。为了推动案件走向授权，我们可能不得不放弃为之努力的、完美的、简明的权利要求，而代之以看起来比较长的权利要求。这些原因导致有些人一开始就不想在专利申请中撰写简明的权利要求。

不管怎样，通过问题解决法得到的权利要求可以作为试金石，检测没那么简洁的其他独立权利要求。我们可以检查那些权利要求中列举的每个特征，然后反思：在简洁权利要求中没有而包括在冗长权利要求中的那些特征，是否导致我们放弃了什么重要内容？以此运用我们的专业技能来决定取舍。

附录 A 列举了一些发明的"问题—解决方案"的描述，同时给出了用本

---

❶ *In re Swinehart*, 439 F. 2d 210, 169 USPQ 226（CCPA 1971）；*K - 2 Corporation v. Salomon SA*, 191, F. 3d 1356, 1366 - 68, 52 USPQ 2d 1001（Fed. Cir 1999）；*Wright Medical Technology, Inc. v. Osteonics Corp.*, 122 F. 6d 1440, 1443 - 44, 43 USPQ2d 1837, 1840（Fed. Cir. 1997）.

❷ 例如，参见 *Power - One, Inc. v. Artesyn Technologies, Inc.*, 599 F. 3d 1343, 94 USPQ2d 1241（Fed. Cir. 2010）；*In re Borkowski*, 422 F. 2d 904, 164 USPQ 642（CCPA 1970）.

❸ 美国专利 No. 5,375,573（1994 年 12 月 27 日颁布）。

第7章 基于问题解决法撰写独立权利要求

章讲述的权利要求撰写方法得到的权利要求。读者可以试着运用该方法，并将自己得到的权利要求与附录中列出的权利要求进行对比。

接下来，介绍结果更为开放的权利要求撰写方法——基于发明点的权利要求撰写法。

本 章 回 顾

强化理解

1. 基于问题解决法撰写权利要求的三个步骤是什么？
2. 当基于"问题—解决方案"的描述撰写权利要求时，为什么。
   a. 删除与问题相关的语句？
   b. 保留描述环境或背景的语句？
   c. 严格限制组合步骤？
3. 在撰写有效的宽范围权利要求时通常需要进行深入的思考，本章提供的像菜谱一样的操作流程怎样才有可能绕过这些重要思考？

深入思考

4. 与分析发明并直接撰写权利要求相比，将发明的描述性说明（即"问题—解决方案"的描述）转换为权利要求的好处是什么？
5. 美国专利商标局有一个不成文的潜规则：审查员会找出些理由来驳回"过短"的权利要求。那么，花费时间撰写非常简洁的权利要求，例如通过本章介绍的方法撰写得到的权利要求，和/或为了争取其授权而延长审查程序，对客户而言有什么益处？或者说，这么做对客户是有益的么？

提升技能

6. 采用本章描述的方法将下列"问题—解决方案"的描述转换为权利要求。请为每个"问题—解决方案"的描述撰写至少两个权利要求，分别在组合步骤中采用不同的做法和/或为权利要求设定不同的场合。

   a. 计算机自动拨号

   在计算机上查找电话后必须人工拨打电话的（不便利）问题，通过采用可响应用户的指示（例如，鼠标单击操作）自动拨出指定电话号码的计算机来解决。

b. 电子表格程序

纸件表格中必须人工更新数值的问题,通过一个计算机程序来解决;其中,该计算机程序存储由用户设定的因变量和自变量之间的数学关系,并基于用户输入的至少一个自变量的值来更新并显示至少一个受其影响的因变量的值。

c. 具有电子眼的卫浴设备(纸巾分配器、水龙头、厕所冲洗器等)

资源浪费和/或细菌传播的问题,通过在公共卫生间设置可自动操作的卫浴设备来解决;其中,该卫浴设备至少响应于以下情形中的一种进行自动操作:(a) 有人出现在公共卫生间;(b) 公共卫生间中有人移动。

第 8 章
基于发明点撰写独立权利要求

一份专利至少应该具有一个保护范围很宽的权利要求，尽可能在现有技术允许的范围内限定发明。否则，竞争者就有可能在避开专利中所有权利要求的情形下侵占发明人的实际贡献。

理想情况下，只要现有技术没有公开发明构思，保护范围最宽的权利要求的边界与发明的边界是完全一致的，能够涵盖现在和将来实现本发明构思的所有方式，如图 8-1（A）所示。第 7 章展示了根据第一部分所述技巧精心构造的"问题—解决方案"的描述，是怎样引领我们竭尽所能撰写出尽可能接近理想状态的权利要求的。

然而，我们的分析能力并不是完美的。我们或许以为已经将发明构思精炼到最基本的形式，不受具体实施方式的影响，但实际上也许并非如此。我们可能会忽视"问题—解决方案"的描述中具体术语产生的限定作用。或者，潜在的许可人、推定的侵权者、法官或陪审团并不以我们或者审查员的方式来理解权利要求的语言。因此，保护范围最宽的权利要求，可能被理解的范围比我们预期的要窄，有可能导致一些实施例不被包括在权利要求的保护范围内，如图 8-1（B）所示。

因此，专利申请最好包括多个权利要求，每个权利要求都保证在完整范围内表述本发明。对竞争者而言，避开两个、三个甚至更多个宽范围的权利要求，比仅避开一个要困难得多。回想一下，劳德关于圆珠笔的发明，其中一个权利要求限定"球形标记点"，另一个权利要求限定"能够在所有方向上转动的标记球"。

再者，万一某个权利要求被与发明无关的现有技术公开，即现有技术并未给出发明构思的教导，但却落入权利要求的保护范围［如图 8-1（B）所示］，撰写多个宽范围的权利要求也许能使专利申请化险为夷。多数专利局的审查意见通知书中仅引用了此类现有技术作对比文件。我们先前看到的例子，一个看起来完美定义了重于空气的飞行器的权利要求竟也涵盖了鸟类和会飞的恐龙。即使某个权利要求被无意中过度拓宽，只要其他的权利要求并未如此，那么，发明的覆盖范围仍将得以保留。

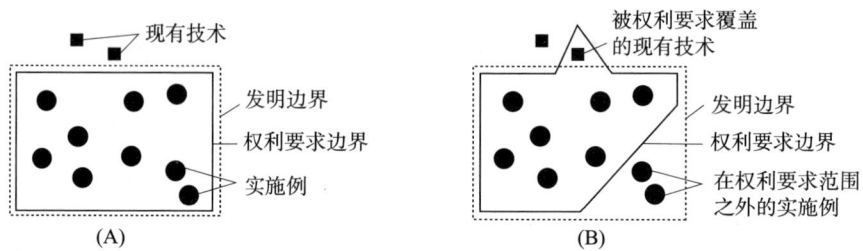

图 8-1　(A) 理论上完美的权利要求覆盖发明 (x) 所有可能的实施例，但不包括现有技术 (n)；(B) 看起来可允许的最宽范围的权利要求实际上可能在某一方面范围过宽/或者在另一方面范围过窄

第 7 章描述的权利要求撰写方法囿于"问题—解决方案"的描述而在权利要求的多样性方面受限，这是其显著不足。鉴于此，本章我们则采用不同的形式和语句来描述技术特征，以通过多个不同的方式表达宽范围的发明。

有些从业者采用基于实施例的发明分析法来撰写独立权利要求。直接根据实施例来撰写权利要求，然后对其进行修剪和提炼，去掉那些明显非必要的特征，把多个特征或功能合并为一个范围更宽的、一般性描述。

通过这种方法撰写的权利要求可能会以最宽的范围体现实施例的内容，但却会遗漏真正的发明——本书始终在强调的重点。在第 2 章中关于曲别针的讨论就是很好的例子，说明无论进行多少修剪和提炼，源于实施例的分析都无法得到体现发明构思的权利要求。

基于实施例的权利要求还是有其作用的。聚焦于实施例的独立权利要求是计划性退守的重要部分。这将在第 9 章详述。此外，基于实施例延伸出一两个权利要求是源源不断获得权利要求撰写灵感的捷径，这点我们将在"将'什么'与'怎样'分开"主题中进行讨论。然而，当在最宽范围内主张本发明时，基于实施例的撰写方法尚有很多不足之处。

那么，该怎么做呢？

无须回避一开始定义发明构思的必要性。然而，并不需要完整构建"问题—解决方案"的描述，一个未完全成形的发明构思足以让我们启动撰写过程。发明的整个保护范围可以在权利要求的成形过程中确定。关键在于，要在脑海中谨记从构思层面主张发明。这使得我们在撰写过程中对权利要求不断进

第8章 基于发明点撰写独立权利要求

行精炼，以接近发明本质。是权利要求本身，而不是"问题—解决方案"的描述，被不断迭代，最终成为对发明的精准定义。

这个方法的核心在于"发明点"的概念，也被称为"创造性步骤""创造性进步""新颖点"，或简单称为"改进点"。

发明点可以是具体部件、步骤、功能或其组合，用以描述发明是如何与现有技术区分开的。在前述的关于微波食物均匀加热器的例子中，范围最宽的发明点是"通过不使用与物质相对静止的驻波加热物质"；优选实施例的发明点是"移动食物"。在椅子的例子中，发明点是"细长构件支撑椅面"。

发明点类似于"问题—解决方案"的描述中关于解决方案的内容。但是，发明点不必是解决方案的完整描述。它既不涉及发明的环境也不涉及发明的背景。这与"点"的概念是一致的。发明点描述了改进之处，但并不说被改进的是什么；描述了发明怎样区别于现有技术，但并不说被区别的是什么。

下面列出了本书中已经提到的其他发明的发明点。请注意，发明点不一定是完整的思考，它更像是思想的萌芽——可诞生出完整权利要求的萌芽。

发　　明	发　明　点
圆珠笔	球形标记点
科纳/宝石曲别针	在相对的轨道上施加相同的压力
闹钟	在可选的时间响铃
无滴漏咖啡机	没有杯子时切断咖啡液流
飞行器横向控制	可控制的机翼结构
交通信号灯	协调切换指示标记

撰写基于发明点的权利要求要从发明点本身着手。以发明点为基础，增加必要的词语来形成权利要求。这需要满足两个条件：第一是提前想好描述发明点的语言；第二是限定一个使得发明点具有新颖性和非显而易见性的环境或背景。

构造基于发明点的权利要求，应如构造"问题—解决方案"的描述那般，兢兢业业认真仔细。比如，对于描述发明环境或背景的词语，即发明点产生于什么场合，也需字斟句酌，其与推敲"问题—解决方案"的描述时一般无二。不过，在撰写权利要求的早期阶段，可以不太关注措词的精确性。所需的思考和分析，大多可以在权利要求的调整成形过程中完成。然而，与基于问题解决法的权利要求撰写方法类似，基于发明点的方法需要一直在抽象及功能层面聚焦发明，以免落入仅仅简单拼凑实施例碎片的桎梏，最终得到一个不能体现发明构思的权利要求。

基于发明点的权利要求撰写方法具有五个步骤：
1. 确定一个或多个权利要求的场合（参见后续介绍）；
2. 为每个场合确定一个或多个法定的权利要求类型（参见后续介绍）；
3. 确定发明点；
4. 基于发明点撰写权利要求；
5. 将得到的权利要求与"问题—解决方案"的描述对比。

步骤1和2：设定场合和权利要求类型

这两个步骤与第7章所述的基于问题解决法的权利要求撰写方法中的步骤1和2相同。

步骤3：确定发明点

确定发明点的方法有很多。

最正规的方法是首先撰写一个完整的"问题—解决方案"的描述。该"问题—解决方案"的描述中解决方案部分的内容就是发明点，或者至少包括了发明点。撰写不同版本的"问题—解决方案"的描述，可以得到不同的发明点。

即使权利要求撰写者只打算动动笔而非打磨一个完整的"问题—解决方案"的描述，深入到"问题—解决方案"构造过程中的那些解析方法，同样可用来确定发明点，至少能初步确定。这一点我们接下来将会讨论。撰写权利要求的过程本身就能确定发明点。

思考问题和解决方案

我们可以看到，宽范围的发明是如何从实施例中被提炼出来的，这一点贯穿本书。概括而言，即分析意图解决什么问题，以及过去是怎么解决该问题的。实施例的某些特征可能一开始看上去接近发明的核心，但是当从如何解决问题的立场去分析发明时，会发现并非如此。因此，即便不形成正规的"问题—解决方案"的描述，在明确发明点的过程中采用问题解决法仍然是十分有效的。

例如，我们在前面提到，圆珠笔解决了早期的钢笔和羽毛笔不能在粗糙表面上书写的问题。这个问题被一个具有"球形标记点"的笔解决，或者，换个说法，具有"能在所有方向上旋转的标记球"的笔。"球形标记点"是发明点的一种表述，"能在所有方向上旋转的标记球"是另一种表述。

找出"究竟发生了什么"

另一种明确发明点的方法，就是思考"究竟发生了什么"并用功能性语言来回答这个问题。任何对回答该问题无用的细节都可以认为与发明点无关。

思考时谨记：动词优于名词，方法步骤优于结构特征。在均匀加热食物的微波炉的例子中，发明点是动词短语"移动食物或物质……"而不是名词"转盘"。

确定不同实施例之间的共性。此时，思考可替代的实施例，包括某些难以置信的实施例，将大有裨益。

充分利用技术上的好奇心是另一种深度接近"究竟发生了什么"的方法，以5万英尺的宏观思维高度俯瞰究竟发生了什么。

将"什么"与"怎样"分开

宽泛的发明无关乎解决问题的优选方式，而关乎怎样解决问题。与实施例怎样实施解决方案相比，将"什么"与"怎样"分开，意味着要确定是"什么"真正解决了问题。

发明点就是"什么"。

将"什么"与"怎样"分开，要关注的并非发明是什么，而是发明不是什么。如果能在实施例缺失某一特征的情况下至少部分解决问题，那么这一特征就不是宽泛发明的本质。圆珠笔上的球，解决了怎样在粗糙表面书写的问题。实施例的其他特征，涉及怎样实施发明构思，而不涉及发明点。

本书一直在强调基于实施例对发明进行分析时可能会遇到的误区，例如，在第2章"实物教学课：科纳曲别针"部分讨论的科纳曲别针例子。然而，基于实施例撰写权利要求便于将"什么"与"怎样"分开，从而有助于确定发明点。将权利要求中可能的限定语都写下来，分析它们之间的相互作用，我们就可以清晰地理解发明点的本质。但是，一旦以这种方式确定了发明点，我们必须将其作为起点，用本章描述的方法撰写新的权利要求。

作者的一个同事发现，这种撰写权利要求的方式有助于对发明的全面理解：

> 开始的时候，我用一句话来描述发明。这需要耐心并花费大量时间。后来，我先撰写一个介于中等到中窄范围之间的权利要求，再将较宽的权利要求概述（概括）成范围最宽的权利要求。我没有在一开始就撰写范

围最宽的权利要求，因为那是皇冠上的宝石，我想先仔细观察它的各个角度并进行全面思索。首先撰写中等范围的权利要求，可以让我们对发明有更宽泛的理解。

——JPM

步骤4：基于发明点撰写权利要求

在撰写权利要求之前，我们要确定权利要求的类型——方法、设备或者组合物，还应该确定一个发明的场合。发明场合是使得发明构思能够得以显现的环境或背景。例如，在之前章节提到的用于新式交通信号灯的两个场合分别是（a）交通信号灯，（b）具有新式交通信号灯的交叉路口。我们将在第14章和第15章详细讨论权利要求的类型和发明的场合。

一旦确定了发明的场合和权利要求的类型，并明确了发明点，我们就可以开始撰写权利要求了。在后面的描述中，我们假定读者熟悉撰写权利要求的技巧——权利要求的构成要件需要有前置基础、在一个权利要求中只对一个技术特征进行一次表述以及其他类似的权利要求撰写规则。❶

以终为始

个人效能作家史蒂芬·柯维（Stephen Covey）在其著作《高效能人士的七个习惯》❷中极力主张读者"以终为始"。柯维指出，要想提高效能，首先要确定目标。这个目标就是柯维所说的"终"。一旦思想中有了清晰的目标，就可以采取行动来实现它。

"以终为始"同样也是一个有效的权利要求撰写方式。"终"即是发明点。撰写权利要求可以从写下发明点开始，例如，可以是一个方法步骤或设备部件，由此逆向进行撰写，只需要增加一些满足以下规则的语句就可以完成权利要求的撰写。

1. 为用以表达发明点的词语提供前置基础。
2. 如有必要，将发明点置于一个特定的背景中，在此背景中权利要求主题是新颖的和非显而易见的。

从发明点逆向前进确保了权利要求中只会包括最基本的限定。同时，也有

---

❶ 为了指导权利要求的撰写，例如，可以参见 Robert C. Faber 的《Faber 专利权利要求起草技巧》[纽约：PLI（实务法律协会）出版]。

❷ 史蒂芬·柯维，《高效能人士的七个习惯》(纽约：炉边出版，1989年)。

第8章 基于发明点撰写独立权利要求

助于我们了解竞争对手的想法,就如同我的一位同事在描述他撰写以发明点为基础的权利要求时所发现的一样:

> 我关注发明点或者发明与现有技术的区别特征,以此为基础构建权利要求。撰写权利要求时,先写下区别特征,再在保留发明本质的前提下,想尽办法精炼语言。这将迫使你使用上位概念。当然,在撰写过程中,除非限定特征能提供发明显著性所必需的背景,否则应予以删除。
>
> ——HLN

我们回到本书中微波炉的例子,来说一下这种方法。回忆一下,发明点是不使用与物质相对静止的驻波加热物质,围绕三个实施例得到的发明点分别是:(a)在腔内移动物质;(b)在腔内移动驻波;或者(c)完全排除驻波。

我们来撰写一个装置权利要求,首先,写下一个通用前序和一个以装置加功能来描述发明点的"效果限定"。将权利要求的整个中间部分先空着:

8.1 一种装置,包括:……

……

……

……

……不采用与物质相对静止的驻波加热物质的部件。

根据之前提到的规则(1),"物质"需要前置基础,这种前置基础可以放在权利要求的前序部分中。

8.2 一种加热物质的装置,包括:……

……

……

……不采用与物质相对静止的驻波加热物质的部件。

根据之前提到的规则(2),权利要求8.2覆盖了旋转烤肉架,以及对炉灶上加热的平底锅中的物质进行搅拌。为了尽可能扩大范围,我们付出了(值得称赞的)努力,但我们完全忘记了与移动物质相关的微波炉背景。鉴于此,我们撰写了权利要求8.3:

8.3 一种加热物质的装置,该装置包括:……

……

……

……

……用微波能量加热物质的部件，该加热部件不采用与物质相对静止的驻波加热物质。

到现在为止，一切都还不错，但是单一部件的权利要求是不被允许的，❶因此，我们再加入在所有实施例中都必然会用到的东西——被加热物质的承载器。

8.4 一种加热物质的装置，该装置包括：

物质承载器；

用微波能量加热物质的部件，该加热部件不采用与物质相对静止的驻波加热物质。

回想一下，现有技术中已知将食物移动到发射微波的波导管末端来加热物质，权利要求8.4被该现有技术公开。通过将发明置于"微波腔"的背景中，可以克服这个问题。因为"承载器"位于微波腔内或者是腔体的一部分，其不必作为第二个部件，从而可以将其省略。

8.5 一种加热物质的装置，该装置包括：

微波腔；

位于该腔体内的物质承载器；

用微波能量加热物质的部件，该加热部件不采用与物质相对静止的驻波加热物质。

一切都很完美，但是我们得避免权利要求落入联邦巡回上诉法院所称的"装置加功能的情形"❷。为此目的——在第13章将详细讨论，我们得避免使用"部件"这个词，以及其等同替代词"组件""机件""设备"等。我们还得尽可能用结构性语言来陈述权利要求。

另一方面，我们还想保持通过一个宽泛的功能性发明点构建权利要求而获得的范围。例如"可转动的"和"替换装置"都是很好的结构性描述，但是使用这些限定来避免"装置加功能的情形"将使得权利要求不当变窄。因为我们之前已经确定，宽范围的发明包括三种可能性：（a）在腔内移动物质；（b）在腔内移动驻波；（c）完全排除微波驻波。

---

❶ 35 U. S. C 112（f）在权利要求中采用装置加功能的描述仅限定为"组合!!"。

❷ 例如，参见 *Welker Bearing Company v. PHD, Inc.*, 550 F. 3d 1090, 89 USPQ2d 1289（Fed. Cir. 2008）。

事实证明，在构建权利要求时，有效的方法是引入一个虚拟部件来实现期望的宽范围功能，通过为该虚拟部件设定一个或多个无论如何都需要的结构性特征，来使得该虚拟部件具有结构属性。这样的话，虚拟部件本身不会有任何的缩减，同时还可以保留发明点的范围。实际上，虚拟部件是我们创造的自定义标记，其包括两个或更多个我们愿意写入权利要求中的结构性特征。

在当前的例子中，我们可以创造一个称为"加热子系统"的虚拟部件，其包括一个微波能量源和一个物质承载器：

8.6 一种装置，包括：

微波腔；和

加热子系统，该系统包括（a）位于该腔体内的微波能量源和（b）物质承载器；

该加热子系统不采用与物质相对静止的驻波加热物质。

尽管"子系统"本身可能被认为是像"装置"或者"部件"一样的通用术语，但由于使用结构性描述语对其进行限定，可以使其免于落入"装置加功能的情况"。

本章剩余部分阐述了以终为始撰写基于发明点的权利要求时的更多思考，以便有助于当发明更复杂时实施本方法。

只打包你所需要的

从发明点逆向前行的过程可以总结为"只打包你所需要的"。

撰写权利要求类似于为冬季假期打包衣服。你是打包沉重的外套，还是短裤和泳衣，取决于你要去哪里，是去洛基山滑雪还是去加勒比海海滩或者去打高尔夫。你一定不会把两个目的地的衣服都打包起来，而是只会打包你所需要的。

在撰写权利要求时，"目的地"就是发明点。除非你知道你所面对的发明点，否则你不知道你是否需要将某个特定的限定语"打包"到权利要求中。

一个微波炉的权利要求应该包括"火力等级选择器"吗？如果发明点是"加热过程中在微波腔内移动食物"，那么就不需要。无论是否具有火力等级选择器，食物都会被均匀加热。

一个涉及椅子的权利要求应该包括"椅背"吗？如果发明是使用细长支撑构件，就不需要。无论是否具有椅背，都能通过细长支撑构件来解决椅子的便携性问题。

当检查已经写好的权利要求时，我们常常不能清楚地确定某个限定特征对定义发明而言是否是必须的。从发明点逆向前行，只将我们需要的写入权利要求中，可以避免把不必要的限定写入权利要求中，之后又不得不努力去把它们找出来。

"只打包你所需要的"不仅适用于权利要求的主体部分，也适用于前序部分。实际上，前序部分经常出现不恰当的限定语。

不必要的限定语通常有以下四种情形：

1. 描述性标签和修饰语
2. 不必要的特征
3. 发明的优点
4. 发明的预期用途

在撰写前序部分时，要依次考虑以上四种限定情形，同时注意，当这些限定语出现在权利要求的主体部分时，也一样会使得权利要求不当变窄。

描述性标签和修饰语

在前序部分中的描述性标签和修饰语几乎不能带来任何可专利性，但是当实施该权利要求的时候，却会产生限定作用。

例如，权利要求8.7：

> 8.7 一种用于汽车的地垫，包括：
>
> 半硬质单层构件，具有从中心向外逐渐倾斜的坡度，该坡度止于比中心高的边缘，该边缘外围有多个均匀间隔的凹陷。

权利要求8.7中的描述性标签"用于汽车的"不能带来任何专利性，因为当"专利权人在权利要求主体部分描述了一个结构完整的发明，仅在前序部分阐明发明的目的或者预期用途"时❶，权利要求前序部分的术语不能带来任何可专利性。这正是本例所体现的。在权利要求主体部分，没有任何内容从本质上限定所描述的结构是用于汽车的地垫。因此，如果审查员在现有技术中找到权利要求主体部分所描述的垫子，那么无论这个垫子是否用于汽车（或者，是否打算铺在地上），审查员都将驳回该权利要求。

尽管描述性标签"用于汽车的"并不会有助于确保权利要求的授权，但是当我们实施权利要求的方案时，它却会反咬一口。如果对手使用权利要求中的半硬质单层构件制作用于货车或者机车司机室的地垫，且由于尺寸或者形状而导致该地垫不能用于汽车时，专利权人就倒霉了。

权利要求8.8展示了前序部分的描述性标签或者修饰语可能给我们带来麻

---

❶ *Rowe v. Dror*, 112 F. 3d 473, 42 USPQ2d 1550 (Fed. Cir. 1997).

烦的另一个例子。这个权利要求涉及一种可伸缩的收音机/电视天线，该权利要求将其称之为"可伸展和可收缩的构件"。

8.8 一种可伸展和可收缩的构件，包括：

多个组成部件，设置为可在长度方向上彼此相对滑动，每个组成部件包括（省略细节）……

该天线的特点是多个可滑动组成部件的特定构造，在该权利要求中省略了具体的细节描述。这些组成部件的几何形状及其在天线中的具体设置表达了"可伸展和可收缩的"结构。因此，前序部分中的术语"可伸展"和"可收缩"是多余的，并不能增强权利要求的可专利性。然而，竞争者可以将具有与本发明非常类似的组成部件的天线设置为，一旦天线伸展开，就将组成部件永久锁定在合适的位置。这种天线在适当的位置上延伸，并保持良好的状态，用于向遥远的位置传送信号，例如山顶或火星。因为组成部件一旦伸展开就被永久锁定，所以天线是不可收缩的，因此，就不会构成侵权。

除非权利要求的构造明确需要，否则不要在前序部分中增加限定，这将会有效避免类似情形。明智的做法是在一开始时就采用尽可能简单的前序部分，例如"一种方法，包括……"，或许在权利要求成形过程中，反而会发现前序部分实际上是使用某些限定语的最佳位置，那也没问题。如果前序部分的限定语与权利要求其他部分的描述紧密联系在一起，那么这些限定语就会带来限定作用，进而支持权利要求的可专利性。

不必要的特征

从发明点自下而上构建一个权利要求，而非从前序部分自上而下构建权利要求，不仅有助于将不必要的标签和修饰语排除在前序部分之外，还有助于排除任何特征。

例如，权利要求8.9涉及一种发动机的操作方法，其中，发明点包括使用包含特定添加剂的燃油以保持发动机部件的清洁。

8.9 一种具有燃油泵的发动机的操作方法，该方法包括：

在足以清洁由燃油泵或其他燃油系统部件产生的影响性能的沉积物的条件下，使用包含（特定添加剂）的燃油来操作发动机。

尽管发明人主要关注的是燃油泵产生的沉积物，但权利要求的撰写者考虑得更宽泛，将权利要求撰写为清洁来自"燃油泵或者其他燃油系统部件"的沉积物。这样很好，但遗憾的是，前序部分明确限定该方法用于具有燃油泵的情形。如果被控侵权的发动机没有燃油泵，被控侵权人就会声称该权利要求不能用来限制他。

从这个例子可以看出,由于前序部分是先于其他部分撰写的,对权利要求产生了不利影响。前序部分之所以包括限定语"具有燃油泵的",是因为撰写者聚焦于实施例内容。如果先于前序部分撰写权利要求的主体部分,将会撰写为清洁来自于"燃油系统部件"或"燃油泵或其他燃油系统部件"的沉积物。即便不在前序部分中写入"燃油泵"的限定语,该权利要求也是完整的,因此,就没有动机将其写入前序部分中了。

发明的优点或者预期用途

最后要说的是,下述例子的前序部分对发明的优点或预期用途进行了解释。在此情形下,前序部分的限定不利于权利要求覆盖潜在侵权者,但反过来却并未增加权利要求的可专利性。

前 序 部 分	规避侵权的方案
一种可用于飞轮的高速转子,该转子包括[权利要求其他部分并没有提及飞轮]……	可疑侵权者发现这种转子的一种没有飞轮的应用情形。
一种光学系统,其中,至少将两个具有不同频率的异相光束合并,以提高输出效率……	可疑侵权者选择了该光学系统的某个操作参数,以提高处理速度而不是该权利要求声称的输出效率。
一种用于可编程的超大规模集成电路(VLSI)处理器的片上调试系统……	本领域中,对于"超大规模"的集成程度的理解是变化的,因为技术的进步使得制造的元器件越来越小。可疑侵权者认为,VLSI应该以专利申请日之前的含义来理解,而他的处理器采用的是目前技术水平的集成规模。

定义,不要解释

专利代理人很愿意把事情解释清楚。当撰写说明书时,这样做是很好的。但是这样会妨碍权利要求的撰写。当面对权利要求中对技术特征冗长而枯燥的描述时,代理人会难以抑制将权利要求撰写得更为生动的冲动,例如,对请求保护的主题进行解释说明:一种用于汽车的地垫、一种能够提高输出效率的光学系统、一种适用于飞轮的转子。

然而,我们应该控制这种解释的冲动。

权利要求的作用是定义专利权人的知识产权边界,而不是解释或者帮助读者去理解什么。解释性的限定语,例如发明的优点或者预期用途,或许看起来没什么坏处,但是我们要始终牢记,权利要求中每一个多余的字,都可能成为

第8章 基于发明点撰写独立权利要求

被侵权者利用的潜在漏洞。

如果限定语阐述了以下任意一种情形，就要怀疑它是一个解释而非一个定义：

- 发明的优点，或者其对什么有利；
- 所述组合怎样融入外部环境；
- 动机（例如，为了采取某个特定步骤或包含某个特定部件）；
- 怎样实现所述功能，而该功能本身使权利要求具有可专利性；
- 怎样生成输入；
- 权利要求请求保护的方法或者装置所应用的对象的来源。

我们应该删除任何符合上述标准的限定语。如果没有这个限定语，仍然能将权利要求与现有技术区别开，那么对于发明而言，该限定语就不是必需的，也就不必将其写入权利要求中。

在之前对权利要求前序部分的讨论中，我们已经看到了一些例子，其限定语满足上述的一些标准。下面将列举另外一些具有解释性语句的权利要求，其中，解释性语句位于权利要求的主体部分。在这些例子中，用线划掉的部分完全是解释性语句，可以删除。有下划线的部分表明了在删除划掉部分的内容后，为使得权利要求完整而增加的语句。

在权利要求8.10中，"使接收端能够确定"的步骤仅仅描述了在"插入"步骤中插入新信息的动机。正是"插入"步骤使得权利要求具有新颖性。即便没有"使接收端能够确定"的步骤，"插入"步骤也可以确保权利要求能够授权。

8.10 一种用于传输终端的方法，该方法包括：

使接收端能够确定是否遗漏了来自于传输终端的信息的步骤，该步骤包括

在每个来自于传输终端的信息中，插入（a）传输终端识别码和（b）序列字符，每当传输终端传送N条信息后，对该序列字符进位。

在权利要求8.11描述的装置中，定时器作为测量时间间隔的装置，其仅仅解释了怎样实现"重定向装置"的功能。即便没有定时器，该权利要求也具有可专利性。

8.11 一种信息处理装置，包括：

定时器，和重定向装置，如果定时器的预定时间在信息作用于第一位置前到期，将信息从第一位置重定向到第二位置……

权利要求8.12表明了短语"作为……功能之实现"的作用，其使得权利要求撰写者在功能本身具有新颖性时能够删除那些仅仅解释了如何实施功能的技术特征。该权利要求的发明点是基于一个确定的加和值形成数据符号决策。该加和值是在原始权利要求的倒数第二个步骤得到的。

> 8.12 一种就数据信号中携带的数据符号值形成决策的方法，包括：
> 接收该数据信号；
> 生成数据信号的样本；
> 生成多个系数；
> 将系数与各自对应的样本相乘；
> 将相乘结果进行加和；
> <u>作为多个系数与对应的数据信号样本相乘所得结果加和值的功能之实现</u>，以此形成数据符号决策。

在上述修订格式的权利要求中，短语"作为……功能之实现"使得在最后"形成"的步骤中，将原始权利要求中前五个步骤得到的加和值作为计算的既定结果。由此，将原始权利要求中的六个步骤合并为一个。

鉴于我们很难证明竞争对手的实施例采用了原始权利要求中的每一个步骤，权利要求8.12的修订格式大有裨益。如果权利要求8.12被写成装置型权利要求，那么修订格式的益处将会更为显著。因为，很难证明竞争者的产品具有六个单独的部件，分别实现所述的"接收""生成""相乘"。再者，竞争者的产品或许甚至就不实施一个或多个"生成"步骤，或者并不实施"相乘"步骤。反而，竞争者的产品有可能使用查询表，表中存储有基于不同运算的预计算结果和/或预计算系数。

权利要求8.13表明了短语"以这样的方式……"的相似作用。如同在权利要求最后一段所阐述的，发明点是调整数据均衡器中的采样相位，以这样的方式，保持均衡器中使用的两个系数基本上相等。

> 8.13 一种方法[1]，包括：
> 根据将多个设定的系数分别与相应的采样信号处理后所乘结果的加和值，形成对数据信号携带的数据符号的决策；
> 定期更新系数值；和
> 调整采样相位，以这样的方式，保持相邻的一对系数基本上相等。

---

[1] 如权利要求8.13、8.15"一种方法""一种装置"这样的主题名称是美国式写法，中国专利法不允许。——译者注

请注意，该权利要求并没有解释怎样对采样相位进行调整，以保持两个系数彼此相等；调整采样相位来确保系数的相等是其自身具有的发明点。再请注意，权利要求8.13没有描述该方法的任何动机，因为其没有对为什么想保持系数彼此相等进行解释。这应该是由说明书来解释的。对该发明进行定义要求我们仅描述调整采样相位，以这样的方式得到所述的相等，无论采取怎样的调整方式都能实现。

然而，最终或许没有比专利代理人威廉·道尔斯撰写的圆珠笔权利要求更符合"定义，不要解释"的权利要求示例了。

8.14 一种具有球形标记点的笔，基本如上所述。

要想用圆珠笔写字，需要以某种方式将标记点保持在恰当的位置，并以某种方式为标记点加墨。但权利要求8.14并没有对此作出任何说明。它也不需要这么做。道尔斯所撰写的权利要求强烈地提醒我们，能以多么精确的方式将发明写成权利要求，前提是要遵守一个原则：权利要求的作用不是解释实施例，而是定义发明。

使用功能性描述使得权利要求特征数量最少

随着权利要求特征数量的增加，可能造成侵权的漏洞也会增加。如果权利要求中有12个技术特征，毫无疑问，竞争者可以只用其中11个技术特征就能实现其所有的功能，甚至只采用10个、9个特征也可以，从而可以在不构成字面侵权的情况下实施发明人的教导。

在方法权利要求和产品权利要求中，修剪和提炼权利要求，使其尽可能堵上这种漏洞是很困难的。然而，在产品权利要求中消除潜在漏洞的另一个方法是，用功能性术语来描述某个特定的限定特征而不提及其具体结构。例如，下面的权利要求包含了铰链的功能，但没有描述铰链本身：

8.15 一种装置，包括：
门框，
装在门框上的门，门可以通过摆动的方式进入或离开门框所在平面，
……

这种方法不仅适用于如权利要求8.15的独立权利要求，也同样适用于从属权利要求。

例如，权利要求8.16中描述了一个信号转换器，用以产生输入信号的修订信号。从属权利要求8.17需要一个明确的结构性特征，描述信号转换器包

括一个单独的编码器,用以编码输入信号。与之相比,从属权利要求 8.18 则对编码进行功能性限定,无需单独部件,描述信号转换器对输入信号进行编码。

  8.16 一种装置,包括:

  输入端,用以接收输入信号,

  信号转换器,用以产生输入信号的修订信号⋯⋯

  8.17 如权利要求 8.16 所述的装置,其中信号转换器包括编码器,用以对输入信号进行编码以获得该修订信号。

  8.18 如权利要求 8.16 所述的装置,其中信号转换器对输入信号进行编码以获得该修订信号。

仔细检查每个修饰语

  要当心一些可能带来危害的修饰语,尤其是形容词。在宽范围的权利要求中,大部分修饰语都不是必需的,它们仅仅是用来解释而不是定义发明。我们要对权利要求中的每个修饰语进行仔细检查,判断如果没有这些修饰语,权利要求是否仍然具有可专利性。如果是,就可以放弃这些修饰语。

  本章前面举过一些例子,包括用于汽车的地垫、可伸展和可收缩的构件和超大规模集成电路。这里再举一些例子:

权利要求的语句	规避侵权的方案
用⋯⋯对传输的视频信号进行解码	竞争对手实施了权利要求中的所有步骤,但是视频信号不是从别处"传输"过来的,而是从一个存储设备中读取的。
高分辨率滤波器	竞争对手声称他们的滤波器不是"高分辨率"的,因为还有比他们的滤波器分辨率高的滤波器。
可快速移除的标签	竞争对手声称他们的标签并没有比通常的标签更快地移除,因此,不是"快速"移除的标签。

  专利权人也许能立即反驳竞争对手的这种质疑。但问题是:这些限定语到底在这里起什么作用?如果鉴于现有技术需要某个特定的修饰语对发明进行定义,那是一回事。但如果修饰语并不能帮助定义发明,而只是对实施例进行某种解释,那没有这些修饰语权利要求照样四角俱全。

  修饰语可能带来的另一个问题是,它们可能被认为是不清楚的。术语"高分辨率"和"快速"就是这种类型。我们将在第 10 章进一步讨论权利要求的不清楚。

确认权利要求正确表达了你的意图

有时候,权利要求并不能准确表达我们的意图。下面是一些权利要求的语句走偏的例子,这些权利要求的语句来源于一些案例,或来源于作者平素的积累。

当然,语言表述出现偏差的原因很多。这些例子只是用来简单地说明要对每个词语的真实含义敏感。

"将所述材料块加热到500℉"

根据说明书的记载,在处理过程中,材料块需要置于500℉的烤箱中。权利要求撰写者没有太在意将这个步骤写为"将所述材料块加热到500℉"意味着什么。

这个描述是不准确的。它所表达的是,材料块一直被加热直到其自身温度达到500℉,而不是将材料块置于500℉的环境中。竞争对手按照说明书的教导,将材料置于500℉的烤箱中加热一段时间,在材料的温度达到500℉之前将其取出,将不会构成侵权。此外,由于没有指出"申请人认为的发明点"❶,该权利要求是无效的。

正确的写法应该是"将所述材料块置于500℉的环境中"。

"第一和第二晶体管具有第一和第二发射极"

这种描述是不清楚的。一个晶体管可以具有一个、两个或者更多个发射极,这就会产生问题:是(a)第一晶体管具有第一发射极、第二晶体管具有第二发射极,还是(b)第一晶体管具有第一和第二发射极、第二晶体管也具有单独的第一和第二发射极。无论本意是什么,都应根据其含义将权利要求撰写清楚:

- 第一晶体管具有第一发射极,且第二晶体管具有第二发射极
- 第一和第二晶体管分别都具有第一和第二发射极

"其中"

权利要求撰写者会偏爱某些词和短语。我们已经太习惯这些词语,因此,即便它们的本意不能表达我们的意图,但是因为它们符合某个模式或者"听起来很正确",所以,在检查权利要求时,往往会忽略这些词语。

"其中"是在权利要求中被错误使用最多的词语之一。它表示"在……之中",因此,在以下的例子中,是非常完美的:

> 如权利要求1所述的装置,其中,扶手的上表面不同于水平面。

---

❶ 35 U.S.C. 112 (b).

　　　　如权利要求1所述的方法，进一步包括将宝石在磨料中翻滚，其中，碳化硅是磨料的组分之一。

　　如果将"其中"替换为其同义词"在……之中"，这些权利要求的含义还是很清楚的。

　　相反，在下面的例子中，"其中"的用法就是错误的，将"其中"替换为"在……之中"后，就能体会得更加明显：

　　　　……一个转盘，在卡片纸上打孔，其中，在打孔过程中将卡片纸保持在恰当位置……

　　"其中"是指哪里？卡片纸在什么中被保持在合适位置上？转盘？卡片纸？这些说法都是毫无意义的。更好的写法是：

　　　　……一个转盘，在卡片纸上打孔，在打孔过程中将卡片纸保持在恰当位置……

　　作者常常想向专利律师推销个新奇玩意儿，一件印有"一字千金"标语的运动衫。确实，一字千金，上述例子和即将在第12章讲述的其他例子皆足以证明。

假设输入信号和数据/参数值是现成的——不要在权利要求中去生成

　　无论是产品权利要求还是方法权利要求，都经常会用到输入信号、数据、参数、测量值、数量等。然而，当要求宽范围的权利要求时，通常建议将输入信号、数据/参数等视为已经准备好的，即在手边随时可用的，而不是在权利要求中明确它们是如何生成的。例如，在权利要求8.12中，我们可以看到是如何将六个步骤合并成一个步骤的，关键在于，将用来形成数据符号决策的加和值视为已经存在或者得到的数值，而不是在权利要求中生成该加和值。

　　在另一个例子中，假定发明在于，一旦前一小时生产的小器具达到一定数量，就调节生产过程的产出率。发明可以限定为两个步骤——计数步骤和调节步骤：

　　　　8.19　一种在生产小器具的机器中使用的方法，包括：
　　　　统计在一个小时内生产的小器具的数量，
　　　　当计数量达到预定值时，调节机器的产出率。

　　然而，需要注意，"怎样"对一小时内生产的小器具的数量进行统计与发明构思无关。实际上，竞争对手可以不用统计小器具的数量，代之以一个小时内生产产品的重量来判断生产了多少小器具，这样做可以避免对权利要求 8.19 的字面侵权。

假定小器具的数量是已知的并可用于调节步骤，就可以省掉整个计数步骤：

8.20　一种在生产小器具的机器中使用的方法，包括：

当一个小时内生产的小器具的数量达到预定值时，调节机器的产出率。

一个类似的情形是：我们假定原始信号是模拟信号，但权利要求中操作的是数字信号，以数字形式呈现给我们。权利要求中阐述的发明过程开始于对信号进行操作。若权利要求中有明确描述模拟－数字转换器或者转换步骤的技术特征，是非常不明智的，作者得悉的如下情况足以证明：

> 我曾提起一个专利侵权诉讼，涉案权利要求涉及一个模拟－数字转换器，将蜂窝电话基站接收到的模拟信号转换成数字信号以作进一步处理。问题是，当权利要求进入诉讼程序时——距其提交申请 10 年后，没有人向基站连接模拟信号，大多数（或全部）连接到基站的手机通信线路都已经采取数字形式向基站传送信号。然而，数字信号是直接以数字形式接收的，还是在基站被转换成数字形式的，与"真正"的发明并无关系。因此，加入 A/D 转换器对权利要求的有效性没有任何作用。它只是增加了一个额外的特征，为我们辨认侵权情形制造了新的问题。
>
> ——MJF

读者可以意识到，在上面的例子中，权利要求加入 A/D 转换器违反了本书提到的多个规则，包括"定义，不要解释"。

为从属权利要求保留从属权利要求限定语

导师有时候会在实习生撰写的权利要求中，看到毫无目的的限定语。当问及为什么要写入这些限定语时，实习生会说："用来支持从属权利要求。"权利要求 8.21 和 8.22 就是例子。权利要求 8.21 是父权利要求，权利要求 8.22 是其从属权利要求。父权利要求受限于燃油泵的限定，而其仅在从属权利要求中有存在的意义。

这是权利要求的撰写错误。父权利要求不应该受限于仅用来支持从属权利要求的限定语。无论多么需要，前置基础都应写入所需的从属权利要求，而不是父权利要求。这是对规则"只打包你所需要的"的进一步解释。

权利要求 8.23 和 8.24 据此进行了修改。父权利要求 8.23 不再受限于燃油泵的限定，现在该限定被完全包含在从属权利要求8.24中。

受限的权利要求	不受限的权利要求
8.21 一种发动机，包括：具有燃油泵的燃油系统，和以……方式将第一种、第二种燃油喷射进燃油系统的燃油喷嘴。	8.23 一种发动机，包括：燃油系统，和以……方式将第一种、第二种燃油喷射进燃油系统的燃油喷嘴。
8.22 如权利要求8.21所述的发动机，其中燃油泵包括一隔板，至少一种燃油喷射到隔板上。	8.24 如权利要求8.23所述的发动机，其中燃油系统包括燃油泵，燃油泵包括一隔板，至少一种燃油喷射到隔板上。

如果已证明前置基础是必需的但不适宜写入从属权利要求中，那时当然可以将该权利要求写为独立权利要求并写入前置基础。

撰写权利要求时，应胸有成竹，而非囿于附图

很多从业者在撰写权利要求时参考专利申请的附图。这在撰写中范围或窄范围的权利要求❶时是有用的，因为这些权利要求有意包含实施例的细节。

然而，附图可能会干扰我们对发明构思的思考，而这在撰写宽范围权利要求时是非常重要的。如同斯特林厄姆提醒我们的一样，发明是构思，而不是具体的有形物。然而，附图很容易将我们的注意力从抽象概念上引开，使我们暴露于实施例及其具体细节的诱惑中，这些细节会使得权利要求不当变窄。

不盯着附图看，就不会轻易被实施例的细节所吸引。因此，范围最宽的权利要求应该直接从权利要求撰写者的心中产生。心灵之眼应能很清楚地捕捉到那几个可以定义宽范围发明的功能及其相互关系，参考附图毫无必要。

如果不看附图不能撰写权利要求，那么我们需要停下来，重新从构思上对发明进行分析。只有对"发明是什么"这个问题的答案非常明确时，我们才能重新撰写权利要求。实际上，作者发现，一旦对发明构思胸有成竹，对附图及其细节的注意力就会彻底分散，而是享受在纯粹构思的范畴内分析发明和撰写权利要求的乐趣。

力求简单化

简单化是撰写清楚的关键所在。难以理解的复杂关系或者权利要求语言意味着没有抓住发明的本质。这些权利要求中常常含有不清楚的或者不恰当的限定，这些限定对发明而言是不需要的。

---

❶ 参见第9章。

在此，应采用建筑哲学"形式追随功能"❶的理念。权利要求的形式越简单和清楚，就越有利于发挥清楚和简单的定义发明的功能（读起来"比较宽泛"）。写得好的权利要求的检验证明就是，发明人可以理解该权利要求，而不需要代理人做出解释。

一旦权利要求的撰写磕磕绊绊，最好停下来重新思考。问题常常在于，限定语的引入方式不太理想。实际上，一旦重新排列权利要求的特征，那些曾经看起来是必需的限定语就不再需要了。

发现权利要求有潜在缺陷或异常情形的另一个线索是，我们发现自己在权利要求中晕头转向——不断地反复撰写，在表达或排列特征的不同方式之间犹豫不决，但对结果永不满意。或许是因为我们预设了权利要求中应该优先包括某个具体的技术特征，但其实并非如此。还有其他的可能性，就是在权利要求前序部分中写的太多或者太少，又或者权利要求没有紧密关注选定的发明情境。

在对付难以修改的权利要求方面没有什么好的建议。试图将其理顺是徒劳的。最好是寻找到那个潜在的错误并从头再来。对我们来说，在花费了大量时间后突然停止并放弃已经写好的权利要求，并非易事。因此，最好对恶化的可能性时刻保持警惕，重组权利要求宜早不宜迟。

步骤5：采用"问题—解决方案"的描述作为基准

"问题—解决方案"的描述是可以用来检查所有权利要求的基准。

假设我们想撰写一个权利要求，在最宽的范围内体现发明，我们要在"问题—解决方案"的描述中确定权利要求中的所有步骤、特征等。任何存在于权利要求中，但不在"问题—解决方案"的描述中的内容，都值得怀疑并应进行批判性评估。

本章和前一章介绍了两种撰写权利要求的方法，在现有技术允许的范围内，尽可能宽泛地定义发明。考虑到将来有可能冒出其他现有技术，我们也需要撰写中范围和窄范围的权利要求，来实现发明的计划性退守。比宽范围窄的权利要求也有其作用，这将在下一章节讨论。

---

❶ 19世纪芝加哥学派的现代主义建筑大师路易斯·沙里文提出"形式追随功能"的理念。该理念认为设计应主要追求功能，而使物品的表现形式随功能而改变，也就是一切以实用为主，所有的艺术表现都必须围绕着功能来做形式。——译者注

本 章 回 顾

强化理解

1. "理想中宽范围的权利要求与发明的边界完美契合"是什么意思？
2. 只以一种方式定义宽范围的发明有什么危险？
3. "发明点"是什么意思？
4. 基于发明点撰写权利要求的方法包括哪三个步骤？
5. "逆向"撰写权利要求的好处是什么？即开始于发明点，然后逆向写完权利要求的剩余部分。
6. 列举一些确定发明点的方式。
7. 为了使得基于发明点的权利要求内容更加充实，我们只需基于两个目的在发明点的基础上增加所需的附加语句。这两个目的是什么？
8. 在撰写权利要求时，"只打包你所需的"是什么意思？
9. 检查权利要求时，为什么必须仔细检查解释性标签和修饰语？
10. 在权利要求中描述以下内容有什么坏处？（a）发明优点，或者（b）发明的意图用途。
11. 采取以下方式撰写权利要求有什么好处？"作为……功能之实现""以这样的方式……"
12. 为什么要尽量使得权利要求中的结构性特征或方法步骤的数量最少？
13. 在权利要求中采用以下限定有什么坏处？
   a. 在涉及视频处理芯片的权利要求中限定"生成一个视频信号"；
   b. 在涉及工业制造方法的权利要求中限定"测量烤箱内的温度"；
   c. 在试图基于A+B的和进行计算的权利要求中限定"测量A和B"。
14. 撰写权利要求时，不像常规做法那样参考附图，会有什么好处？

深入思考

15. 像常规一样在权利要求的前序部分中对请求保护的发明赋予限定，有什么好处和坏处？例如："一种用于汽车的地垫，包括……"
16. 在权利要求中增加以下描述会有什么危险？
   a. 发明优点或者好处；
   b. 怎样使得权利要求的内容与外部环境结合在一起；
   c. 动机（例如，为了实施某个具体的步骤或者包括某个具体的特征）；

d. 怎样实现所描述的功能，该功能性描述使得权利要求具有可专利性；

e. 怎样生成输入；

f. 权利要求的方法或者装置的实施对象的来源。

17. 如果权利要求包括"以这样的方式做 X，使得 Y 发生"，可能会被审查员驳回。因为一般认为，合适的权利要求不能仅仅描述期望的目的，而是应该描述实现该目的的结构或确定步骤。在什么情况下，驳回是恰当的？在什么情况下，驳回是不恰当的？

18. 如果只是为了给从属权利要求中的专门术语提供前置基础，在父权利要求中增加相应限定的危险是什么？

提升技能

19. 尽管在权利要求中，修饰语（例如，可折叠的、可变的、同时地）常常是多余的，但有时候，这些修饰语正是使得权利要求具有可专利性的特征，即有可能是发明点。例如，第一款数字式电子手表上小时和分钟之间的冒号标识是静态的，用户无法确定手表是否在正常运转，所以有人发明了闪烁的冒号，如下所述：

> 一种数字时间显示装置，在时间指示和分钟指示之间具有闪烁的指示标识。

使用单一修饰语，至少对三个日常设备或方法概述出权利要求或"问题—解决方案"的描述，将其与预设的某些现有技术区别开。

20. 采用本章的方法，对下述的发明撰写一个基于发明点的权利要求。在组织语言定义发明点的时候，要特别注意判断发明的宽度，只要有可能，其隐含的发明构思的适用范围可超出实施例的特定背景，如同拉链例子所示的一样。

	实施例	现有技术
a. 会议呼叫音	 进入呼叫　退出呼叫 当有人进入或退出会议时，发出双音高序列，当进入会议时，发出由低到高的双音高序列，当有人退出会议时，发出由高到低的双音高序列。	 进入呼叫　退出呼叫 当有人进入或退出会议时，发出相同的音高。

续表

	实施例	现有技术
b. 自行车锁	U 型锁	挂锁和链条
c. 气泡包装袋	气泡膜	弄皱的纸张 / 打包花生

第 *9* 章
中范围和窄范围的权利要求

专利申请不应该只有最宽范围定义发明的权利要求，也应该具有中范围和窄范围的权利要求。中范围的权利要求或许包括一个、两个或三个在宽范围定义发明时无需的限定语。窄范围的权利要求则会包括更多限定。

中范围和窄范围的权利要求有很多作用。最重要的是，它们为发明提供了计划性退守的可能，如果现有技术使得我们必须从申请最宽范围的权利要求中后退，这些权利要求就可以提供防御位置，使我们能够尽可能少地放弃有价值的知识产权。而且，它们适用"权利要求差异化原则"，并可提高专利许可费的计算基础。本章将会讨论中范围和窄范围权利要求的上述特点及其他特点。

退守性权利要求

退守性权利要求是计划性退守的一道防线，也是专利申请实务的一根支柱。退守性权利要求通常是从属权利要求，通过描述发明的某个特征（即退守特征）来缩窄其引用的权利要求，即其"父权利要求"请求保护的范围。当现有技术使得父权利要求不具有可专利性时，发明将有赖于退守特征获得可专利性。

一旦确定了退守特征，通常就可以直接撰写一系列的退守性权利要求。确定退守特征是核心问题。第 6 章阐述了如何基于"问题—解决方案"来确定退守特征。在这个方法中，出于分析目的，我们假定现有技术中已经有了宽范围的发明，然后，基于该假定的现有技术进行"问题—解决方案"的分析。读者可以返回去看看相应部分的内容。

根据退守特征的特点，退守性权利要求可以通过不同的方式加入父权利要求中。退守性权利要求可通过以下方式对其父权利要求的主题做进一步限定：

（a）在父权利要求的基础上增加一个或多个附加技术特征；（b）将父权利要求中的特征具体化；（c）将已经描述的特征之间的关系具体化。通过下面涉及铅笔的权利要求族中的从属权利要求9.2~9.4来阐述以上三种方式。

    9.1 一种书写装置，包括：

杆，当杆在书写表面移动时，形成杆的材料被转移到书写表面上；

杆套。

    9.2 根据权利要求9.1的书写装置，进一步包括：

设置于书写装置一端的橡皮擦，橡皮擦用来将被转移到书写表面上的材料移除。(增加了一个特征)

    9.3 根据权利要求9.1的书写装置，其中杆由石墨制成，杆套由木材制成。(具体化特征)

    9.4 根据权利要求9.1的书写装置，其中杆套是圆筒形的，杆沿着圆筒的中心线设置。(具体化某个关系)

第11章将阐述如何将退守性权利要求（和定义性权利要求❶）加入权利要求族中。

差异性权利要求

由于权利要求之间的差异性，在专利申请中应包括中范围和窄范围的权利要求。这种原则要求当对独立权利要求附加限定而得到从属权利要求时，独立权利要求的保护范围必定大于从属权利要求❷。否则，从属权利要求就是多余的，即"推定不合理"❸。在权利要求族中，秉承该原则得到的从属权利要求，我们称之为差异性权利要求。

例如，权利要求9.6将权利要求9.5中的细长支撑构件（椅子腿）限定为圆柱形。

    9.5 一种装置，包括：

椅面；

椅面支撑，在椅面的下层表面将其向上支撑；

---

  ❶ 参见第10章。

  ❷ 例如，参见 In re Tanaka, 640 F. 3d 1246, 98 USPQ2d 1331（Fed. Cir. 2011）；Dow Chemical Co. v. United States, 226 F. 3d 1334, 56 USPQ2d 1014（Fed. Cir. 2000）。

  ❸ Beachcombers, International, Inc. v. WildeWood Creative Products, Inc., 31 F. 3d 1154, 1161, 31 USPQ2d 1653, 1659（Fed. Cir. 1994）。

椅面支撑包括一个或多个细长支撑构件。

9.6 如权利要求9.5的装置，其中一个或多个细长支撑构件是圆柱形的。

权利要求9.5的从属权利要求将椅子腿限定为圆柱形，这表明，不应将权利要求9.5理解为仅包括圆柱形的腿，即使说明书中公开的每个椅子腿都是圆柱形的。

专利权人提起诉讼时，通常需根据权利要求的差异化原则来对某个权利要求术语扩张解释，以使权利要求覆盖被控侵权产品或方法。专利代理人有时考虑到权利要求可能会面临无效诉讼，会在申请中写入差异性权利要求，以对其引用的权利要求进行扩张解释。差异性权利要求所涉及的限定语应能构成有意义的退守特征，否则就没必要将其写入权利要求书中。

在权利要求书中写入这样的差异性权利要求并无坏处。但也未必能占据上风。权利要求的差异化原则只是构建权利要求的一种建议，并非硬性规则[1]。竞争对手当然会对该原则的适用性进行抗辩，或者至少对专利权人的具体解释进行抗辩。

确保可以对权利要求的语言进行宽泛解释的一种更可靠的方式是，在说明书中明确指出，实施例中的具体细节不限于所描述的情形，其还有或至少可以有其他替代方式。如果能阐述一些替代方式的例子会更好。在椅子的例子中，说明书应该明确指出，椅子腿不需要是圆柱形的：

> 尽管此处披露的可坐设备具有的细长支撑构件是圆柱形的，也就是说，具有圆形横截面，但也可以具有其他横截面形状，包括方形、椭圆形或不规则横截面，以及，横截面形状沿着支撑构件长度方向而变化。

实施例式独立权利要求

实施例式独立权利要求包括发明所公开的实施例的一个或多个细节，这些细节并未包括在尽可能宽泛地定义发明的宽范围权利要求中。这样，与专利申请中保护范围最宽的独立权利要求相比，实施例式独立权利要求必然会明确地界定出更为适中的知识产权范围。

或许看上去并不需要这样的权利要求，毕竟我们总能在一个或多个从属权

---

[1] *ICU Medical, Inc. v. Alaris Medical Systems, Inc.*, 558 F. 3d 1368, 90 USPQ2d 1072 (Fed. Cir. 2009).

利要求中限定实施例的细节。然而，随后将会展示，实施例式独立权利要求能够避免潜在的侵权漏洞，并能克服由从属权利要求带来的其他问题。

宽度的问题

实际上，描述具体实施细节的独立权利要求的保护范围，要宽于描述相同细节的从属权利要求。这是因为，从属权利要求的细节可能导致其父权利要求的某些限定变得多余。从属权利要求包括其父权利要求的所有限定，无论是否多余。我们应该相信，就算看起来是"完全无害的"，权利要求中任何多余的词语都有可能缩小权利要求的保护范围。在法庭上，权利要求中任何多余的词都可能被用来反驳你自己。

在这种情形下，父权利要求中的功能性语言常常是多余的。这种功能性语言可能是父权利要求具有可专利性的基础。但是，一旦从属权利要求限定了用以实现该功能的具体结构特征，就不再需要通过这些功能性语言将发明与现有技术区别开。

以权利要求 9.7 为例，说明当在从属权利要求中引入实施例的具体细节时，该权利要求中的功能性语言就变得多余了。该权利要求宽泛地定义了一种动物捕捉器，在壳体内部设置红外线或其他电磁能量源模拟猎物的行为，以此来引诱准备猎食的动物。例如，这种捕捉器可以用来捉蛇，大部分蛇都可以感测到其拟捕食的猎物所散发出的红外（热）能量，如图 9-1 所示。

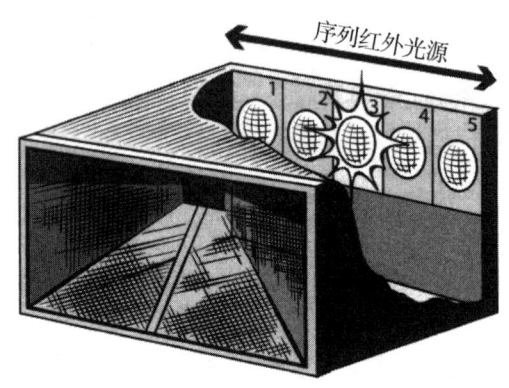

图 9-1 捕蛇器，用序列红外光源模拟猎物的行为

9.7 一种动物捕捉器，包括：
壳体，用以捕捉进入壳体的动物；
能量源，产生可被动物感测到的电磁能量，产生的电磁能量在壳体内模拟猎物的行为。

假设现有技术包括：（a）捕捉器，其具有机械操作的诱饵，诱饵形状像老鼠或其他猎物；（b）一种昆虫捕捉器，具有闪烁的静态可视光源。权利要求 9.7 与这两种现有技术都不同，因为机械诱饵并不能产生电磁能量，闪烁的光源也不能模拟猎物的行为。

权利要求 9.7 并没有限定发明使用红外光源，或者限定模拟猎物行为的具体模式。这些实施例的具体细节，在从属权利要求 9.8 ~ 9.10 中进行限定。

9.8　如权利要求 9.7 所述的装置，其中，能量源产生的能量基本都是红外能量。

9.9　如权利要求 9.7 所述的装置，其中，能量源包括多个单独的能量源，对它们进行激活或关闭操作，使得当至少一个能量源被激活时，至少另一个能量源被关闭。

9.10　如权利要求 9.9 所述的装置，其中，多个单独的能量源成线性排列，并沿着排列方向被顺序依次激活。

现在来思考一下实施例式独立权利要求 9.11，使其具有可专利性的点在于，诱导装置包括多个可以开关的能量源，但不在同一时间全开或者全关。我们可以直接从从属权利要求 9.9 中提取描述性语言，但是与权利要求 9.9 不同，实施例式独立权利要求 9.11 并不受限于权利要求 9.7 中对猎物行为的限定。

9.11　一种动物捕捉器，包括：

壳体，用以捕捉进入壳体的动物；

多个电磁能量源，对它们进行激活或关闭操作，使得当至少一个能量源被激活时，至少另一个能量源被关闭。

权利要求 9.11 将被证明是很有价值的。发明人可能认为自己的捕捉器已经非常好了，因为红外图像模拟了猎物的行为。但是竞争者可能会发现，至少某些热感应动物会被红外光源的明显位置变化所吸引，而无论这些位置变化是否模仿了真实世界中生物的任何行为。竞争者由此会制造出一种产品，其中开关模式是随机的，以避开权利要求 9.7 ~ 9.10 中关于猎物行为的限定。然而，由于权利要求 9.11 没有对猎物行为进行任何限定，竞争者这种随机模式的捕捉器将会对实施例式独立权利要求 9.11 构成侵权。

在许可和诉讼中的好处

在授权专利中存在实施例式独立权利要求是有好处的，能够比从属权利要求更宽泛地定义发明。

例如，在专利诉讼中，在评估权利要求有效性的时候，即便应该考虑，法官和陪审团也不会单独考虑从属权利要求的限定。一旦基于现有技术认定独立权利要求是无效的，有时也就理所当然地认为其从属权利要求是无效的，虽然这种想法可能是不恰当的。另一种可能性是，他们看到了从属权利要求的限定，但仅对其进行孤立判断，认为其并无任何显而易见性，而并没有对权利要求整体运用非显而易见性规则。总而言之，当原告主张被诉侵权技术方案落入一个中等或偏窄的权利要求的保护范围时，如果其向陪审团示出这个权利要求是独立权项，就会更有胜算。

再者，对于并不是日复一日与权利要求打交道的人来说，从属权利要求的构造具有迷惑性。这可能导致陪审团错误地将一个从属权利要求中的限定语引入另一个从属权利要求中。例如，在前面提到的权利要求族中，由于权利要求9.8写在权利要求9.9之前，可能会使得陪审团认为权利要求9.9包括了权利要求9.8中限定的红外能量，尽管权利要求9.9是引用权利要求9.7的。重申一下，如果权利要求9.9是独立权利要求，那结果就是不同的。

另外，就一个专利而言，（各种类型的）独立权利要求越多，潜在的被许可方或侵权者就得花费越多的时间和金钱让他们的律师（a）研究专利的权利要求，和（b）就是否侵权和/或专利是否有效提供法律意见。可预期的高昂法律费用，或许能抬高潜在侵权者愿意支付的最低许可费底线。

在可专利性和"被侵权性"之间寻找平衡

实施例式独立权利要求是从发明的最宽范围回退。根据计划性退守的原则，其目的在于放弃权利要求的某些领地，以换取更为稳妥的专利性，以防最宽范围的权利要求野心过大。

然而，我们现在仍不能松懈。我们仍然要谨慎选择保留在非最宽范围权利要求中的限定语。如果专利中保护范围最宽的权利要求被无效，而其余权利要求却没办法占领至少一部分商业市场，那么，这个专利实质上毫无价值。是的，我们是从发明的最宽范围回退了。但我们不应该把所有的谨慎抛到九霄云外，不应该想怎么写就怎么写。一个有效的实施例式独立权利要求，能够在可专利性和"被侵权性"之间找到最佳平衡。

对这种权利要求来说，比较好的起点，是在形成宽范围权利要求和"问题—解决方案"的描述过程中产生的中间版本。尽管没有确定最终范围，权利要求和"问题—解决方案"描述的草稿仍已得到发明分析的助力，该分析过程去除了那些明确认为对发明无用的限定语。附录B展示了作者在分析回退的发明时,"实时"思考的内容,其中体现了一些非最宽范围的"问题—解决方案"的描述。

我们着手对实施例式独立权利要求进行删减时,期望通过检查权利要求来调整专利性与侵权覆盖面之间的平衡。基于此目的,可以考虑运用第8章阐述的一些规则,将不恰当的限定语排除在基于发明点的权利要求之外。在这里,最相关的是:

- 定义,不要解释;
- 使用功能性描述使得权利要求的特征数量最少;
- 仔细检查每个修饰语。

我们不必将这些规则应用于所有权利要求的限定语,那将会导致权利要求对发明进行非常宽泛的限定,而那不是我们的目的。重点在于,对权利要求从哪里后退更有意义,要做出一个"描述该描述的"判断,以期获得如下权利要求:(a)与保护范围最宽的权利要求相比,更有可能与现有技术区别开;同时,(b)不是特别具体以至于容易回避设计。例如,除有意将权利要求的范围最窄化之外,我们更愿意写成"结合部"而不是"慢固化环氧树脂层"。

在撰写每个权利要求时,脑海中都应该有个目标。可以是在尽可能最宽的范围内包罗发明,或者是撰写一个权利要求,其包括实施例的重要特征但不过于限制保护范围。一个权利要求,若非特意由"问题—解决方案"的描述导出,其将不可避免地包括"问题—解决方案"未曾描述的一个或多个步骤、部件、功能或者连接关系。通过直接面对这些区别,权利要求撰写者能够评估权利要求是否达到了预期的目标。

因此,根据计划性退守的原则,我们可以思考实施例式独立权利要求与"问题—解决方案"的描述之间的每个区别点,问问自己,权利要求是否比我们预期的放弃了更多的知识产权。

市场化的产品权利要求

作者用术语"市场化的产品权利要求"意指一种特定的实施例式独立权利要求,其能在可专利性和被侵权性之间获得完美的平衡。市场化的产品权利要求包括最有可能将发明构思具化为商品的实施细节。当然,发明人和/或专利权人提供的建议,在判断这些实施细节时是无价的。如果判断正确,竞争者即使能针对权利要求进行回避设计,也难以设计出畅销市场的产品。

专利权人如果有自己的产品,可作为此方面的有用指引。其产品所实施的细节,至少代表了专利权人认为这些特征是成功的,是市场供给最希望拥有的。那么,这些特征也比其他特征更有可能出现在竞争对手的产品中。如果我们相信竞争对手将会制造高仿品或近似品,那么,与专利权人的产品保持一致的权利要求就一定是有价值的。

回想一下宽范围的权利要求7.4，其涉及一种解决微波炉中食品加热不均匀问题的优选实施例，即在微波炉或"微波腔"内转动食品。该权利要求在此重新撰写为权利要求9.12。

9.12 一种加热食品的装置，包括：

微波腔，

食品支持部件，当食品被加热时，在微波腔内移动食品。

权利要求9.13是本发明的市场化产品权利要求，其中将"食品支持部件"具体限定为转盘，并描述了转盘的两个特征。一个特征是转盘具有凸起的边缘，可避免液体溢出到腔体的底面。另一个特征是转盘以可移除的方式放置在转轴上，其使得我们可以随时从微波炉中取出转盘进行清洗，参见图9-2。

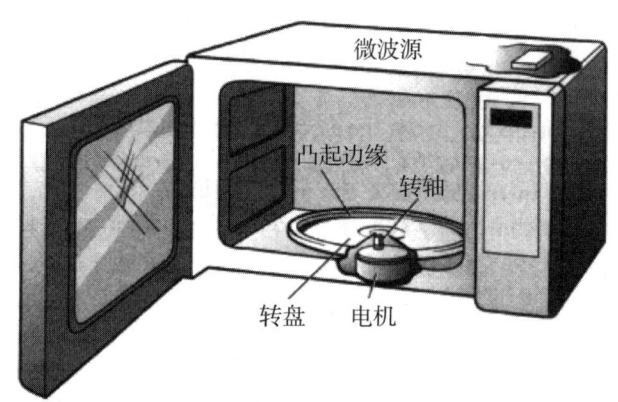

图9-2 微波炉转盘实施例，可用作市场化产品权利要求的基础

9.13 一种微波炉，包括：

微波腔体，

微波能量源，

转轴，从腔体的底面伸出，

电机，当源于微波能量源的微波进入腔体时，转动转轴，

转盘，可移除地设置在转轴上，在转轴的带动下旋转，

转盘具有充分升高的边缘，使得转盘上的液体不会溢出到腔体的底面上。

市场上销售的微波炉可能并不具备这些特征。但专利权人很可能原以为竞争者很难制造没有这些特征的微波炉并保持良好的销售情况。

专利权人的产品与竞争者的产品之间常常是有区别的。因此，我们并不想在产品权利要求中包含过多的细节，尤其是在任何情况下大部分细节都不会提升可专利性。相反，我们应该追求计划性退守的目标，保证识别出市场化产品的这些方面，它们最有可能（a）出现在发明的商业实践的任何实施例中，和（b）增强权利要求的专利性。发明的某些退守特征典型地符合这种双重要求。如果不只一组退守特征具有这种益处，我们就可以写出许多个市场化的产品权利要求。

画像式权利要求

另一类有用的实施例式独立权利要求是画像式权利要求。这种权利要求范围非常窄，重结构，轻功能。最重要的是，重视详细公开的实施例细节。之所以称为"画像式权利要求"，是因为该权利要求展示了实施例的画像，即用词语"画出来"的图像。另一个解释是，画像式权利要求是对"图形"的详细描述，即对专利附图中体现的实施例的描写。

画像式权利要求比宽范围的权利要求更有可能获得授权，因为权利要求中的限定语越多，越不可能与现有技术相同。另外，竞争者非常容易针对画像式权利要求进行回避设计，仅需要简单漏掉一个权利要求的特征即可。因为有太多特征可供选择，这通常并不难。因此，画像式权利要求并不容易被侵权，除非产品很简单，或者有理由相信竞争者会盲目复制专利权人的产品。

另外，通过在专利申请中增加一个画像式权利要求，能够增加专利授权的可能性。有时候，专利权人的目标仅仅是获得一项专利，而不关心权利要求的保护范围有多大。

最大化许可费基础的权利要求

除了在计划性退守中的作用，中范围和窄范围的权利要求还可为专利增加经济价值。

专利许可费和赔偿金是基于权利要求技术内容的市场价值来确定的，我们将其称为"许可费基础"。如果权利要求保护的发明是用于圆珠笔的新型弹簧，但专利中的所有权利要求都限定为弹簧本身，那么许可费基础将是侵权弹簧的价值[1]。显然，专利权人更愿意基于包括这种新弹簧的笔的整体价值来计算许可费。权利要求撰写者可以做得更好，至少写一个权利要求，将改进的弹簧和使用这种弹簧的笔组合在一起。出于此种明确目的加入专利申请中的权利

---

[1] 在权利环境下，依据整体市场价值法则，许可费基础可能会超出权利要求包括的基础。通常可参见 *Uniloc USA, Inc. v. Microsoft Corp.*，632 F. 3d 1292，98 USPQ2d 1203（Fed. Cir. 2011）。

要求，在此称之为"最大化许可费基础的权利要求"。

不过没人能保证法庭在计算赔偿金或者利润损失时会采用权利要求主张的整体组合的市场价值。根据常识可知，高度计专利权人不可能得到根据高度计和具有该高度计的喷气式飞机的组合价值计算的许可费或赔偿金，即使权利要求涉及高度计和喷气式飞机的组合。无论何时只要我们能振振有词地辩称重要协作关系和相互依存关系确实存在，这就足够了。它只能帮助权利要求将发明步骤或部件限定在似乎合适的商业环境中，由此为专利权人争取更大的许可费基础提供机会。

最大化许可费基础的权利要求可以是独立权利要求，也可以是从属权利要求。但是，采取从属权利要求的形式可能会很棘手。例如，先写一个指向弹簧的权利要求，再想增加一个从属权利要求包含使用该弹簧的笔的限定，看上去像在耍花招。撰写一个笔–弹簧组合的独立权利要求将会避免这些难题。

中范围和窄范围的权利要求以各种方式保护和/或增强权利要求书中最宽范围的权利要求。如同我们刚才所见，这些方式包括实施计划性退守以抵御新冒出来的披露发明构思的现有技术、最大化授权专利的许可费基础以及采用差异性权利要求。

另外，应保护权利要求免于出现至少两个意外。一个是权利要求可能会被没有公开发明构思的现有技术公开；另一个是权利要求可能会被认为是不清楚的。这些情形将在解释性权利要求——下一章的主题中阐述。

本 章 回 顾

强化理解

1. 什么是中范围的权利要求？什么是窄范围的权利要求？这些权利要求有什么作用？

2. 什么是退守性权利要求？

3. 退守性权利要求中可以采用哪三种方式来对其父权利要求进行限定？

4. 依靠差异性权利要求来确保将其父权利要求解释为预期的范围有什么危险？

5. 鉴于可以在一个或多个从属权利要求中包含实施例的细节，为什么我们期望在整个权利要求书中包括实施例式的独立权利要求？

6. 当撰写实施例式权利要求时，平衡可专利性和"被侵权性"是什么意思？

7. "市场化产品"的权利要求是什么意思？它们如何服务于计划性退守的目标？

深入思考

8. 本书认为，在撰写每个权利要求时，脑海中都应该有个目标。你能想到多少个"目标"？

9. 在准备专利申请时应在心中考虑许可和/或诉讼的情形，撰写最大化许可费基础的权利要求就是一个例证。权利要求书还可以采取什么方式来考虑许可和/或诉讼？

提升技能

10. 为汽车气囊撰写一个实施例式的独立权利要求。

a. 下面提供了本发明宽范围的独立权利要求，同时还提供了描述本发明实施例各种特征的资料，可将其看作为实施例式独立权利要求提供细节的支持。

b. 解释一下你为什么选择将某些特定的特征写入实施例式独立权利要求中。

<u>宽范围的独立权利要求</u>

1. 一种车辆乘员约束装置，包括：

可膨胀的垫子，

膨胀机构，响应于车辆的快速减速，将垫子膨胀开。

<u>实施例细节</u>

车辆是指汽车，气囊或"垫子"的位置和尺寸设置为，在垫子受到撞击（或其他快速减速）并膨胀开时，限制车辆上乘员的移动。

垫子具有附着于支持框架上的开口，支持框架与汽车的方向盘连接。垫子由尼龙、氯丁橡胶、聚酯或人造纤维制成。当完全展开时，体积是3～3.5立方英尺。垫子上设置有小孔，使得其能够在膨胀后立即瘪下来，以将垫子对乘员的冲击最小化。

在汽车的合适空间内安装重物，当汽车的减速足够快而有可能对乘员造成伤害时，该重物的动量使得其向前位移。重物的位移触动一个电子开关，由此产生一个点火信号。

响应于该点火信号，三阶烟火系统产生一定体积的推进气体，在1/10秒内将垫子膨胀开。该烟火系统包括：(a) 由点火信号引起的点火填料；(b) 由点火填料引起的增强填料，其产生足够的发送热量；(c) 热响应推进填料，产生推进气体。

上述点火填料、增强填料、推进填料分别是：(a) 高氯酸锆和高氯酸钾混合物；(b) 硝酸硼和硝酸钾混合物；(c) 叠氮化钠。

产生的推进气体的量与碰撞的严重程度成正比，将垫子对乘员的伤害最小化。垫子膨胀后的体积也与碰撞的严重程度成正比。通过用可拆开的缝合线将垫子安全折叠起来以实现上述第二个特征。在高压推进气体的作用下，缝合线会崩开。

第 *10* 章
解释性权利要求

退守性权利要求比其父权利要求更为明确地限定了知识产权的范围。在前面各章节介绍的内容中，我们所防范的意外情况是，在提交专利申请之后，可能会出现这样的现有技术，其教导了父权利要求试图保护的主题，使得父权利要求不具有专利性或是被无效。退守性权利要求有意地从其父权利要求限定的边界回退到一个虽然更窄，但是更具专利性的安全位置，如图 10-1 所示。作者将这种现有技术称为"与发明相关的"现有技术，因为，不仅父权利要求被其公开，而且该现有技术实际上披露了发明人认为其发明的内容。

本章讨论另一种重要类型的权利要求——解释性权利要求。与退守性权利要求类似，解释性权利要求通常是从属权利要求。然而，不同于退守性权利要求的是，解释性权利要求并不意图从发明人认为的发明范围回退。相反，解释性权利要求更为明确地限定了从始至终都期望的发明边界，如图 10-1 所示。由此，解释性权利要求解决了父权利要求两种潜在的缺陷，而退守性权利要求并不能解决这些缺陷。

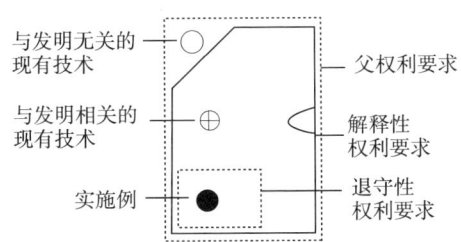

图 10-1 退守性权利要求和解释性权利要求应对不同类型的现有技术

解释性权利要求解决的一个潜在缺陷是，父权利要求可能被没有披露发明构思的现有技术公开。作者将这种现有技术称为"与发明无关的"现有技术。另一个潜在缺陷是，由于父权利要求本身或者其引用的权利要求包括不清楚的术语，导致父权利要求不符合35U. S. C. 112（a）关于清楚的要求。

任何添加到权利要求中的内容都或多或少会使其范围变窄。因此，解释性权利要求使得其父权利要求的主题变窄。但是与退守性权利要求相比，解释性权利要求"放弃"的主题不是发明的一部分。

父权利要求可能被与发明无关的现有技术公开

我们首先解释一下如何用解释性权利要求预测父权利要求被与发明无关的现有技术，即没有披露发明构思的现有技术公开的可能性。权利要求10.1描述了具有小元件的双金属开关。

  10.1 一种装置，包括：
  双金属开关，
  与该双金属开关连接的元件。

在该权利要求中，术语"双金属开关"是指已知的电子开关，由具有不同热膨胀系数的两个金属片制成，例如，黄铜合金和因瓦合金。这种开关可以随着温度变化而弯曲，广泛用于温度调节器上。发明人发现，在这种开关上增加一个小元件，可以提高其对于温度变化的敏感性。

为了研究解释性权利要求与退守性权利要求的不同作用，我们首先考虑退守性权利要求如何在本发明中发挥作用。

图10-2（a）假设了一种现有技术，教导了发明人原以为其首先想出的内容——随着温度变化而弯曲的双片开关，其上连接有小元件。在这种情况下，不可能撰写一个与权利要求10.1一样宽的权利要求。我们不得不基于由退守性权利要求定义的退守位置来判定可专利性。权利要求10.2正是这样的权利要求，在权利要求10.1的主题上增加特征"机械部件"（假定具有创造性）。

  10.2 如权利要求10.1所述的装置，进一步包括与该元件连接的机械部件。

相比之下，图10-2（b）假设了一种确定与发明无关的现有技术，但权利要求10.1也被其公开。词典中将"双金属"解释为"包含两种金属"。因此，任何由两种金属制成的开关都是"双金属开关"，含义很广。图10-2（b）展示了一种连接有元件的墙壁开关，由铜和铝制成。该现有技术也公开了权利要求10.1。

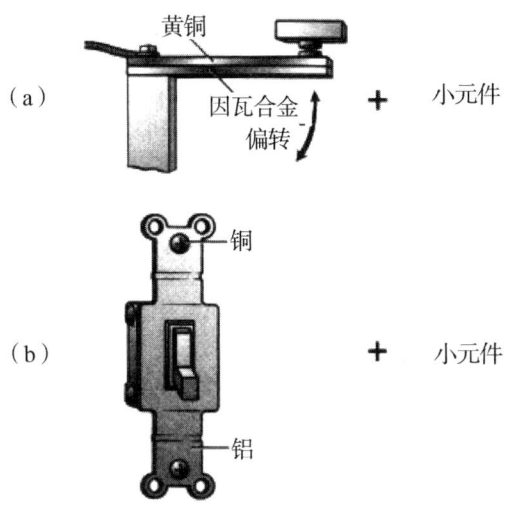

图 10-2　两种现有技术，每一种都披露了具有小元件的"双金属开关"

然而，与第一种情况不同，墙壁开关的现有技术并没有公开发明构思。实际上，发明人从未试图将其权利要求包括墙壁开关，墙壁开关并不存在发明人试图要解决的技术问题，当然也就没有解决该问题。

在这种情况下，建立可专利性的位置并不需要回退到更受限的知识产权范围，例如由权利要求 10.2 中的"机械部件"所限定的主题。只要使术语"双金属开关"能够稳定地表达其一贯的含义，权利要求 10.1 的边界就是正好合适的。并不需要从意图的权利要求边界回退，只需要解释清楚即可。

权利要求 10.3 是应对这种情况的解释性权利要求，将"双金属开关"的含义解释为发明人一直所预期的，由此排除墙壁开关的现有技术。

> 10.3　如权利要求 10.1 所述的装置，其中双金属开关包括至少一对基本重叠的金属片，它们具有不同的膨胀系数。

权利要求 10.3 不是退守性权利要求，因为其并没有从父权利要求 10.1 所预期的边界回退。它只是简单地使一直以来所预期的边界更为清晰。

父权利要求可能不清楚

现在，我们来考虑解释性权利要求的第二个功能——预防父权利要求不清楚，不符合第 112 条（b）关于权利要求应"清晰"限定发明的要求。如果公众不能合理地确定权利要求主题的边界❶，该权利要求就是不清楚的。专利权利要求所谓的公示作用，指潜在的侵权者应该能够确定他们的实际产品或预期产品是否被该权利要求所覆盖❷。清楚性不仅仅是形式要求，不清楚的权利要求是无效的❸。

以下描述中斜体字是可能会不清楚的术语的例子：高分辨率滤波器、智能处理器、*剧烈搅拌*、*快速* 和*就绪* 通道、*可接受的* 柔韧性水平。究竟，多少算是*高分辨率*？什么时候处理器是*智能*的？什么程度算是*剧烈搅拌*？什么水平的柔韧性是*可接受的*？

类似的描述对权利要求撰写者而言，貌似完全没问题。他知道自己想说什么，或者至少他认为他知道想说什么。但是审查员（之后的竞争对手）会认为这样的术语是不清楚的。

权利要求10.4示例了一个可能会不清楚的权利要求，其提到了算法的"复杂性"：

> 10.4 如权利要求1所述的发明，其中第一算法的复杂性远低于第二算法的复杂性。

我们怎样评估算法的复杂性？是计算步骤或者分支的数量吗？是基础数学运算的复杂水平吗？是执行算法需要的时间吗？什么样的复杂性水平满足权利要求中"远低于"的要求？说明书中缺少明确的解释，比如下述解释：

说明书和权利要求中所指的算法的复杂性，通过执行算法所需的时间来评估。

上述的问题无法回答而导致权利要求不清楚。

另一个可能导致不清楚的术语的例子是关于椅子的权利要求6.1中的"细长的"，在此用权利要求10.5将其再现。

> 10.5 一种装置，包括：
>
> 椅面，
>
> 椅面支撑件，在椅面的下层表面将其向上支撑，
>
> 椅面支撑件包括一个或多个细长支撑件。

长宽比的最小值达到多少才能使椅子腿是细长的？随着椅子腿越来越短，

---

❶ 例如，参见 *Power - One, Inc. v. Artesyn Technologies, Inc.*, 599 F. 3d 1343, 94 USPQ2d 1241（Fed. Cir. 2010）; *In re Borkowski*, 422 F. 2d 904, 164 USPQ 642（CCPA 1970）。

❷ 例如，参见 *Praxair, Inc. v. Atmi, Inc.*, 543 F. 3d 1306, 88 USPQ2d 1705（Fed. Cir. 2008）。

❸ 例如，参见 *Honeywell Int'l, Inc. v. Int'l Trade Comm'n*, 341 F. 3d 1332, 68 USPQ2d 1023（Fed. Cir. 2003）。

就会越来越不确定其是否是"细长的",参见图 10-3。

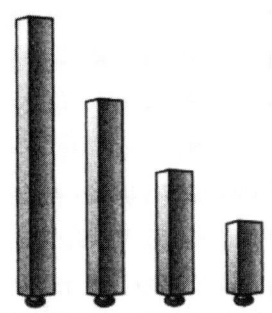

图 10-3　椅子腿什么时候是"细长的"?

权利要求 10.6 是清楚的,其解决了权利要求 10.5 中潜在的不清楚问题。其将"细长的"解释为至少具有 3∶1 的长宽比。

　　10.6　如权利要求 10.5 的装置,其中每个支撑件具有至少 3∶1 的长宽比。

当然,在说明书中也应该对"细长的"进行解释,至少说明优选的最小长宽比。

是否能准确分辨到底是术语不清楚("细长的"),还是术语导致权利要求被与发明无关的现有技术公开("双金属"),其实无关紧要。我们只需要注意权利要求中的每个词或者短语,思考是否存在任一种不清楚情形即可。需要思考两个问题是:

1. 某个术语所包含的范围有可能大于我们的预期吗?

2. 会不会有人争论该术语是不清楚的,以致公众无法确定权利要求主题的边界?

如果这两个问题的答案都是肯定的,我们就需要认真考虑去撰写一个清楚的权利要求,以支持所涉及的术语。

问 与 答

既然解释性权利要求说明了我们一直以来的意图,为什么不在一开始就将这种解释写入父权利要求中,而不必麻烦于单独撰写解释性权利要求?

总是存在这样的风险,解释说明可能比我们认为的更具限定性,由此不得不放弃一些我们并不想放弃的保护范围。图 10-2(b)所示的墙壁开关现有技术实际上可能并不存在,这样的话,独立权利要求 10.1 就具有可专利性。

在独立权利要求 10.1 中保留宽泛术语"双金属开关",并在解释性权利要求 10.3 中对其进行解释,建立一个备份位置,就能够应对这两种意外情况。

实际上,每个单词或者术语都有被意外解释的可能。用解释性权利要求对每个术语提供支持是否是不现实的?

是的,确实是不现实的。关键在于,要靠直觉和经验识别出比其他术语更需要支持的术语。尤其要关注对专利性最关键的术语。权利要求 10.1 和 10.5 的专利性相应取决于术语"双金属"和"细长的",必然需要解释性权利要求对这些术语进行明确解释。

与其在首次提交申请时就包括解释性权利要求,为什么不等等看审查员会发现怎样的现有技术,必要的话,对在审权利要求进行修改,以在审查过程中对术语进行明确?

如果没有在提交的说明书中隐含修改所依据的解释性内容,那么就不能在审查过程中对权利要求进行修改。一开始就已注意到,我们可能会在申请提交后的某天需要依赖解释性权利要求才能够确保合适的解释在一开始就包含在说明书中。

而且,这些问题可能不会出现在审查过程中,而是出现在审查结束后,在许可谈判或诉讼过程中,但此时修改权利要求为时已晚。

本章和上一章清楚地阐明了从属权利要求的重要作用,特别是退守性权利要求和解释性权利要求。但到目前为止,我们都是对这些权利要求单独进行讨论。我们必须以某种方式将它们组成权利要求族,其中每个从属权利要求引用该族中的独立权利要求或另一从属权利要求。组合排列有太多种情形以至于不可能将所有情形都写入权利要求书中。我们接下来将要讨论组合权利要求的原则性方法。

本 章 回 顾

强化理解

1. 退守性权利要求和解释性权利要求的区别是什么?
2. 解释性权利要求的两个主要作用是什么?
3. 术语"与发明相关的"现有技术和"与发明无关的"现有技术的含义分别是什么?

第 10 章 解释性权利要求

4. 美国专利法中的哪条规定促使我们在整个权利要求书中写入解释性权利要求？

5. 在决定是否在整个权利要求书中写入解释性权利要求时两个主要的考虑因素是什么？

深入思考

6. 思考一下本章中温控器的例子。根据《美国联邦法规》第 37 编第 1.56 款（37 CFR 1.56）中关于专利申请人的诚信义务，如果在提交申请时我们已经知道了墙壁开关的现有技术，是否需要引用该现有技术？

7. 我们应该根据说明书来解释权利要求：参考 Phillips v. AWH Corp., 415 F. 3d 1303, 75 USPQ2d 1321（Fed. Cir. 2005）（en banc）；Bancorp Servs., L. L. C. v. Hartford Life Ins. Co., 359 F. 3d 1367, 69 USPQ2d 1996（Fed. Cir. 2004）。那么，为什么我们要关注以下问题：（a）以无关方式解释权利要求的术语使其包括与说明书中描述的用途无关的含义（例如："双金属"开关）；或者（b）即使能根据说明书推测其含义，权利要求的术语仍被认为是不清楚的。

提升技能

8. 解释一下为什么下列权利要求节选内容中下划线部分的术语首先会被解释性权利要求所支持？

权利要求节选	公开的实施例
确定是否所述参数大于预定的<u>工业标准值</u>	根据 MPEG-4 音频/视频压缩标准来确定参数值
从所述列表中删除<u>成本最高</u>的数据线	所涉及的数据线很容易出故障，需要对其进行长期监控和维护，由此会产生很高的成本
对符合<u>预定</u>模式的数据进行处理	预定模式是 00ⅠⅠ00ⅠⅠ00ⅠⅠ……
所述黏合剂<u>优于</u>橡胶胶合剂	与橡胶胶合剂相比，经过同样时间后，权利要求所主张的黏合剂不会损失其黏着能力
能够在铁路轨道上<u>移动</u>的车	在机动车上装置适合铁轨的轮子，使其能够在铁路轨道上行驶
<u>美观</u>的用户界面	在用户界面上使用焦点人群喜欢的调色板
<u>交错</u>所述字节的比特位	字节1：00000000 字节2：ⅠⅠⅠⅠⅠⅠⅠⅠ 交错的比特位：0Ⅰ0Ⅰ0Ⅰ0Ⅰ0Ⅰ0Ⅰ0Ⅰ0Ⅰ
所述建筑物包括<u>砖或类似材料</u>	说明书中披露该建筑物可以采用砖和空心砖
被<u>翻译</u>的软件	将所讨论的软件从计算机语言 Java 转化为计算机语言 C++

第 *11* 章
从属权利要求布局

无论是独立还是从属的形式，权利要求可以描述任意数量的特征，每个都可用于形成退守性权利要求❶。权利要求也可以包括任意数量的术语，每个都可被解释性权利要求所支持❷。

怎样布局这些权利要求？可将它们设置为引用同一父权利要求的并列从属权利要求，或者将它们串联为一个序列，每个权利要求从属于上一个，也可以对它们进行混编组合。然而，我们通常会限制覆盖上述所有可能性的权利要求的数量，因此，必须进行选择。本章将阐述进行选择的指导原则，通过这种方式，能够成功地实现发明的计划性退守。

链 式 窘 境

图 11-1（A）示意了一个包括权利要求 1~4 的权利要求族。独立权利要求 1 要求保护宽范围的发明；从属权利要求 2 描述了术语 X；权利要求 3 和 4 分别描述了退守特征 A 和 B。❸ 这种情形被称为链式权利要求，因为权利要求之间依次连接。权利要求 4 从属于权利要求 3，权利要求 3 从属于权利要求 2，权利要求 2 从属于权利要求 1。

图 11-1（B）示意了一个权利要求族，其中，同样的从属权利要求设置为非链式排列的并列权利要求。权利要求 5、6、7 分别与权利要求 2、3、4 相同，但是权利要求 5、6、7 都从属于权利要求 1，而不是依次从属。

---

❶ 参见第 6 章。
❷ 参见第 10 章。
❸ 某个特定的权利要求可以描述不止一个退守特征或术语定义。为了简化，此处的讨论假定不是这种情况。

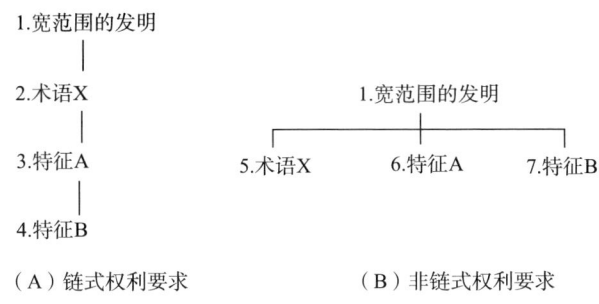

```
1.宽范围的发明
    |
2.术语X                              1.宽范围的发明
    |                          ┌─────────┼─────────┐
3.特征A                      5.术语X   6.特征A    7.特征B
    |
4.特征B

（A）链式权利要求              （B）非链式权利要求
```

图 11-1　链式或非链式的从属权利要求

采用图 11-1（B）所示的非链式方式，会使竞争对手的产品对权利要求族中的至少一个有效权利要求构成侵权的可能性最大化。如果权利要求 1 是无效的，只要竞争对手的产品同时包括权利要求 1 的限定特征和附加技术特征 X、A 和 B 中的任意一个，就会构成侵权。例如，只要竞争对手的产品同时包括权利要求 1 的限定特征和退守特征 A，就会对权利要求 6 构成侵权。如果产品同时还包括限定特征 X 或 B，那么，就会对更多的权利要求构成侵权。

相反，采用图 11-1（A）所示的链式方式，不会使竞争对手的产品对权利要求族中的至少一个有效权利要求构成侵权的可能性最大化。如果竞争对手的产品没有包括术语 X，即使其包括了特征 A 或 B，也不会对任何从属权利要求构成侵权，因为权利要求 2、3 和 4 都包括了术语 X。在这种情况下，如果权利要求 1 是无效的，该权利要求族中就没有权利要求同时是有效的和被侵权的。

然而，链式方式还是有优点的。对于无法预见的现有技术和不确定性，它可以提供更为稳定的保护。例如，权利要求 4 不仅包括其自己的限定特征，还包括权利要求 1~3 的限定特征。相反，在图 11-1（B）所示的非链式方式中，没有哪个从属权利要求的可专利性有可能受益于其他权利要求。

如果退守特征和术语的数量很少，我们可以合理设置较少的权利要求来覆盖所有的情形。在这种情况下，就不再存在"链式还是非链式"（又称为宽或深）的问题。例如图 11-2 所示的情况，仅需要 7 个从属权利要求就可以覆盖所有在权利要求 1 基础上组合 X、A 和 B 中任一个或多个限定的情形。

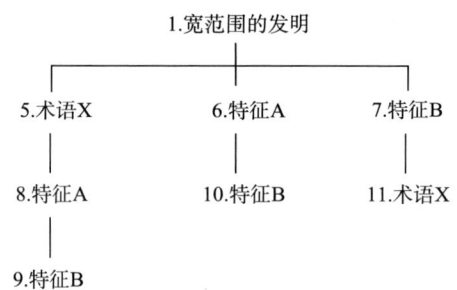

图 11-2　覆盖独立权利要求和三个限定语的所有可能组合的 7 个从属权利要求

然而，对每个增加的权利要求而言，可能的组合数量会翻倍。为了包括属于同一个权利要求族的 4 个、5 个或 6 个退守性权利要求和/或解释性权利要求的所有组合，分别需要 15、31 和 63 个从属权利要求。因为有些限定语只有在与其他限定内容联系起来的时候才有意义，所以实际需要的权利要求的数量可能会少于这些数值。此外，通常期望整个权利要求书中包括多个权利要求族，以实现（a）以不止一种方式来限定宽范围的发明；（b）在不同的场合中表述发明；（c）使用不同的法定权利要求类型❶。因此，权利要求的数量可能会非常多。因为超过一定数量后，专利商标局会对超出的每个权利要求收费，申请费用就会快速增加。

如果发明非常重要，那么费用就是合理的。然而，在通常情形下，我们需要谨慎地进行选择，使得权利要求的费用保持在合理水平。权利要求的数量应该首先基于计划性退守的目标进行选择。如果有必要回退到范围更窄的权利要求，要在为保留的内容建立防御位置的同时，尽可能少地放弃知识产权价值。如果一项权利要求不能推进计划性退守的目标或其他目的，例如，描述术语定义或作为最大化许可费基数的权利要求，那它就可能是不必要的。

计划性退守原则具有两个固有的相互矛盾的考虑因素：任何增加到权利要求中的词语都可能会缩小权利要求的范围，并产生侵权漏洞。但是，如果发现较宽的权利要求已记载于现有技术中，为了建立可授权的位置，就需要对保护范围进行缩小。

根据随后将讨论的指导原则，可以有效地平衡这两个相互矛盾的考虑因素。

- 单独为（独立或从属形式的）父权利要求提供专利性的权利要求之间应该是非链式的。

---

❶ 参见第 15 章。

- 协同为父权利要求提供专利性的权利要求之间应该是链式的。
- 不能协同为父权利要求提供专利性的权利要求之间不应采取链式方式。
- 应该完全避免不起任何作用的权利要求。
- 应该基于为计划性退守做出的贡献，在权利要求族中分层设置权利要求。

单独提供专利性的权利要求应采取非链式方式

每一个重要的退守特征都应该在从属权利要求中进行描述，该从属权利要求直接从属于其所支持的父权利要求。

在图 11-3 所示的例子中，父权利要求 1（本例中是独立权利要求）涉及一种新的、非显而易见的打印墨水配方。其具有两个退守特征——促使墨水速干的添加剂和独特的蓝色着色剂（颜料）。结合权利要求 1 描述的打印墨水的基础配方，所述添加剂和着色剂均具有创造性。因此，如果发现宽范围的墨水配方记载于现有技术中，上述每一个特征都能提供有效的退守位置。在此，适于采用非链式方式，因为潜在的侵权者可能会使用速干添加剂而不使用着色剂，或者相反。因此，如图 11-3 所示，分别涉及这些特征的权利要求 2 和 3 直接从属于父权利要求 1。权利要求 2 和 3 都是退守性防御位置。因此，我们并不想将这些特征链接起来，例如，使得权利要求 3 从属于权利要求 2。这样做的话，会不必要地损失潜在的有价值的知识产权。

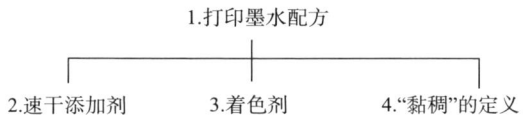

图 11-3 对单独增强宽范围发明专利性的特征进行描述的权利要求，每一个都应直接从属于独立权利要求，应该在每一个权利要求中定义这些术语

对解释性权利要求 4 进行相同的思考。例如，权利要求 1 中可能将打印墨水描述为"黏稠的"，该术语可能是不清楚的。打印墨水行业对处于两个极端的打印墨水进行区分，分别是具有相当的抗流动性和相对差的抗流动性，后者可能是"黏稠的"。但我们如何判断处于这两个极端黏度之间的任意墨水是否是"黏稠的"？解释性权利要求 4 将"黏稠的"限定在一个特定的黏度范围内，例如，"在 300~400 厘泊之间"，由此为术语"黏稠的"设定了一个边界。通过直接从属于权利要求 1，解释性权利要求 4 保护了权利要求 1 宽范围的主题，使其免于因为不清楚而可能导致的无效。

当然，解释"黏稠"的权利要求也可以链接于权利要求 2 和/或 3，以为这些权利要求提供同样的保护，使它们免于可能由父权利要求 1 中的术语"黏稠"带来的不清楚。下面，我们来讨论混编组合的好处。

协同提供专利性的权利要求应采取链式方式

如果不同的权利要求的特征之间，以及和父权利要求的主题组合后是非显而易见的，那么这些权利要求应当采用链式方式。如果这些权利要求看起来独立具备新颖性和非显而易见性，也可以采取非链式方式。

图 11-4 示出了这种情形，其中的权利要求族涉及图 11-5 所示的机翼。机翼的发明人发现，在她的原型中使用的特定的副翼和着陆襟翼结构对机翼的飞行特性产生了预料不到的影响，即使单独的副翼和着陆襟翼结构都是已知的，将副翼和着陆襟翼结构与宽范围的机翼形状结合起来❶，仍然为非显而易见性提供了依据。该权利要求族中的权利要求 3 组合了所有三个特征。

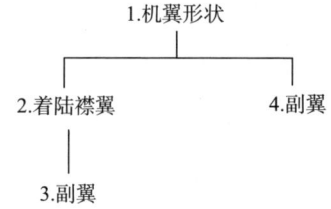

图 11-4　对协同提供专利性的特征进行描述的权利要求应采取链式方式

发明人也相信，副翼和着陆襟翼结构可以单独增强基础的机翼形状的可专利性。因此，分别在退守性权利要求 2 和 4 中阐述这些特征。权利要求 2 和 4 分别直接从属于独立权利要求 1。

尽管权利要求 3 和 4 都涉及副翼，但它们都在发明的计划性退守中发挥了作用。与副翼权利要求 3 相比，副翼权利要求 4 放弃的知识产权价值更少。但是，权利要求 3 建立了一个可能更安全的退守位置。因为将副翼和着陆襟翼与宽范围的机翼形状结合起来后，我们就有了关于非显而易见性的依据。

---

❶　*Graham v. John Deere Co.*，383 U. S. 1148 USPQ 459（1966）（在判断显而易见性时，预料不到的技术效果是一个考虑因素）。

不能协同提供专利性的权利要求不应采取链式方式

当具体特征的组合不能产生预料不到的效果或其他非显而易见性时，从可专利性的立场出发，将它们链接起来不会有更多收获。我们应该将每个特征分别与父权利要求组合起来形成权利要求。如果无论采取怎样的着陆襟翼，副翼都会对图11-5中所示机翼的性能产生相同的影响，那么从计划性退守的角度考虑，权利要求3就是不必要的。

具体来说，如果机翼形状与副翼的组合不是已知的或显而易见的，我们总是可以回退到副翼权利要求4。鉴于权利要求3还需要机翼具有着陆襟翼，因此权利要求4是一个更好的退守位置，导致权利要求3是多余的。另一方面，如果机翼形状与副翼的组合是已知的或显而易见的，权利要求3也是多余的。因为在上述假定情况下，增加副翼也不会为权利要求2中描述的机翼和着陆襟翼的组合带来可专利性。

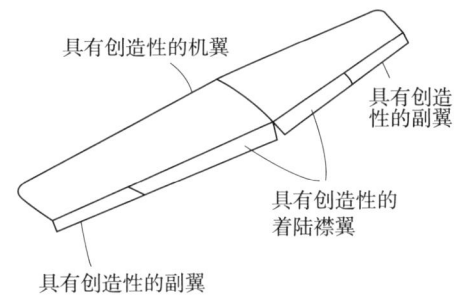

图11-5 具有创造性形状的机翼有两个退守特征：具有创造性的副翼和具有创造性的着陆襟翼

彻底避免不起任何作用的权利要求

如果一个权利要求在权利要求族中不起任何作用，就不应该写入专利申请中。这句话看起来是不言而喻的，但还是要说。在实践工作中，专利申请通常会包括一些不起任何作用的权利要求。

例如，涉及瓶盖的权利要求11.1和11.2。

11.1 一种瓶盖，包括：

（a）……

(b) ……，和

(c) ……

其中，盖的侧面具有一排平行的肋，肋与盖的中轴线平行。

11.2 如权利要求 11.1 所述的盖，其中具有 122 条肋。

从属权利要求 11.2 中将瓶盖限定为具有准确的 122 条肋，这并不能作为回退的防御位置。现有技术中已经有了这种具有肋的瓶盖，肋的具体数量只是设计中的一个选择。因此，假定精确地具有 122 条肋并不能带来"预料不到的技术效果"，任意数量的肋都是显而易见的，包括 122 条肋。如果基于现有技术，权利要求 11.1 不能被授予专利权或者是无效的，权利要求 11.2 会随之一起失效。此外，这样的权利要求将请求保护的主题限定到这么小的范围，实际上是没有什么价值的。其他人很容易制造一个具有其他数量肋的瓶盖。可见，权利要求 11.2 并没有实现任何计划性退守的目标，它放弃了太多，并不是一个可以在任何情况下回退的防御位置。

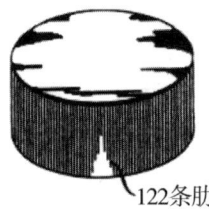
122条肋

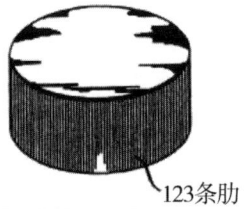
123条肋

图 11-6 将瓶盖限定为具有特定数量的肋的从属权利要求，不能带来预料不到的技术效果，不起任何作用，可以轻易地制造出来

类似地，一个将墨水限定为黑色的从属权利要求不会增强圆珠笔发明的可专利性。显然，任何圆珠笔的墨水都可以是黑色的。因此，这样的权利要求，不是一个退守性防御位置，如果父权利要求倒掉，涉及黑色墨水的从属权利要求也会倒掉。

实际上，如果有其他权利要求确实具有一些作用，但这些权利要求没有放在权利要求书的其他位置，而是从属于"墨水是黑色的"这个权利要求，那么这些权利要求将受到"墨水是黑色的"限定的拖累，这种情况下，"墨水是黑色的"这个权利要求彻头彻尾是有害的。参见图 11-7 中的权利要求族。如果现有技术使得我们必须从权利要求 1 所限定的基本墨水配方回退，我们必须先回退到"墨水是黑色的"从属权利要求 2，再依序回退到涉及创造性的速干添加剂的权利要求 3。权利要求 3 明确地界定了回退的防御位置，但该位置被毫无理由地限定为墨水是黑色的。

1.基本墨水配方
|
2.墨水是黑色的
|
3.具有创造性的速干添加剂

图 11-7　毫无理由地将权利要求 3 限定为黑色墨水

俗话说,"狗咬人不是新闻"。也就是说,对于常见的、预料之中的事情,没有什么是新的。类似地,以下情形就没有什么是"新的":

……所述墨水是黑色的;

……所述计算机是便携式电脑;

……所述付款方式是借记卡;

……所述窗户具有固定的窗框。

这种形式的权利要求几乎都是多余的。

基于为计划性退守做出的贡献,在权利要求族中分层设置权利要求

前面提到的计划性退守的指导原则有助于我们决定是否在权利要求之间采取链式方式。然而,我们还需要确定在权利要求族中的什么位置,分层设置确定的权利要求及其子链权利要求。

再次重申,计划性退守的原则是我们的指导原则。

如果一个权利要求的主题(a)有可能出现在其他权利要求的实施例中,以及(b)有可能基于现有技术和/或清楚的考虑增加可专利性,就应将其写在权利要求族中相对靠前的位置。权利要求增加可专利性的可能性越大,位置应该越靠前。相反,当一个权利要求符合下面的一个或两个标准时,它应该出现在权利要求族中相对靠后的位置。

以下是分点列出的指导原则:

1. 基于以下情形,将权利要求设置在权利要求族中相对靠前的位置:

- 该权利要求的主题被认为有可能应用于实际的商业实施例;
- 该权利要求的主题被认为有可能提供可专利性;
- 该权利要求中的某个术语看起来是容易被抨击的,是不清楚的;和/或
- 该权利要求中的某个术语看起来有可能将随后出现的与发明无关的现有技术排除在外。

2. 如果不符合上述情形，就将权利要求设置在权利要求族中相对靠后的位置。

在实施这种方法的过程中，一个很有用的方式是，在权利要求族布局过程中的每个点停下来问问自己：接下来要说的最重要的事情是什么？有可能是某个具体的退守特征，也有可能是某个具体的术语定义。无论接下来要说的最重要的事情是什么，它就是接下来要增加到权利要求族中的下一个权利要求。

在应对退守性权利要求的过程中，在计划性退守原则指导下的混编方法❶已经回答了上述接下来要说的最重要的事情是什么这个问题。接下来，我们主要围绕解释性权利要求进行讨论。

例如，针对第 6 章提出的"细长的支撑件"或"椅子"发明，图 11-8 示出了计划性退守的权利要求的结构示意图（增加了解释性权利要求，随后将会讨论）。在第 6 章中，我们仅仅关注了退守特征。还需要进一步考虑词语"细长的"潜在的不清楚的含义，由此可能导致独立权利要求 1 是无效的。

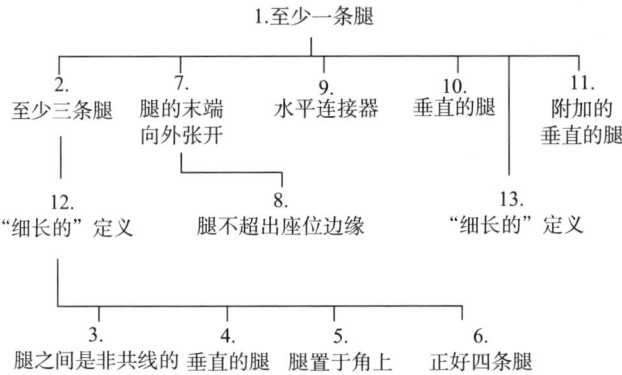

图 11-8　需要采取混编方式来覆盖限定语的各种重要组合

图 11-8 所示的权利要求族包括了两个解释性权利要求，实际上，是将同一个解释性权利要求设置在了权利要求族中的不同位置上。所述解释性权利要求即权利要求 12 和 13，对词语"细长"的含义进行了解释，如：

如权利要求 1 所述的装置，其中每个细长的支撑件的长宽比至少是 3∶1。

由于解释性内容有可能以不期望的方式对权利要求进行限定，所以，我们决定不在权利要求 1 中直接对"细长的"进行解释。但是，我们并不想由于不清楚或者存在与发明无关的现有技术——其中支撑部件看起来是"细长

---

❶ 参见第 6 章。

的",即便长度只比宽度长一点点,而失去宽范围的发明。因此,对"细长的"进行解释,就和设定具体的退守位置一样重要,尽管由于限定了 3∶1 的比例,我们的保护范围可能会有所减少。如图 11-8 所示,我们在权利要求 13 中对"细长的"进行解释,该权利要求直接从属于独立权利要求 1。

还有什么重要的位置需要对"细长的"进行解释?

权利要求 2 中要求至少具有三个细长的支撑部件,或许已经覆盖了椅子发明人所认为的商业市场中的大部分情形。我们有点担心,图 6-5 中所示的具有加长支撑部件的简陋的座椅装置,会增加作为一种现有技术的情形,由此,会导致权利要求 1 和 13 是无效的,而将权利要求 2 作为保护范围最大的可授权权利要求留下来。因为权利要求 2 保留了权利要求 1 中"细长的"所导致的潜在的不清楚问题,我们期望也采用解释性权利要求对其给予支持,即权利要求 12。

除此之外,不太确定还需要在什么地方对"细长的"进行解释。权利要求 7~11 也保留了权利要求 1 潜在的不清楚。是否也应采用解释性权利要求对其给予支持?或者从属于权利要求 13?因为从属于解释性权利要求 12,权利要求 3~6 不存在不清楚的问题。但还有这种可能性,就是权利要求 12 中的解释产生了我们不期望的限定效果,由此可能导致不恰当地缩小权利要求 3~6 的保护范围。那么,是否需要其他混编的退守性权利要求和解释性权利要求?

每种情形都是自成一体的。使每个退守位置以设置和不设置相随解释的两种情况出现是不切实际的。回想一下图 11-8,发明人可能认为,任何商业销售的三条或更多条腿的座椅装置有可能具有权利要求 3~6 中的至少一个特征。在这种情形下,我们不必过于担心权利要求 2 对自身的保护。我们可以删除权利要求 12,并在每个从属于权利要求 3~6 的解释性权利要求中对"细长的"进行解释。那么,当"细长的"被认为不清楚的时候,由于已经删除了权利要求 12,该解释的潜在限定就不会以不期望的方式对权利要求 3~6 产生不良影响,由此对权利要求 3~6 中的特征给予支持。

最后,总的来说,这就是一种直觉上的判断。判断基础是我们对出现新的与发明相关的和/或无关的现有技术的可能性、特定术语不清楚的可能性、特定术语产生超出预期限定程度的可能性的评估。

将从属权利要求的布局应用于不同的权利要求族中,以控制权利要求的数量

上述指导原则有助于我们删除不必要的权利要求,由此减少权利要求的数

量。然而，如果将所有有价值的从属权利要求的布局写入每一个权利要求族中，我们得到的权利要求的数量仍然是不合理的。

我们期望通过将从属权利要求的不同布局写入不同的权利要求族中，进一步压缩权利要求的数量，尽管会产生以下风险。

例如，根据图11-1（B）所示的非链式结构，思考一下图11-2中附着于宽泛的独立权利要求1的三个权利要求链。对每个独立权利要求复制这些链，会使得申请中的权利要求达到不期望的巨大数量。图11-9示出了如何在三个不同的权利要求族之间分配这三个权利要求链，一个跟随于方法独立权利要求，两个跟随于产品独立权利要求。

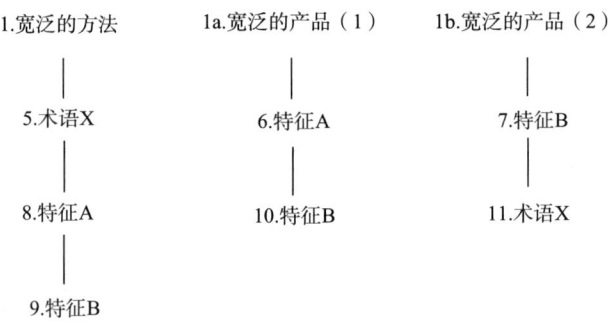

图11-9 将从属权利要求的不同组合分配在不同权利要求组中，以控制权利要求的数量

采取这种方式会有一定的风险。如果宽泛的发明与特征A的组合记载于现有技术中，就只有权利要求7、9、10和11能保持有效。在面对侵权者去努力维护方法权利要求的时候，我们不得不根据权利要求9进行妥协，权利要求9是唯一仅存的方法权利要求，包括解释性内容X和特征A。竞争对手的方法不包括这些限定语。产品权利要求7不受这些限定，但是在预期情形中，更容易对方法权利要求进行增强。

会有多种可能性使我们在图11-9中唯一的独立权利要求中包括限定语的所有可能组合。如果发明非常重要，专利权人更愿意支付超额的权利要求费用，而不是冒失去关键权利要求的风险。

马库什组——粗心的陷阱

有些从业者会采用马库什组来降低权利要求的数量。然而，这种行为是个粗心的陷阱。

马库什组是指权利要求中一组有可选项的列表。其最初应用于组合物发明中，因为无法采用通用术语来表达组合物中的一组替代成分❶。现在，马库什组可用于所有类型的发明，如下方的权利要求11.4所示，其将权利要求11.3中基于处理器的设备限定为"选自其中之一：（i）计算机；（ii）个人数字助手；（iii）蜂窝电话"。

  11.3 一种用于基于处理器的设备的方法，包括……

  11.4 如权利要求11.3所述的方法，其中，基于处理器的设备选自其中之一：（i）计算机；（ii）个人数字助手；（iii）蜂窝电话。

通过将三个选项合并到一个权利要求中，撰写者将可能需要写成三个的从属权利要求合并为一个。

权利要求11.4可能是想在其父权利要求11.3的主题被现有技术无效的时候提供一个退守位置。然而，如果已知（或显而易见的）只要能在其中一个设备上，例如计算机上实施权利要求11.3所示的方法，权利要求11.4就是无效的，因为其记载了计算机是"选择之一"的情形。即使在个人数字助手或者蜂窝电话上实施该方法不是已知的或显而易见的，权利要求11.4也是无效的。可见，马库什组中的"计算机"像后退的车辆一样毁掉了权利要求11.4。列表越长，情况越糟糕，因为越有可能导致权利要求记载于某些现有技术中。

更好的方式是，确定能够提供有效退守位置的可选项，为每个可选项撰写单独的从属权利要求。

从属权利要求中马库什组可能会产生有效作用，即在解释性权利要求中，要么防止其不清楚，要么防止其由于与发明无关的现有技术而不能被授予专利权。当出于这些原因将马库什组写入从属权利要求中时，我们并不关心该权利要求是否能够增强其父权利要求的可专利性，因为它有其他不同的目的。

例如，权利要求11.5和11.6。父权利要求11.5要求在分组网络（例如，因特网）中具有"网络边缘设备"。本领域公知该设备包括路由器、网桥或其他网络开关，它们设置于信号进入分组网络的位置上。由此使用该术语"网络边缘设备"。权利要求11.6包括了一个马库什组，将网络边缘设备明确限定为路由器或者网桥。

  11.5 一种分组网络，包括：

  （a）网络边缘设备；

  （b）……

---

❶ 例如，参见《专利审查程序手册》[Manual of Patent Examining Procedure, §2173.05（h）(8th ed., rev. July 2010)]。

(c) ……

11.6 如权利要求11.5所述的分组网络，其中网络边缘设备是以下之一：（a）路由器，（b）网桥。

权利要求11.6不会使其父权利要求免于被与发明相关的现有技术无效。如果宽泛的发明构思是已知的，其必须在网络边缘使用路由器、网桥或其他显而易见的替代物。相对于这些与发明相关的现有技术，权利要求11.5和11.6将会一起成立或一起倒掉。

然而，权利要求11.6可以使其父权利要求免于被与发明无关的现有技术无效。权利要求11.5可能记载于这样的现有技术中："网络边缘设备"不是路由器、网桥或其他类似物，而是简单的螺钉接线端，输入的电信线连接在该接线端上。毕竟，从广义上理解，这样的接线端也是"网络边缘设备"。权利要求11.6使期望中的发明边界更加稳固，由此可以保证发明构思的覆盖范围，同时避开这种与发明无关的现有技术。

本 章 回 顾

强化理解

1. "链式"和"非链式"从属权利要求是什么意思？
2. 填写下表，写出链式和非链式从属权利要求的优缺点。

	优 点	缺 点
链式		
非链式		

3. 以下列出了本章阐述的规则，请对每一个规则的基本原理进行解释。

a. 单独为（独立或从属形式的）父权利要求提供可专利性的从属权利要求，彼此之间应该是非链式的。

b. 协同为父权利要求提供可专利性的从属权利要求之间应该是链式的。

c. 不能协同为父权利要求提供可专利性的从属权利要求之间不应采取链式方式。

d. 基于为计划性退守做出的贡献，在权利要求族中分层设置从属权利要求。

4. 列出四个有利因素，它们使得特定的从属权利要求被置于权利要求族相对靠前的位置。

5. 为了保持合适的权利要求数量，可以选择将从属权利要求的不同布局分配到不同的权利要求族中（从属权利要求跟随于各自的独立权利要求）。这样做有什么潜在的危险？

6. 马库什组权利要求的潜在危险是什么？

7. 怎样在解释性权利要求中有效使用马库什组？

深入思考

8. 在很多专利中，我们会发现同一套从属权利要求从属于多个独立权利要求。您认为这样做的优点和/或缺点是什么？

提升技能

9. 假设您的客户是第一个车载气囊的发明人。使用本章阐述的原则，为本发明撰写一个权利要求族，以第9章"提升技能"部分描述的独立权利要求为首，依据以下指导规则：

a. 根据第9章"提升技能"部分的描述，确定退守特征。

b. 在恰当的位置写入解释性权利要求。如果您不知道具体术语 X 的解释，写出解释性权利要求的框架即可，例如，"如权利要求1所述的设备，其中 X 是指……"

试着解释您为什么要在权利要求族的那些位置写入退守特征或解释说明，为什么您认为需要对这些特定的术语进行解释。

第 *12* 章
具有功能性语言的权利要求

特定类型的权利要求被称为"功能性的"权利要求。但其实际上是什么含义取决于向谁询问。贾尔斯·里奇法官曾经提出,"专利法中某些词语比'功能性的'这一词语具有更多的含义"❶。

这个话题的实践重要性在于,功能性语言可能在专利性上存在一定的法律问题。另一方面,虽然权利要求可能非常完美,审查员有时会因为其是"功能性的"而驳回该权利要求❷。

与其他章节相比,本章将进行更多的法律讨论和案例引用。判例法是随着时间的推移而逐渐积累起来的,读者能够理解并吸收该原则非常重要,从而指导撰写实践,并讨论具有功能性语言的权利要求的可专利性。本章的关键是,要知道什么样的权利要求具有"过度功能性"并需要修改。

"功能性语言"而不是"功能性权利要求"

讨论具有"功能性语言"的权利要求是必要的,但正如随后将要阐述的,最好避免使用"功能性权利要求"和"功能性声明"这两个术语。

首先,我们来讨论权利要求具有"功能性语言"或者"功能性描述"有什么含义。我们并不需要做一个严格的定义,我们最终会基于其实际所表达的内容来分析权利要求,而不是考虑某个特定的描述是否符合某个人关于功能性语言如何构建的想法。实际上,本章的目标是使读者能够根据基本原理,简单

---

❶ *In re Fuetterer*, 319 F. 2d 259, 266 n. 9, 138 USPQ 217 (Fed. Cir. 1963).

❷ 例如,参见 *K - 2 Corporation v. Salomon SA*, 191, F. 3d 1356, 1366 - 68, 52 USPQ2d 1001 (Fed. Cir 1999); *Wright Medical Technology, Inc. v. Osteonics Corp.*, 122 F. 6d 1440, 1443 - 44, 43 USPQ2d 1837, 1840 (Fed. Cir. 1997).

地判断一个具有"功能性语言"的权利要求是否能够获得授权。

一个关于功能性权利要求语言的概念是，任何不同于有形物体的纯物理属性的描述。因此，功能性语言尤其应包括关于功能、功能性或结果的陈述；行为；时间或空间上的关系；属性；性能和应用模式。以下权利要求中的斜体字是我们将在本章讨论的报导案例中具有争议的功能性语言：

12.1 ……*电磁在……的应用，用以在任意距离标记或打印清楚易懂的字符、符号或字母*[1]。

12.2 一种胶水，包括通过分解成为半流质的木薯碳水化合物，*具有与动物胶基本相同的属性*[2]。

12.3 一种用于确定井下障碍物位置的装置，具有一连串设置好的管路部件，通过扣环彼此连接起来，……

设备，*用以接收来自井下的压力脉冲*……和

设备，*用以调谐所述接收设备，使其适应来自管道扣环的回音频率*……[3]

在对装置的描述中，通常认为限定其结构要素"用来做什么"是功能性描述，而限定其结构要素"是什么"则不是功能性描述。从本质上说，装置加功能的描述就是功能性描述。甚至，描述结构特征的单个词语也可以是"功能性的"。"厚板"是一个结构性描述，但是"门"就是厚板的功能属性，该厚板具有控制出入口的功能。"过滤器""制动器""夹具""螺丝刀"和"锁"都是用功能性用语表达的结构要素[4]。方法步骤是典型的功能性描述，通常是关于作用或应用模式的陈述。我们通常不会认为方法步骤本质上就是功能性的。但因为结构要素的功能特征往往很像方法，因此这有助于理解它们固有的功能属性。

虽然我们将要讨论的是权利要求中的功能性语言，但最好还是避免使用"功能性权利要求"和"功能性声明"这两个术语，这是由于这些术语对不同的人有不同的含义。当我们说一个权利要求是功能性的，至少在本书的教学设定下，无疑将播下混淆的种子。

---

[1] *O'Reilly v. Morse*, 56 U. S. 62 (1854)。

[2] *Holland Furniture Co. v. Perkins Glue Co.*, 277 U. S. 245 (1928)。

[3] *Halliburton Oil Well Cementing Company v. Walker et al*, 329 U. S. 1, 71 USPQ 175 (1946)。

[4] 例如，参见 *In re Swinehart*, 439 F. 2d 210, 169 USPQ 226 (Fed. Cir. 1971); *Greenberg v. Ethicon Endo–Surgery, Inc.*, 91 F. 3d 1580, 39 USPQ2d 1783 (Fed. Cir. 1996)。

困难在于：很多指导案例❶使用了"功能性权利要求"这一术语的狭义解释，意味着（a）权利要求意图基于功能性语言将本发明与现有技术区别开，但是（b）该权利要求在法律上行不通。然而，很多从业者❷对"功能性权利要求"这一术语的理解更加广义，意指任何包括功能性语言的权利要求，当然包括装置加功能形式的描述。联邦巡回上诉法院也在狭义的理解上使用了"功能性权利要求"❸。

权利要求12.4和12.5描述了两种称为"功能性的"权利要求之间的巨大差别。两个权利要求都涉及第1章所讨论的劳德的圆珠笔，并且都使用了功能性语言的过渡短语"能够……"：

12.4 一种具有标记球的笔，该标记球能够在任意方向上转动，基本上如所述目的。

12.5 一种笔，能够在粗糙表面形成连续的线条。

在广义理解中，基于各自的功能性描述——"能够在任意方向上转动"和"能够在粗糙表面形成连续的线条"，这两个权利要求都是功能性权利要求。因为表明了所描述球体的功能，所以权利要求12.4中的用语"标记"也是功能性描述。

然而，在狭义理解中，"功能性的"等同于"不能被授予专利权的"，虽然权利要求12.4包括功能性语言，但并不是功能性权利要求。首先，就其本身而言，"标记球"将本发明与现有技术中的笔区别开来，现有技术中的笔都没有标记球。就好比劳德的另一个权利要求：

12.6 一种具有球形标记点的笔，基本上和描述的一样。

不考虑功能性语言"能够在任意方向上转动"，权利要求12.4也能被授予专利权。也就是说，由于权利要求12.4中的功能性语言"能够……转动"为所描述的用于笔的球提供了肯定的限定，其有助于进一步将所描述的结构与现有技术区别开。

相反，权利要求12.5并不在劳德的专利中，作者将其引入是为了便于讨论，即使从狭义上理解，它也是一个功能性权利要求，其中"功能性的"等同于"不能被授予专利权的"，这是因为权利要求12.5仅仅用一个避免现有

---

❶ 例如，参见 General Electric Co. v. Wabash Co., 304 U. S. 364, 37 USPQ 466 (1938)。

❷ 作者与他们进行了非正式的沟通。

❸ 例如，参见 Welker Bearing Co. v. PHD, Inc., 550 F. 3d 1090, 1096, 89 USPQ2d 1289 (Fed. Cir. 2008)。

技术中已知问题的笔表征了劳德的笔，现有技术中的笔存在的问题就是不能在粗糙表面上形成连续的线条。我们会看到，判例法认为这样的权利要求是不能被授予专利权的。

因此，为了使混淆的可能性最低，最好避免使用"功能性权利要求"和"功能性声明"这两个术语。我们将把具有功能性语言的权利要求称为"具有功能性语言的权利要求"。我们将用术语"过度功能性"来称呼像权利要求12.5这样的权利要求，其意图是用功能性语言将发明与现有技术区分开，但判例法认为这么做是没有用的。

当然，说到底，没有哪个特定的术语是对的或错的。只要我们明白，一个包含功能性语言的权利要求无论是否能够被授予专利权，对术语"功能性权利要求"的任何特定使用都是可以的，只要含义清楚，读者可以用他们喜欢的任何含义来使用这个术语。

"过度功能性"不仅用于产品权利要求。随后将会解释，方法权利要求12.1和组合物权利要求12.2都是过度功能性的。

但是，我们还没有解释，为什么在实际情况中，我们依据专利法所描述为"过度功能性的"权利要求是不能被授予专利权的。这一点随后将会详细讨论。简单来说，向一个发明人授予这样的专利权，会使她的专利权覆盖范围远大于她对现有技术做出的贡献。但是在此之前，我们先来讨论怎样确定一个"过度功能性"的权利要求。

涉及新颖性的功能性语言

就其本身而言，在权利要求中出现功能性描述并不会增加过度功能性的问题。只有需要依靠功能性语言来确定发明与现有技术有怎样的不同时，才会产生这样的问题。我们认为这种描述构成了"涉及新颖性的功能性语言"（此处，"新颖性"也包括非显而易见性）。

因此，我们需要研究"涉及新颖性的功能性语言"在什么时候会导致或不会导致权利要求的过度功能性。

什么时候权利要求是过度功能性的

判断权利要求是否是过度功能性的，进而不能被授予专利权的标准，与我们一直以来判断权利要求可专利性的标准是一致的，也就是要求保护的主题与已知内容之间的关系。但是，此处关注的焦点在于功能性语言是怎样与发明人所解决的问题相关联的。

指导原则如下：

> 如果涉及新颖性的功能性语言，声称解决了一个已知的或显而易见的问题，但是没有阐述任何关于怎样解决问题的内容，则认为这样的权利要求是过度功能性的。

或者，如同美国最高法院在通用电气诉沃巴什电器公司案中所述的："不能仅通过展现要解决现有技术中问题的意图，将对新颖性而言必不可少的特征与已有技术区分开。"❶

"已知的或显而易见的问题"可以有多种情形，例如，已知设备、方法、材料中的缺陷或局限性，或者缺少具体已知的或显而易见的期望品质、性能或特性。或者，可以是某个永远无法彻底解决的问题，例如，怎样更快、更便宜、更好。

不管已知的或显而易见的问题的本质是什么，正确的权利要求不能仅仅从效果上夸口说已经解决了已知的或显而易见的问题。权利要求必须描述问题是如何解决的。

但是关系到实现呢？很多报导案例声称，可以使权利要求无效的参考资料必须公开能够实现的内容❷。在现有技术的资料中描述了本领域的问题，并不代表我们必然能够解决该问题。所以怎么能用这样的现有技术来无效权利要求呢？

实际上，依据上述规则的案例包括了一些特殊情形——大多涉及显而易见问题的物质组分和特定类型权利要求❸❹。在其他案例中，陈述了更适用于现有技术参考资料可实现性要求的声称或暗示，这些陈述在这些案例中是有权威性的，因为我们发现这些参考资料是能够实现的❺。在任何情形下，这样的声明都无法影响随后将讨论的奥赖利诉莫尔斯❻案件的效果，这是美国最高法院的重大案例，其采用了一个无法解决问题的现有技术。

---

❶ General Electric Co. v. Wabash Co.。

❷ 例如，参见 In re Donohue, 766 F. 5d 531, 533, 226 USPQ 619, 621（Fed. Cir. 1985）; In re LeGrice, 301 F. 2d 929, 936, 133 USPQ 365, 371（1962）。

❸ 35 U. S. C. § §161 – 164。

❹ 例如，参见 Impax Laboratories, Inc. v. Aventis Pharmaceuticals Inc., 545 F. 3d 1312, 88 USPQ2d 1381（Fed. Cir, 2008）。

❺ 例如，参见 Symbol Technologies, Inc. v. Opticon, Inc, 935 F. 2d 1569, 19 USPQ2d 1241（Fed. Cir. 1991）; In re Collins, 462 F. 2d 538, 174 USPQ 333（CCPA 1972）; In re Kehl, 101 F. 2d 193, 40 USPQ 357（CCPA 1939）; In re Dowty, 118 F. 2d 363（CCPA 1941）。

❻ 参见 O'Reilly v. Morse。

第 12 章　具有功能性语言的权利要求

在分析具有功能性语言的权利要求时，我们可以依据另一个规则：就参考资料所给出的启示而言，参考资料可以作为现有技术❶。因此，如果现有技术中声称可以解决某一技术问题的内容是不能实现的，并不能否定该现有技术的可用性，因为现有技术给出了该问题是已知的启示。

上述指导原则也可以用其他更口语化的、基本等同的方式来描述。例如：

> 如果一个权利要求包括所有解决已知或显而易见问题的方式或者实现已知或显而易见结果的方式，那么无论现有技术是否知道如何实现，该权利要求都是过度功能性的。

> 现有技术中已知的构思属于现有技术，因此，不能要求保护已经公开的构思。

> 如果现有技术中已有说明，或者是人们天生知道的构思，即使没人知道怎么去实现，你也不能请求保护。

案例

美国最高法院1853年对奥赖利诉莫尔斯案作出的裁决❷经常被引用，其表明，现有技术对其所给出启示的任何内容都是适用的，无论是否能够实现。当时争议的权利要求是莫尔斯（Morse）1848年重新公告的电报专利❸中的权利要求8，即上文的权利要求12.1。当时存在这样的问题，即电报信号不能远距离传输，因为信号会随着距离衰减直到无法使用。莫尔斯是第一个解决这个问题的人。权利要求12.1试图覆盖"任意距离"问题的所有解决方式。对莫尔斯而言不幸的是，现有技术已经意识到了这种愿望。法院引用了一篇早于莫尔斯的文献：

> 在各地的科学家中间，大家都有这样一种信念，这个问题迟早都会被解决❹。

因此，权利要求12.1被无效了，但是莫尔斯涉及中继站技术的权利要求被授

---

❶ *Beckman Instruments, Inc. v. LKB Produkter AB*, 892 F.2d 1547, 1551, 13 USPQ2d 1301 (Fed. Cir. 1989); *In re Hollingsworth*, 210 F.2d 290 (CCPA 1954) ("无法与判定为无法实施的公开文献区分开的权利要求是不被允许的"); *In re Crecelius*, 86 F.2d 399 (CCPA 1936) ("至少，权利要求必须与参考资料区分开，即使这些参考资料是无法实施的"); *In re Perrine*, 111 F.2d 177 (CCPA 1940); *In re Crosby*, 157 F.2d 198, 71 USPQ 73 (CCPA 1946); *In re Guild*, 204 F.2d 700, 98 USPQ 68 (CCPA 1953).

❷ 参见 *O'Reilly v. Morse*。

❸ 美国专利1,647（再版#118），1848年6月13日。

❹ *O'Reilly v. Morse*, 56 U.S. at 107.

权了，这些权利要求说明了莫尔斯实际上是如何解决这个问题的。

最高法院在荷兰家具公司诉珀金斯胶水公司案❶中采用了类似的规则。有争议的权利要求就是权利要求12.2。使用"通过分解成为半流质的木薯碳水化合物"制造胶水是已知的，但没人知道怎样使得胶水具有动物胶所具有的优良属性，例如，更大的黏着力量。因此，权利要求中的描述"具有与动物胶基本相同的属性"是涉及新颖性的功能性语言，试图将请求保护的主题与现有技术区别开的功能性语言。尽管发明人珀金斯（Perkins）显然是第一个提出这种胶水的人，但发现权利要求12.2是不能被授予专利权的，这是因为期待这种胶水是已知的或显而易见的。海关和专利上诉法院（CCPA）在 In re Fullam❷ 案中采取的规则具有类似的影响。

最后，我们讨论通用电气诉沃巴什电器公司案❸，其中包括下面的权利要求12.7。斜体字表示的是涉及新颖性的功能性语言：

12.7 一种用于白炽灯或其他设备的灯丝，基本由钨组成，主要由多个相对较大的颗粒制成，*其尺寸和外形能够使其避免大幅的下降和偏移*……

沃巴什法院遵从由奥赖利诉莫尔斯和珀金斯胶水所建立的前例，认为在权利要求中，当申请人需要阐述他的发明与现有技术的区别时，仅仅阐述发明人解决了现有技术没有解决的技术问题是不够的。实际上，沃巴什的相关主张经常被引用：

功能性权利要求是有缺点的……当发明人煞费苦心地描述发现了什么，并在新颖性的精确点上使用便利的功能性语言的时候！！！❹

法庭对"便利的功能性"语言的说法，看起来是一种讽刺或者挖苦，法庭认为，发明人很贪心，想通过"顺手"来获取解决已知问题的所有方式，而不将自己限定于任何解决问题的实际细节中。

沃巴什所依据的法律规则是很健全的，但是作者不相信法院在这个案例上的理解是清楚无误的。可以说，法院并没有对权利要求中的功能性语言到底说了什么进行完整的、准确的思考。下文会详细讨论。

---

❶ 参见 *Holland Furniture Co. v. Perkins Glue Co*。
❷ *In re Fullam* 161 F. 2d 247，73 USPQ 399（CCPA 1947）。
❸ 参见 *General Electric Co. v. Wabash Co*。
❹ 参见 *General Electric Co. v. Wabash Co.*，304 U.S. at 371，37 USPQ at 469（1938）。

第12章 具有功能性语言的权利要求

什么时候权利要求是非过度功能性的

在某种意义上,并不是特别需要研究非过度功能性的权利要求的属性。简单来说,不符合过度功能性标准的权利要求,就是"非过度功能性的"。

然而,如果能够肯定地说明为什么某个特定的权利要求是非过度功能性的,那么在识别出这样的权利要求并与专利商标局争辩其可专利性的时候,将会对我们很有帮助。

哈里伯顿:具讽刺意味的完美案例

最高法院1948年在哈里伯顿诉沃克(*Hallibarton v. Walker*)案中,争议的权利要求中有将本发明与现有技术区别开的功能性语言,可以作为很好的例子。该权利要求就是权利要求12.3。

鉴于法院发现争议中的功能性语言并不能有效地将发明与现有技术区别开,这看起来是个很奇怪的判决。但是法院的判决与健全的专利法理原则相悖,以至于促使国会对专利法重新进行审议并颁布,将原来的35 U.S.C. 112 ¶ 3❶,修改为§112 ¶6,即现在的§112 (f)❷,由此,有效地消除了哈里伯顿案之前的影响。所以,哈里伯顿为后哈里伯顿时代提供了唯一的媒介,用以理解这种定义了可授权的发明、涉及新颖性要点的功能性语言。

哈里伯顿的发明涉及当时已知的技术,通过声波回波来测量油井的深度。由于在井下使用某种油管套环,导致现有技术设备的测量读数不精确。发明人沃克通过在现有技术的设备中增加调频功能来解决这个问题。根据沃克的发现,权利要求12.3描述了包括以下内容的组合:(a)现有技术的设备,和(b)用装置加功能的形式表达的提供调频作用的部件,即:

> 装置,对所述接收设备进行调谐,使其适应来自于管道扣环的回音频率……

最高法院发现,沃克的权利要求(用我们的说法)是过度功能性的,援引之前提到的沃巴什的语句"在新颖性的精确点上使用便利的功能性语言"。实际上,将沃巴什的基本理论应用于哈里伯顿的权利要求是很容易的。沃克的权利要求与沃巴什的权利要求情形很类似——将现有技术的一部分内容与涉及新颖性的功能性语言结合。

---

❶ 参见 *In re Donaldson Co., Inc.*, 16 F.3d 1189, 29 USPQ2d 1845 (Fed. Cir. 1994) 中对¶3的讨论;以及,*In re Fisher*, 314 F.2d 817, 137 USPQ 150 (CCPA 1963)。

❷ 从2012年9月16日起,§112被分割为(a)~(f),对应于之前讨论的¶1~6。

那么，为什么哈里伯顿的案例引起这样的波澜？甚至，为什么说它的判决是不健全的？

如果现有技术中已知需要有"用以调谐的设备"，但是不知道怎么去实现这样的设备，那么哈里伯顿一定会对沃巴什和法院采用的现有技术佩服得五体投地。现有技术中"已知或显而易见的"问题应该是怎样来实现这样的设备。沃克对现有技术的贡献应该是怎样将已知期望的"用以调谐的设备"真正变为现实。最高法院的判决应该坚持该权利要求是无效的，因为它没有描述任何与具体实现有关的内容。

同样地，对于提及"保证井深测量精度的设备"的权利要求，法院也应该判决它是无效的，因为现有技术的设备测量精度不高是已知的问题。

但以上都不是案例的实际情形。

现有技术中已知的问题并不是没人知道怎样构建调谐设备，而是没人知道需要这样的设备。现有技术唯一明确的事情是，油井的油管套环导致了深度测量不精确。所以，沃克的申请中涉及该问题的具体解决方案的功能性语言，将现有技术改进为包括调谐设备，并不会导致沃克的权利要求是过度功能性的。

哈里伯顿案之前的基本理论是，给予了发明人太多权限，允许将权利要求写得很宽泛，使其能够包括对某个已知问题的所有解决方式。但是，沃克的权利要求并不是这种情形。法院在哈里伯顿案上误入歧途，没有考虑已知问题的本质是什么；进而，没有考虑沃克的实际贡献是什么。

可能会有人认为，沃克的权利要求也包括了解决问题的所有方式，这个问题就是现有技术中没有调谐设备。然而，这并不是一个已知的或显而易见的问题。这确实是个"问题"，如果我们想这么说的话，但发明人沃克是第一个意识到这个问题存在的人。要求保护发明人意识到的问题的所有解决方式，并不同于要求保护人人都知道的问题的所有解决方式。

哈里伯顿案的判决结果显然是错误的。以至于，如前文所述，为了驳回哈里伯顿的要求而颁布了第 112 条（f）。哈里伯顿认为，不能在新颖性的点上采取装置加功能的描述，而不描述该装置是如何实现的。结果，法规规定，权利要求中的任何构成要素可以表达为执行特定功能的装置、步骤，"而不必描述支持其的结构、材料或行为"❶。

根据第 112 条（f），不能仅仅因为包括涉及新颖性点的功能性语言，就驳回或宣称权利要求无效。另外，颁布第 112 条（f）只是为了将法律恢复到先

---

❶ 35 U. S. C. 112（f）.

第12章 具有功能性语言的权利要求

于哈里伯顿案的状态❶。由此，如果涉及新颖性点的装置加功能描述只是说明已经解决了现有技术已知的或显而易见的问题，那么根据奥赖利诉莫尔斯案例及其结果，我们仍然认为这样的权利要求是不能被授予专利权的。为了使发明人涉及新颖性点的装置加功能的权利要求能够被授权，通过在权利要求中加入相应的装置将会对发明人有所帮助。

实际上，这正是联邦巡回上诉法院2011年在 *In re Glatt Air Techniques，Inc* 案裁决的情形❷。该发明涉及颗粒包覆装置的改进。该装置具有一个已知的问题：颗粒易于堆积。发明人认识到，可以通过将装置上的喷嘴屏蔽来解决这个问题。参见权利要求12.8：

> 12.8 在流化床涂布机上有一个产品容器，该产品容器包括……分隔部……限定一个内部的上床层……和向上排放的喷嘴……

改进之处包括：

> 临近喷嘴设置的屏蔽装置，用于屏蔽所述喷嘴产生的初始喷雾图案，使得穿过上床层向上移动的颗粒不能进入喷雾中。

这个权利要求在新颖性点上是功能性的，由于其吉普森式的格式（"改进之处包括"），其功能性是不言而喻的事实。但是虽然在新颖性点上是功能性的，权利要求12.8并不是过度功能性的，因为现有技术并不期望屏蔽初始喷雾图案。而这就是发明人的贡献。如果没有描述屏蔽装置，而代之以解决已知的堆积问题的装置，权利要求12.8将会是过度功能性的。例如：

> 防止穿过上床层向上移动的颗粒堆积的装置。

但是，这当然不是权利要求想说的。

像权利要求12.8这样的权利要求是很常见的，在现有技术基础上增加单一的新"装置"而使得其具有专利性以至于我们很少关注它们。我们有第112条（f）及其对哈里伯顿案的法令否决，对此要心存感激。

以下是联邦巡回上诉法院的一段文字，很好地总结了我们的观点：

> 沃巴什案中，最高法院宣称不能使用"在新颖性的精确点上使用便利的功能性语言"。该案中的"新颖性的精确点"存在于权利要求中，权利要求"仅通过其解决现有技术中问题的意图将'其描述的大颗粒制成的钨丝'与已有技术区别开"。……然而，我们注意到，在沃巴什案一段

---

❶ *In re Fuetterer*，319 F. 2d 259，264 n11，138 USPQ217，221 n11（CCPA 1963）.

❷ *In re Glatt Air Techniques，Inc.*，630 F. 3d 1026（Fed. Cir. 2011）.

很少被引用的文字中，最高法院认为：

"在某些情况下，我们允许，甚至希望在一定程度内使用表达效果或结果的词语，它们可以向本领域技术人员精确地说明产品的本质属性。"❶

关于范围过宽

在奥赖利诉莫尔斯案中，由于权利要求"太宽泛"而宣告莫尔斯的权利要求 8 无效，即我们的权利要求 12.1。在作者看来，这预示着什么才是判断过度功能性的权利要求能否授予专利权的唯一合理理由，即权利要求是否记载于现有技术中，或由现有技术明确给出启示。

这并不是案例判决的普遍情形。奥赖利诉莫尔斯案之后的许多观点提出了另一种宣告过度功能性权利要求无效的基本理论。考虑到读者在研究这些案例时可能会遇到这些法律理论，即使最终的结论是合理的，弄清楚为什么它们与当前的法律不一致也是很有用的。

宣告具有过度功能性语言的权利要求无效的理论之一，是权利要求将专利垄断的范围扩展到"超出本发明"❷，或者权利要求保护的"多于申请所发明的"❸。这些不能作为过度功能性权利要求不太准确的定性。但是，法官不再因为权利要求与他们所理解的发明不一致而宣告权利要求无效。根据第 112 条（b），发明可以是申请人认为的任何内容，即在其权利要求中所限定的内容。这样的发明可能会也可能不会被授予专利权，但这是另一个问题。

奥赖利案后的另一个宣告具有过度功能性语言的权利要求无效的观点，是权利要求"不清楚"。然而，现代判例法对请求保护的主题的边界，保留了不确定性——这违反了第 112 条（b）关于权利要求应当"清楚明确"的规定。过度功能性和不清楚是两个不同的问题。❹ 宽度不是不确定的。❺ 显然，对于莫尔斯在他被无效的权利要求 8 中（本章权利要求 12.1）试图明确界定的边

---

❶ 参见 *In re Fuetterer*。

❷ 参见 *Holland Furniture Co. v. Perkins Glue Co*。

❸ *In re Ferguson*, 83 F. 2d 693（CCPA 1936）。

❹ 这一点在相关案例中有详细的阐述：*In re Fisher*, 307 F. 2d 948, 135 USPQ 22（CCPA 1962）、*In re Fisher*, 427 F. 2d 833, 166 USPQ 18, 24（CCPA 1970）。基于第 112 条要求的不允许的功能性权利要求的早期案例认为，该权利要求并没有指出申请人所认为的发明内容。直到最近的案例判决中，联邦巡回上诉法院才认为，如果缺少对申请人认为的发明内容的明确阐述，审查中的发明可以是权利要求声称的任何内容，并应该据此对其进行评价。

❺ *In re Gardner*, 427 F. 2d 786, 166 USPQ 138（CCPA 1970）。

界，我们是没有疑问的。

有时候，在案例中会依据第112条（a）认定权利要求范围过宽，宣告权利要求无效。但是在分析现有技术时，我们不会考虑这样过宽的保护范围。这主要涉及化学领域案例。在化学领域中，如果发明人仅公开了一定数量的物质种类或者实施例，将不足以支持发明人拥有其宽泛的通用型权利要求所限定的发明，该权利要求包括了无数的物质种类❶。这种方式的依据在于化学反应的不可预见性，该条款很少用于机械领域和电学领域的案例，在这两个领域中，即使是单一的实施例，也能够提供宽范围的支持。

如此一来，对我们称之为过度功能性权利要求宣告无效的法律基础就只剩下第102条和第103条。实际上，这在法理上是合理的观点。因为"对于它所给出启示的所有内容，参考资料构成现有技术"，我们可以引用公开或明显对存在已知的问题给出启示的参考资料。因此，过度功能性的权利要求是不能被授予专利权的，非常简单，因为它们记载于现有技术中，或者相对于现有技术是显而易见的。

上述内容在诉讼中具有重要意义。权利要求中出现功能性语言，即使涉及新颖性点，其本身也不能成为被驳回的合理理由。只有在下列情形中，审查员才能合理地以"功能性"为由驳回权利要求：（a）如同我们前文所阐述的，涉及新颖性的功能性语言包括了解决已知或显而易见问题的所有方式，或者包括了实现已知或显而易见结果的所有方式；（b）为权利要求提供可专利性的功能性语言没有与描述的结构或方法步骤合理地联系起来，这一点我们将在下文中"用词问题"部分进行讨论。

规则的意义

上文阐述了相关规则。但是为什么这一切具有法理学意义？为什么莫尔斯作为第一个提出使用电磁技术实现任意距离传输情报的人，对体现该发明构思的权利要求不能享有专利权？

专利权属于第一个提出相应内容的人，是否是最基本的原则？

是的，这当然是最基本的原则。但是，莫尔斯首先提出的"内容"并不是使用电磁技术在任意距离上传输信号这样明显的想法。人们都已知有这样的需求。如果其他人想用莫尔斯的方式来解决这个问题，那就可以成为有效

---

❶ 例如，参见 *University of Rochester v. GD Searle & Co., Inc.*, 358 F.3d 916, 69 USPQ2d 1886 (Fed. Cir. 2004)。

"内容"。莫尔斯被授权的权利要求涉及他解决信号随距离衰减问题的具体方式。实际上,莫尔斯为解决该问题发明的中继站技术,最高法院维持了其权利要求的有效性。

但对公众来说,对首先解决已知问题的发明人授予如此宽泛的权利要求是不公平的,这会影响后来者以不同方式解决该已知问题。如果其他人完全没有利用第一个发明人的启示,而解决了大家都努力要解决的问题,或者至少解决了大家都知道需要解决的问题,那么,允许第一个发明人获取其他人的贡献,或者将其他人排除在市场范围之外,就是一个不公正的判决。这是法院在奥赖利诉莫尔斯案例中所明确的,当宣告莫尔斯的权利要求无效时,法院认为:

> 因为我们现在知道,随着科学的发展,将来会有一些发明人发现一种用电流或者电偶电流的方式远距离书写或打印的方法,而完全不采用原告说明书中提出的产品或方法!!!❶

比如说时光穿梭。很多文献中有关于时光穿梭的描述,最早可以追溯到 H. G. Well 于 1895 年出版的《时光机器》(*The Time Machine*),甚至更早。

在未来的某一时刻,会有人发现怎样实现时光穿梭,也可能会尝试用专利权利要求来表明其贡献,例如权利要求 12.9:

12.9　一种方法,包括:
接收用户指令,指令包括他想穿梭到的未来或过去的时间和地点,
将用户传送到那个时间和地点。

读者现在应该能够理解,就算发明人是第一个建造时空操作机的人,即便现有技术无法实现,为什么也不能将权利要求 12.9 授予她。

"用词问题"

功能性语言要想产生限定作用,就必须对所描述的部件、步骤或权利要求整体进行明确而肯定的限定。如果不谨慎地使用词语,就不会达到这样的效果。权利要求撰写者有时候会在权利要求中插入功能性语言,而不会太多地考虑如何从语法上与权利要求整体相契合。不能将语法或句子结构认为是无关紧要的小细节。我们通常会对权利要求进行语法分析,并按照英语语法规则对其进行解释❷。

---

❶ 56 U. S. at 113.

❷ *In re Hyatt*, 708 F. 2d 712 at 714, 218 USPQ 195 at 197 (Fed. Cir. 1983).

如同联邦巡回上诉法院所指出的：

> 权利要求应当符合语法结构，使得其中的陈述表面上仅仅阐述了一个结果，但是如果仔细检查，会发现看起来是功能性的陈述其实根本不是功能性的，而相反是确定的限定……❶

转接词

转接词是很有用的，例如"使得""以至于""其中"等，它们能将权利要求中功能性的描述有机地结合起来，构建权利要求的框架。但是必须很小心，要确保这些词语能带来预期的效果。

"使得"

例如，权利要求12.10中的"使得"从句有什么作用？

12.10　一种装置，包括：

……

……鼓风机入口位于腔体下方，使得当鼓风机和磁电管关闭、热敏元件打开时，空气产生热对流，从鼓风机入口经过气流通道进入波导，进而进入腔体。

第一种可能是："使得"从句是对鼓风机入口具体位置的明确限定。这样的话，鼓风机入口并不是设置于腔体下方的任意位置，而是设置于一个特定位置，使得空气能以权利要求所描述的方式产生热对流❷。然而，另一种可能是："使得"从句相当于"因此"从句，描述了前面的结构所必然带来的结果❸。在这种情况下，"使得"从句并不会产生任何额外的限定作用。

在诉讼过程中，对手可能会向法庭抗辩，这些有歧义的地方导致权利要求不清楚。或者对手会说服法庭采信第二种权利要求的理解，以使权利要求被某种现有技术所公开，从而被宣告无效。在这样的现有技术中，鼓风机入口设置在腔体下方的某个位置，但不是权利要求中所述的能够引起空气热对流的位置。

如果想让权利要求12.10中的"使得"从句产生限定作用，必须对权利

---

❶ *In re Krodel*, 223 F. 2d 285, 106 USPQ 195（CCPA 1955）。

❷ 例如，参见 *Application of Chandler*, 254 F. 2d 396, 117 USPQ 361（CCPA 1958）（我们发现由"使得"引出的内容具有限定作用）。

❸ *Texas Instruments v. US Intern. Trade Com'n*, 988 F. 2d 1165, 26 USPQ2d 1018（Fed. Cir. 1993）。然而，当针对侵权者进行判定时，"因此"从句可以用来"对抗"专利权人，以使其缩小请求保护的主题。例如，参见 *Hoffer v. Microsoft Corp.*, 405 F. 3d 1326, 74 USPQ2d 1481（Fed. Cir. 2005）。

要求的措辞进行调整,确保"使得"从句中的词语能够对"位置"产生明确的限定作用。下面举出两个例子:

　　……鼓风机入口位于腔体下方,以至于,其位置使得当鼓风机和磁电管关闭时……

　　……将鼓风机入口设置于腔体下方,因此当鼓风机和磁电管关闭时……

如果不需要有什么限定作用,使用"因此"会比"使得"更好。

"以至于"

再举一个例子❶,其中使用了"以至于":

　　12.11　一种医用支架,具有第一端、第二端和位于二者之间的中间部分,以及纵向轴,该支架包括:

　　多个纵向设置的带,其中每个带都是大体连续的波形,沿着与纵向轴平行的线段具有一定的空间频率;

　　以及多个连接件,将带保持为管状结构,其中连接件设置为,使得连接件形成的任意单个周向路线都是不连续的;以至于,在一个未扩展的结构中,连接件和带构建了一个具有轴向弹性的可扩展结构。

假定必须用斜体字表示的功能性语言"以至于……"将本发明与现有技术区分开。如果将"以至于"理解为"以这样的方式,使得……",那么,该从句就对怎样设置连接件进行了肯定的限定。然而,如果将"以至于"理解为"总的结果是",那么,按理说就与"因此"从句的性质相同,不具有限定作用。

联邦巡回上诉法院发现,权利要求12.11中的"以至于"从句具有限定作用,因此,使得该权利要求免于被现有技术公开。专利权人是幸运的。权利要求12.11中分号的使用方式,暗示了"以至于"前面的分号是指支架整体,意味着"以至于"从句相当于"因此"从句,不具有限定作用。还可以认为,如果想让"以至于"从句具有限定作用,必须涉及如何设置连接件和带,而不仅是连接件。

权利要求的最后一段有多种写法,最清楚的是:

　　多个连接件,将带保持为管状结构,其中连接件设置为,使得连接件形成的任意单个周向路线都是不连续的;以至于,将连接件和带构造为,

---

❶ Raytheon Co. v. Roper Corp., 724 F. 2d 951, 220 USPQ 592 (Fed. Cir. 1983).

在一个未展开的构架中构建一个具有轴向弹性的可扩展结构。

"其中"

权利要求中,"其中"之后的描述通常都是结构性的,例如,"其中所述计算机包括显示屏",但也常常是功能性的。例如在权利要求12.12中,"可缩回的"就是起落架的功能性属性。

12.12 一种飞机,包括:

……

一前起落架,通过铰链连接在飞机上,其中,所述起落架是可缩回的。

但是权利要求12.12是有问题的。

"其中"表示"在……之中"。这样的话,它就需要一个前项,即在什么之中。在权利要求12.12中,用"在……之中"替代"其中",再看看权利要求是什么意思。"其中"是指什么之中?显然不是铰链。从语法结构上看,有可能是指起落架,我们很愿意认为是指能够缩回的起落架,但是,在起落架之中起落架是可缩回的是什么意思呢?毫无疑问,撰写者期望通过权利要求表达的是,将铰链作为一个连接部件能够使得起落架可以缩回,但这不是权利要求真正表达出来的,或者说至少是没有清楚表达出来。

对"其中"的草率使用导致了很多严重的后果。很多案例都有这样的问题,到底"其中"从句会带来怎样的限定作用?❶ 有时候会有损于专利所有者的利益。

试想一下,在专利许可的谈判或者在诉讼程序中,法官会怎样理解权利要求12.12,或者对手会对权利要求12.12进行怎样的抗辩?权利要求是含糊不清、不清楚的?"其中"从句并没有对要求保护的主题进行限定,因此权利要求被某些与发明无关的现有技术公开?

有人会争辩,"其中"完全是指前序部分所描述的"飞机"。然而,将"其中"从句与"前起落架"写在同一个段落中,而不是写成一个单独的段落,会使得法官拒绝接受这样的句法延伸。

我们没有理由向这种攻击敞开大门。当在权利要求中写入"其中"的功能性从句时,可以采取下列处理方式:

(a)在脑海中用"在……之中"替代"其中",看是否有一个明确的前项,也就是在什么之中,可以是单独的部件、步骤,也可以是请求保护的主题整体。

(b)如果有任何明显的方式,使得我们认为"其中"从句没有对权利要

---

❶ 例如,参见 *Griffin v. Bertina*, 285 F. 3d 1029, 62 USPQ2d 1431 (Fed. Cir. 2002)。

求中的部件、步骤或权利要求整体产生明确的限定，那么，就如权利要求12.13一样，以明确援引所指前项的方式引入功能性语言：

> 12.13 一种飞机，包括：
> ……
> 一前起落架，通过铰链连接到飞机上，其中，<u>通过这种方式</u>，使得所述起落架可以缩回。

(c) 注意，不要让"其中"从句无意中在产品权利要求中引入方法步骤。联邦巡回上诉法院正基于此宣告了权利要求12.14无效❶，法院指出，"其中"从句中的语句并没有限定功能，而是在原本的产品权利要求中限定了一个彻头彻尾的方法步骤。

> 12.14 一种接口控制系统……包括：
> ……接口装置，用于向一定的所述单个呼叫者提供与所述特定格式对应的自动语音信息，其中，
> 所述一定的单个呼叫者以数字方式输入数据……通过所述数字输入装置！！！……

权利要求12.14中的"其中"从句可以轻松地改写得更妥当，参见以下修订版：

> 12.14 （修订版）一种接口控制系统……包括：
> ……接口装置，用于向某些所述单个呼叫者提供与所述特定格式对应的自动语音信息，<u>接口装置用来接收数字输入数据</u>，其中，通过所述数字输入装置，该数字输入数据由所述一定的单个呼叫者以数字方式输入数据。

当在权利要求中写入功能性语言是为了解释而不是进行限定时，更优选使用"因此"而不是"其中"。"因此"是连接词，不会影响任何语法结构，而"其中"不同，"其中"是个副词。

预期用途的描述

如果除用途外，权利要求的内容已经记载于现有技术中，对装置的预期用途进行的描述就是功能性语言，对发明的可专利性是没有用的。思考一下下面

---

❶ *In re Katz Interactive Call Processing Patent*, 639 F. 3d 1303, 97 USPQ2d 1737 (Fed. Cir. 2011).
类似地，参见 *IPXL Holdings, L. L. C. v. Amazon.com, Inc.*, 430 F. 3d 1377, 77 USPQ2d 1140 (Fed. Cir. 2005)。

第 12 章　具有功能性语言的权利要求

关于爆米花容器分配盖的权利要求：

12.15　一种分配盖，一次只能从装满爆米花的开口容器中分配几粒爆米花，分配盖基本上是圆锥形的，在每端都具有开口……［略去其他结构性限定］

权利要求将这种分配盖限定为用于分配爆米花的装置，并没有使得权利要求相对于那些已知的分配盖具有可专利性，已知的分配盖符合权利要求中的所有结构性限定，但就是没有公开是用于分配爆米花的❶。

或者，思考一下权利要求 12.16，其涉及预期用于拍打昆虫的橡皮筋射击装置：

12.16　一种昆虫拍打器，包括：

一根加长杆，具有用以瞄准蚊虫的远端，和

一根弹性鞭子，与加长杆连接，通过这种方式，使得鞭子可以弹性伸展，随后被释放以拍打所述昆虫。

如果现有技术给出启示的橡皮筋射击装置符合权利要求 12.16 的结构性描述，将使得权利要求 12.16 不能被授予专利权，即便现有技术没有公开该装置是用于拍打昆虫的❷。

沃巴什的功能性语言到底表达了什么？

上面的例子说明了仔细思考功能性语言的含义和措辞的重要性。下面再举一个例子，其中，作者并不认同法院在前述通用电气诉沃巴什电器公司案中对于涉及新颖性点的功能性语言的判定。

该发明涉及灯泡的灯丝。众所周知，可以通过使用相对大粒度的钨丝来解决"下垂"问题，但反过来也知道会带来另一个问题——"偏移"。专利权人发现，如果大粒度钨丝采取不规则的轮廓，两个问题都可以解决。在专利中，有以下两个权利要求，都具有斜体字表示的涉及新颖性点的功能性语言，都被最高法院宣告无效：

12.17　一种盘绕灯丝，基本由钨构成，能够用在白炽灯中，在正常或商业使用寿命中，不会产生明显的下垂和偏移。

12.18　一种用于白炽灯或其他设备的灯丝，基本由钨构成，主要由

---

❶ *In re Schreiber*, 128 F. 3d 1473, 44 USPQ2d 1429（Fed. Cir. 1997）.

❷ *In re Conte*, No. 2011-1331（Federal Circut, November 15, 2011）.

大量相对大尺寸的粒度和轮廓的钨丝制成，钨丝的粒度和外形能够防止明显的下垂和偏移。

无论在谁看来，权利要求 12.17 都是过度功能性的。它没有对发明进行任何限定，只是说能够解决现有技术中已知的问题。

但权利要求 12.18 不一样。

权利要求 12.18 不是简单地说已经解决了下垂和偏移的问题，而是宽泛地描述了问题是如何解决的，即同时采取大粒度和大尺寸的轮廓。法院的观点并没有暗示这些相对于本领域技术人员是已知的，或者是显而易见的（尽管现有技术确实已知大粒度可以解决下垂的问题）。尽管如此，最高法院还是宣告权利要求 12.18 无效，推翻了巡回审判庭关于权利要求 12.18 有效的结论❶。巡回审判庭认为，权利要求 12.18 不是"纯功能性的"。作者认为海关和专利上诉法院的观点更准确一些。

除了是否与现有技术不同的问题，最高法院还怀疑权利要求 12.18 是否"向本领域技术人员传递了不确定的含义"，因为权利要求并没有对怎样的尺寸和轮廓真的能够"防止明显的下垂和偏移"给出启示。

然而，现代专利制度并不要求权利要求指导所有事情，尤其是权利要求并不需要包含让公众确定能够操作的那部分内容❷。这是说明书的任务。所有关于权利要求清楚性的要求是，清楚地界定发明人所认为的发明边界❸。

因此，关于权利要求 12.18 清楚性的问题就归结为：假定给出不下垂、不偏移的灯丝，是否能够通过实验确定预期的属性是否与灯丝粒度的尺寸和轮廓有关？例如，可以改变这种灯丝的粒度的尺寸和/或轮廓，看是否一个或两个不期望的属性又回来了。如果能够进行这样的试验，很可能会认为权利要求 12.18 的边界不是不清楚的，因为我们能够确定任何给定的不下垂、不偏移灯丝中的粒度，是否如权利要求 12.18 所述"能够防止明显的下垂和偏移"。

本 章 回 顾

强化理解

1. 权利要求中的结构性语言和功能性语言有什么区别？

---

❶ 参见 General Electric Co. v. Wabash Appliance Corporation。

❷ 参见 In re Fuetterer。

❸ 35 U. S. C. 112（b）。

2. 从业者使用术语"功能性权利要求"(或"功能性声明")的两种主要方式是什么？

3. 权利要求或权利要求中的语言是"涉及新颖性点的功能性的"是什么意思？

4. 根据本章的术语使用规则，权利要求在什么时候是过度功能性的？

5. 不允许过度功能性权利要求的法律基础是什么？

6. 在哪些情况下，权利要求具有涉及新颖性点的功能性语言是合适的？

7. 如果希望特定的功能性语言具有限定作用（例如，提供与现有技术的区别点），必须怎样将该功能性语言与权利要求的其他部分结合起来？

8. "其中"的字面含义是什么？该字面含义在权利要求撰写中可能引发的后果是什么？

9. 根据现行专利法的原则，应该怎样看待权利要求12.7不清楚的判定？因为它没有指导关于粒度的尺寸和轮廓的细节？为什么作者认为权利要求12.7（至少有可能）不是不清楚的？

深入思考

10. 为什么哈里伯顿诉沃克案的判决会影响到专利法条文？

11. 本章举了一些用功能性用语表达结构性部件的例子，如厚板、过滤器、制动器、夹具、螺丝刀和锁，您还能举出哪些例子？

12. 您是否同意法庭在奥赖利诉莫尔斯案中关于权利要求8（本书中的权利要求12.1）的判决？如果同意，是否给了莫尔斯多于他期望的权利？同样地，您是否同意作者关于时空穿梭机的观点，即权利要求12.9并不是第一个实际做出时空穿梭机的人应该得到的权利要求？

13. 很多从业者都不愿意在权利要求中使用"使得"来引入功能性描述，而是更愿意使用"以至于"或者"以这种方式使得"这种词。您认为这是为什么呢？

14. 为什么在评估权利要求的可专利性时，应该忽略产品权利要求中关于预期用途的描述？考虑它们会有什么负面影响？

提升技能

15. 分别写两个权利要求（或权利要求的节选），各自体现"其中"的恰当和不恰当的用法。

16. 分别写两个使用"使得"的权利要求（或权利要求的节选），其中一个对请求保护的主题的边界产生了有效限定，而另一个没有产生有效限定。

17. 撰写一个涉及日常用品的权利要求，其中使用"因此"从句。

18. 权利要求12.7和以下权利要求的保护范围有何不同？下面的权利要求对功能性语言进行了改写：

　　一种灯丝……主要由多个相对较大的颗粒制成，（a）颗粒的尺寸使其能够阻止大幅的下垂，和（b）颗粒的外形使其能够阻止大幅的偏移……

第 *13* 章
装置加功能

美国专利法第112条（f）（之前为该条"第6段"）❶规定，组合权利要求的要素可以表达为实现特定功能的装置或步骤，而权利要求不必更具体化，例如，组成所述装置的结构，或者组成所述步骤的动作（子步骤）。确切的描述如下：

> 组合权利要求的要素可以表达为实现特定功能的装置或步骤，无须对支持该功能的结构、材料或动作详细描述，这种权利要求可以被理解为覆盖说明书所描述的相应结构、材料或动作，及其等同方式！！！

如第12章所述，第112条（f）的实施从法律上推翻了法院对哈里伯顿诉沃克的维持判决，从而使法律恢复到哈里伯顿案之前的状态❷。回想起来，哈里伯顿曾指出新颖性点的功能性权利要求事实上是无效的。但是，仅当功能性用语使权利要求成为第12章所讨论的过度功能性权利要求时，之前的法律才认为这种权利要求是无效的。

相比之下，联邦巡回上诉法院使得对装置加功能的法律限制比之前对哈里伯顿案更加严格。甚至可以说，即使法院声称正在执行国会颁布的法律，它这样做也已经阻挠了国会的意图❸。

问题的核心在于，法院对第112条（f）最后一句（本章起始页），特别

---

❶ 从2012年9月16日起，第112条被分割为（a）到（f），对应于之前提到的1~6段。

❷ 例如，参见 In re Donaldson, Co., 16 F.3d 1189, 1194 (Fed. Cir. 1994)（国会颁布最后一款，从法律上推翻了 Halliburton 案中的维持判决）；In re Fuetterer, 819 F.2d 259, 264 n.11, 138 USPQ 217, 222 n.11 (CCPA 1963)（请注意，国会的意图在于将关于组合权利要求中的宽泛的功能性语言的法律恢复到哈里伯顿案之前的状态）。

❸ 我们很好地向读者回顾了第112条（f）（开始是§112，¶3，后来是¶6），Rudolph P. Hofmann Jr. & Edward P. Heller III, 23 RUTGERS COMPUTER & TECH. L. J. 227 (1997)。

是对"及其等同方式"这一短语的使用。从记录来看，我们不清楚国会通过该语句表达的意图❶。但清楚的是，联邦巡回上诉法院的解释不可能是国会的意图，因为法院的判决并没有维持哈里伯顿案前的法律状态，而是给予了更多限制❷。

装置加功能权利要求的宽度

装置加功能要素的宽度是个问题。在哈里伯顿案之前，装置加功能要素被理解为包括实现所述功能的任何方式，主要仅在于（a）"装置"一词在语言修饰上可能产生的限定作用，例如"集成电路装置"，和（b）等同替换原则的可适用性。这样的理解产生于这一认识——发明的贡献可能在于某些功能的组合，而不管这些功能是如何实现的。

但是，联邦巡回上诉法院通过对第112条（f）进行解释，获得了不同的结果，最有代表性的案例是1993年对瓦尔蒙特工业公司诉莱茵克制造有限公司的判决。❸

瓦尔蒙特的发明如图13-1所示，涉及已知类型的灌溉系统，其中连接喷头的臂12绕中心轴10旋转。这种设置灌溉不到遗留的方形区域角落。发明人解决该技术问题的方式是，设置延伸臂16，随着主臂12往复运动，从而延伸至区域的每个角落。有争论的权利要求要素是控制延伸臂运动的"控制装置"。

> 控制装置，用于操控所述移动装置，相对于所述主臂组件移动所述延伸臂组件，以灌溉随着所述主臂旋转灌溉的所述第一部分之外的所述部分。

专利所有者瓦尔蒙特工业公司起诉莱茵克制造有限公司侵犯专利权。莱茵克被起诉的设备的确符合权利要求中"控制装置"的用语。莱茵克专有的控制装置，是从被埋覆的电缆中传送电磁信号来控制延伸臂的操作。相比而言，瓦尔蒙特的专利公开的控制装置，是使用角度检测电路，来确定什么时候应当利用延伸臂随着主臂进行360°旋转。

---

❶ 通常参见 Graver Tank & Mfg. Co. v. Linde Air Prods. Co., 339 U.S. 605, 608-09 (1950); Roche Palo Alto LLC v. Apotex, Inc., 531 F.3d 1372, 1377, 87 USPQ2d 1308 (Fed. Cir. 2008)。

❷ 如果阅读联邦巡回上诉法院近20年来的判决观点，我们会有这样的认知，即允许使用装置加功能的权利要求是源于1952年的国会法案。但事实绝非如此，早在1898的时候，就在出版的专利中出现了装置加功能的描述。

❸ Valmont Industry Inc. v. Reinke Mannufacturing Co., Inc., 983 F.2d 1039, 1043, 1044, 25 USPQ2d 1451, 1455 (Fed. Cir. 1993)。

第13章 装置加功能

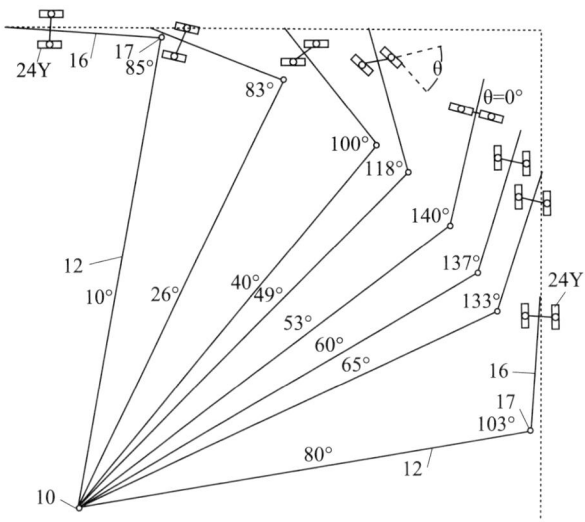

图13-1 瓦尔蒙特工业公司的发明

联邦巡回上诉法院认为该权利要求没有被侵权。基于第112条（f）规定的等同方式，法院认定角度检测线路和埋覆电缆检测器是"明显不同"的，因此不属于等同方式。

在哈里伯顿案之前，没有任何法理学上的内容会导致这一结果——表明（a）第112条（f）等同方式的规定意图仅在于，将装置加功能叙述的等同方式的交换原则编撰入法条，如某些方面所建议的那样，因而不适用于瓦尔蒙特的情况，或者（b）联邦巡回上诉法院对于什么应当被认定为等同方式的看法过于狭隘。例如，当考虑到"控制装置"还可能是让训练过的马沿着区域的边缘走并拉着延伸臂进出角落时，实现控制装置的两种电子方式（瓦尔蒙特基于角度测量的线路和莱茵克的埋覆电缆线路）看起来并非"明显不同"。

瓦尔蒙特案之后，法院的判例充其量是令人疑惑的，而最坏的程度则是前后矛盾的。一方面，法院主张：当在权利要求对"装置"的限定中，所公开的物理结构对于要保护的发明来说重要性低或不重要时，相较于结构的物理特征在发明的功能性上至关重要的情况，等同结构可能具有更宽的范围。❶ 因此，一件装置与另一件装置摩擦配合，可以等同于螺纹或者球窝接头，它们具有相同的功能，特别是当它们是已知的可互换的连接装置时❷。

---

❶ IMS Technology, Inc. v. Haas Automation, Inc., 206 F.3d 1422, 54 USPQ2d 1129, 1138（Fed. Cir. 2000）.

❷ Hearing Components, Inc. v. Shure Inc., 600 F.3d 1357, 94 USPQ2d 1385（Fed. Cir. 2010）.

这是讲得通的。

接下来，再来解释为什么法院在 General Protecht Group v. ITC❶ 案的判决中认定，即使在要求的组合中起到相同的功能，磁性锁闭方式并不等同于机械锁闭方式。在这件案子中，纽曼法官提出了不同的见解。

的确，装置加功能的物理特征不仅在多数情况下对"实现发明权利要求内容中的功能"不是至关重要的，而且与其无关。这就是本行业至少从1898年开始使用它的整个原因❷。因此，基于结构的物理特征与实现发明权利要求内容中的功能无关，等同方式的合理范围包括任何实现该功能的方式，在这一程度上法院的处理在法理上并无不妥。

不幸的是，联邦巡回上诉法院很多年以前就排除了这种方式，如下文所述。

无论如何，国会颁布第112条（f）的意图在于，鼓励人们偏离瓦尔蒙特案所代表的接受装置加功能的做法，这是不合理的。相反，哈里伯顿案之前的法理规则提供了非常好的理由，只要现有技术完全没有给出启示或使应用延伸臂的想法变得明显，即可赋予瓦尔蒙特发明者具有足够宽度的权利要求，以涵盖控制延伸臂的所有方式。这样的权利要求与瓦尔蒙特发明人对现有技术的贡献是相吻合的，而不会过宽。事实上，瓦尔蒙特发明人的权利范围被缩小了。

有了像瓦尔蒙特这样的案件，难怪装置加功能权利要求的申请量会大幅降低。请看图13-2❸，并注意具有装置加功能权利要求的美国专利申请量，是

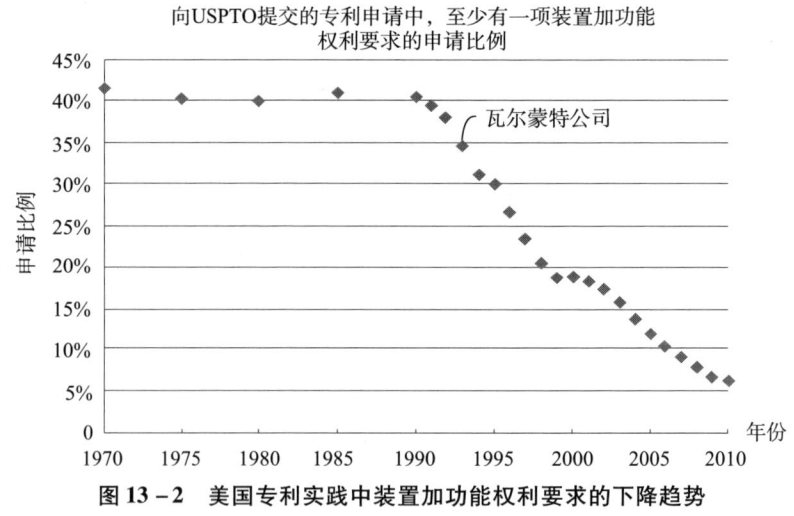

图13-2 美国专利实践中装置加功能权利要求的下降趋势

---

❶ General Protecht Group v. ITC, 619 F. 3d 1303, 96 USPQ2d 1292 (Fed. Cir. 2010).
❷ 例如，参见美国专利648,560，1898年12月9日申请，1900年5月1日授权。
❸ 图13-2中的数据，是基于对已颁布的至少有一项装置加功能权利要求的专利申请日期的统计。

第13章 装置加功能

如何从1992年的略有下降发展到1993年的雪崩——这一年发生了瓦尔蒙特案的判决。

装置加功能权利要求的不清楚

联邦巡回上诉法院对第112条（f）的解释的另一主要影响因素是公开的范围。在哈里伯顿案之前，附图将权利要求中的特定"装置"描绘为简单的"黑模块"就足够了，前提是说明书给出足够的细节，使得本领域技术人员知道如何实现模块中的内容。

然而联邦巡回上诉法院指出，没有显示或描述出任何"结构"，人们无法分辨装置的等同方式是什么；因此，人们不能够确定装置加功能要素边界的范围。因而，装置加功能要素仅描述了功能水平的权利要求，是不清楚的并因此是无效的。❶ 本领域技术人员能够实施其公开的"装置"，这一事实并不是关键点。❷

在这里，法院再次偏离了轨道。回想一下，第112条（f）的意图在于简单地否定哈里伯顿案的作用，并返回至哈里伯顿案之前的法律状态。哈里伯顿案之前，并不存在这种装置加功能不清楚的问题，也没有任何证据表明，国会希望在第112条（a）能够实现的要求之外，用第112条（f）对公开再施加新的要求。

联邦巡回上诉法院可以采用不同的方式。简单来说，将装置加功能要素视为黑模块，申请人考虑了任何能够实现该功能的等同方式。如果现有技术显示出或能够据此显而易见地推断出任何符合权利要求用语的组合，而发明人无法基于非等同理论给出更窄的解释，则权利要求可能是无效的。然后，筹码会落在它们所属的位置。在没有这种现有技术的情况下，发明人将覆盖所有符合权利要求用语的组合。这没有什么可怕的。没有这种现有技术，则直接表明发明人是第一个提出以要求的方式组合了所述的多个结构性（如果存在）和功能性元件，这种情况下，其权利要求应当被授权。另一方面，如果存在这种现有技术，权利要求将由此而亡。这就是权利要求撰写人总是假定并实际依赖的平衡在起作用。

不幸的是，联邦巡回上诉法院已经排除了这种方式。法院指出，允许装置

---

❶ 例如，参见 *Biomedino, LLC, v. Waters Technologies*, 490 F. 3d 946, 83 USPQ2d 1118.
❷ 同上。

加功能要素涵盖实现该功能的所有方式,将等同于不允许的"纯功能性权利要求"❶。

联邦巡回上诉法院在这里也犯了错误,混淆了两种不同的情节。

在某种程度上,人们可能会发现整个权利要求由于其为"纯功能性"而不可分割,像莫尔斯的权利要求8(本节的权利要求12.1)那样,那很好。但是,除联邦巡回上诉法院自己的先例之外,没有可靠的法理依据来反对用纯功能性用语描述的单个要素。新颖性方面,发明人对于技术的广泛贡献由包含装置加功能要素的组合表示,而不依赖于实现该功能的任何特定结构。如果确实这样,权利要求需要描述该结构,才能获得专利权。否则,发明人有资格要求由其结构和/或其实现的功能限定新的和明显的要素组合,而不论其结构如何。

对此,美国专利制度更加糟糕。随着电子产品的首次问世,以及后来数字电脑的出现,技术革新越来越多地出现在新功能领域,聪明的发明人认识到通过这些技术可以实现这些新的功能。这使得联邦巡回上诉法院施加给发明人的限制变得更加成问题,该限制要求发明人对发明贡献部分的元件进行充分限定,且不是限定它们是什么,而是限定它们做什么。

颁布第112条(f)时,国会表明无意偏离历史沿用的规则,即发明人有权获得与其对技术的贡献相适应的权利要求。联邦巡回上诉法院没能考虑这个最基本的规则,或许是巡回法院脱离完全功能性装置加功能权利要求的最显著因素。

不幸的是,联邦巡回上诉法院似乎走得太远,而不能够从几十年的判例中回头。毫无疑问,回归将需要完全的重置——无论是通过最高法院的裁决还是通过国会颁布的法案❷。

不合格的权利要求撰写者在做什么?

巡回法院留给我们用以保护客户发明的工具是令人疑惑和矛盾的。

巡回法院提出"不要使用'装置'一词",即使用功能性词语限定要素,

---

❶ 例如,参见 *Blackboard, Inc. v. Desire2Learn Inc.*,574 F. 3d 1371,91 USPQ2d 1481(Fed. Cir. 2009);*Net MoneyIN, Inc. v. Verisign, Inc.*,545 F. 3d 1359,88 USPQ2d 1751(Fed. Cir. 2008);*Aristocrat Technologies v. International Game Technology*,521 F. 3d 1328,86 USPQ2d 1235(Fed. Cir. 2008)。

❷ 实际上,美国知识产权法律协会的专利法委员会曾经公开表示支持该修正案。*AIPLA Bulletin*,October – November – December 1994,137 – 138。

第13章 装置加功能

也会基于第112条（f）做出反向推定❶。但是，只有在功能性特征伴随下述语言时才能得以维持，该语言包括（a）"隐含"特定的结构❷，带有被认为是等同于"装置"的通用的用语，如"元件""机构"和"设备"❸，或者（b）具有通常理解的含义，例如字典中有解释的限定。此外，由于"隐含"的意思是"暗含"或"建议"，至少对作者而言，什么时候特定语言才能满足巡回法院的标准是不清楚的。相对于巡回法院也使用的词语，如"暗示"，大概"隐含"是更加开放的标准❹。

暂且不论特定隐含结构的标准难以预期，也几乎不可能预测法院对任何特定描述内容的观点，如下表所示：

援引第112条（f）	不援引第112条（f）
颜色选择机构❺，杠杆移动元件❻	协同制动机构❼，现代化设备❽，集尘结构❾，计算单元❿，连接组件⓫，电路⓬
可移动连接部件⓭	往复部件⓮，眼镜悬挂部件⓯
制动装置⓰，控制装置⓱，以预定的数量……计量油量的装置⓲	抽水装置⓳，穿孔装置⓴

---

❶ *Inventio AG v. Thyssenkrupp Elevator*，649 F. 3d 1350，99 USPQ2d 1112（Fed. Cir. 2011）。

❷ "隐含结构"的概念看似是法院在 *Personalized Media Communications v. International Trade Com'n*，161 F. 3d 696，at 48 USPQ2d 1880（1998）案中提出的。

❸ *MIT v. Abacus Software*，462 F. 3d 1344，80 USPQ2d 1225（Fed. Cir. 2006）。

❹ *Lighting World*，*Inc. v. Birchwood Lighting*，*Inc.*，382 F. 3d 1354 at 1361；72 USPQ2d 1344（Fed. Cir. 2004）。

❺ 参见 *MIT v. Abacus Software*。

❻ *Mas - Hamilton Group v. LaGard*，*Inc.*，156 F. 3d 1206，48 USPQ2d 1010（Fed. Cir. 1998）。

❼ *Greenberg v. Ethicon Endo - Surgery*，*Inc.*，91 F. 3d 1580，39 USPQ2d 1783（Fed. Cir. 1996）。

❽ 参见 *Inventio AG v. Thyssenkrupp Elevator*。

❾ *Powell v. Home Depot U. S. A.*，*Inc.*，100 USPQ2d 1742（Fed. Cir. 2011）。

❿ 参见 *Inventio AG v. Thyssenkrupp Elevator*。

⓫ 参见 *Lighting World*，*Inc. v. Birchwood Lighting*，*Inc*。

⓬ *Linear Tech. Corp. v. Impala Linear Corp.*，371 F. 3d 1364，72 USPQ2d 1311（Fed. Cir. 2004）。

⓭ 参见 *Mas - Hamilton Group v. LaGard*，*Inc*。

⓮ *CCS Fitness*，*Inc. v. Brunswick Corp.*，288 F. 3d 1359，62 USPQ2d 1658（Fed. Cir. 2002）。

⓯ *Al - Site Corp. v. VSI Int'l*，*Inc.*，174 F. 3d 1308，50 USPQ2d 1161（Fed. Cir. 1999）。

⓰ *Interspiro USA Inc. v. Figgie Int'l Inc.*，18 F. 3d 927，30 USPQ2d 1070（Fed. Cir. 1994）。

⓱ 参见 *Aristocrat Technologies v. International Game Technology*。

⓲ *Restaurant Technologies*，*Inc.*，*v. Jersey Shore Chicken*，360 Fed. Appx. 120（Fed. Cir. 2010）（不作为先例）。

⓳ *TI Group Automotive Systems v. VDO North America*，375 F. 3d 1126，71 USPQ2d 1328（Fed. Cir. 2004）。

⓴ *Cole v. Kimberly - Clark Corp.*，102 F. 3d 524，41 USPQ2d 1001（Fed. Cir. 1996）。

在一部分上述案例中，人们至少能够理解巡回法院如何将特定描述内容视为隐含的特定结构。例如"抽水装置"，隐含泵。但是"现代化设备"隐含什么样的特定结构呢？我们被告知"用于收集灰尘的集尘结构"并不是装置加功能要素。但根据联邦巡回上诉法院的判例，"用于收集灰尘的集尘结构"必须被当作装置加功能要素来处理，因为（a）"结构"一词与"设备""机构"和"元件"等词语一样通用，联邦巡回上诉法院认为它们等同于"装置"；和（b）"收集灰尘"是纯粹的功能性表述。作者并不理解对"用于收集灰尘的集尘结构"没有援引第112条（f），而对"以预定的数量……计量油量的装置"却援引了第112条（f）的法理逻辑。

在一些案例中，法院依赖于说明书中的内容来支持其发现的特定的表述隐含了结构的观点❶。这与法院的先例相比，即使不矛盾，也似乎不恰当。问题在于权利要求的用语是否隐含了特定结构，而不是说明书是否公开了特定的结构。对于多数机械发明和很多电子发明而言，说明书给出了对应每个权利要求要素的特定结构。因此，如果通过在说明书中发现相应的结构，来证明权利要求特定的语言隐含了结构，那么反过来，这些权利要求就永远不会援引第112条（f）。如果这是一种适当的分析方式，那为什么"杠杆移动元件"和"可移动连接部件"被认定为装置加功能要素？

"制动装置"也存在同样的问题，即使它不使用"装置"一词也一样。法院认为就算使用"装置"一词，也不会以装置加功能的方式对待一个隐含了特定结构的要素❷。那么为什么"协同制动机构［＝'装置'］"能够通过，但"制动装置"却不能通过？或许读者会比作者对联邦巡回上诉法院的理论依据更满意❸。

此外，我们很难找到没有过度限定风险的隐含结构的词语。

以我们的微波炉为例。请记住，我们想在微波炉腔室内移动食物的原因，是腔室内的驻波会产生高于平均能量强度的区域，以及低于平均能量强度的区域，这导致了加热不均匀。我们已经将在微波炉腔室内移动食物，从而保证食物中更多部分"共享"到更高强度能量，作为可专利性的关键点。但是我们或者发明人可能已经意识到：或许存在某些方式，使微波能量源可以移动，从而减少或消除驻波，或者至少引起驻波图案自身移动。

那么现在，我们用什么样的特定结构用语，来涵盖食物被移动或者能量源

---

❶ 参见 Powell v. Home Depot U. S. A. , Inc。
❷ Rembrandt Data Techs. , LP v. AOL, LLC, 641 F. 3d 1331, 98 USPQ2d 1393（Fed. Cir. 2011）。
❸ 参见 Greenberg v. Ethicon Endo‐Surgery, Inc。

被移动的两种可能性呢?"运动致动器"?其隐含什么样的特定结构呢?真的,什么都没有。但是,"现代化设备"也没有,所以也许我们会认为运动致动器是可以的,或者不可以。

解决这个问题的方法可能是创造如第 8 章所描述的"虚拟部件"。

不确定性还有另一个维度。当被援引第 112 条（f）的权利要求要素是由程序化的处理器（例如计算机）实施时,说明书给出的相应结构是实现该功能的程序化处理器❶。因此,除非处理器运行的算法被公开,否则不能确定功能性要素的等同方式是什么。因此,无法确定请求保护的要素的边界范围,进而该权利要求是不确定的。

因此,假定请求保护的主题包含了其要素之一的"处理器"一词。贴着标签"处理器"一词的黑模块,当然满足第 112 条（a）对能够实现的要求;本领域技术人员知道怎样实现这样的黑模块,例如在电脑上加载 Microsoft Word。但是"处理器"一词是具有文字处理软件的程序化的电脑,没有公开软件遵循的算法,该权利要求是不清楚的。可是专利撰写人怎样才能得到 Microsoft Word 使用的算法的描述呢?更重要的是,为什么要求这样的事情?

同时,我们仍然要撰写权利要求和保护发明。因此,基于本书出版（2012 年初）时联邦巡回上诉法院的判决情况,作者提出以下建议（难免有错）。不过,这是一个动态的目标。对装置加功能的每个新的观点都会带来更多的惊喜,随之而来的是需要调整自己的实践。这在专利实践中,是与最新案例相关度至关重要的一个领域。

至少在一些权利要求中,以非装置加功能形式构造功能性要素

鉴于电脑技术在"科学与应用领域"中每一个角落都普遍存在,即使包含"为了实现……的装置"用语权利要求的专利申请,其比例从 1990 年的 40% 下降到现在的不到 10%（图 13-2）,以功能性用语来表征装置权利要求中的要素的必要性仍持续增加。这并不意味着从业者已经放弃在权利要求中使用功能性用语,仅仅意味着他们放弃了"为了实现……的装置"这些用语,而是采用其他更有利的形式,例如,采用"用于……的电路"这些词语。

有充分的理由认为,从业者在试图回避这些要素被当作"装置加功能处理"的同时,还试图继续对要素进行功能性表征。否则,用纯粹的结构性用语表征一个要素,则会带来一定的风险——对立方找到一种方法,通过用其他方式来完成描述的物理要素实现的功能,来规避权利要求。依靠等同原则来弥

---

❶ 参见 *Aristocrat Technologies v. International Game Technology*。

补差距是一个令人不满的解决方案。被控侵权人实现所述功能的方式，可能确实不是等同原则意义上的等同方式。即使有能够提出等同方式的好的案例，说服对立方和/或联邦巡回上诉法院接受该观点也并非易事。因此，专利权人经常放弃对侵权人主张专利权，除非属于从字面上就侵权的案件。根据联邦巡回上诉法院和最高法院的 Festo 案裁决❶❷，等同原则甚至可能并不适用。

另一方面，回到装置加功能形式会带来前面讨论的所有缺点。并没有那么多专利诉至法院，法院会要求一些法官裁定装置加功能描述的范围。但即使在许可谈判中，对方也可能抓住权利要求使用装置加功能用语，来争辩他们的装置（法院针对瓦尔蒙特案提出的观点）与专利公开的装置"明显不同"。

因此，至少对于一些权利要求，我们能够用功能性用语来限定物理要素，而不使用"装置加功能"表述。

指导原则如下：

- 无论你认为你在权利要求中表达了多少其他"结构"，也不要使用"装置"一词。使用"装置"一词，增加了权利要求撰写者被援引第 112 条（f）的可能性❸；不使用"装置"一词，则会降低援引可能性❹。

- 使用隐含特定结构的语言（无论其表示什么意思），并强调"特定"一词。使用严格与功能相关的修饰语，如在"墨水输送装置"❺ 中使用啤酒，不能避免元素被当作"装置加功能"处理。

- 没有隐含特定结构的"装置"的代替词，会被认为是"装置"的同义词，因此无法避免被当作"装置加功能"。有一点难以理解，为什么"用于……的线路"隐含了特定的结构，但"用于……的元件""用于……的设备"和"用于……的机构"却没有隐含特定的结构。但这就是法院的观点❻。

- 如果你执着于使用"装置"一词（或者类似"装置"的通用术语），但是不想被当作"装置加功能"，那么就用特定的或已知类型的结构的修饰词来限定你的装置。很奇怪的是，这种装置加功能的陈述，不吻合第 112 条（f）

---

❶ *Festo Corp. v. Shoketsu Kinzoku Kogyo Kabushiki Co.*，535 U. S. 722，62 USPQ2d 1705（2002）。

❷ *Festo Corp. v. Shoketsu Kinzoku Kogyo Kabushiki Co.*，344 F. 3d 1359，68 USPQ2d 1321（Fed. Cir. 2003）（全席审理）。

❸ *Net MoneyIN, Inc. v. Verisign, Inc.*

❹ *Inventio AG v. Thyssenkrupp Elevator.*

❺ *Signtech USA, Ltd. v. Vutek, Inc.*，174 F. 3d 1352，50 USPQ2d 1372（Fed. Cir. 1999）。

❻ *MIT v. Abacus*; *Apex Inc. v. Raritan Computer, Inc.*

第13章　装置加功能

对装置加功能要素进行规定的意图。例如"抽水装置"❶"连接器组件"❷和"网格编码装置"❸。

只要有意义，就使用博勒加德（Beauregard）权利要求

如第15章将要讨论的，所谓的计算机可读介质或者"博勒加德"权利要求，是产品权利要求的一种形式，即35U.S.C. 101词汇中的"制造"，比如计算机可读介质，可以是具有可编程序的光盘。

下面是为了涵盖屏幕编辑概念所撰写的博勒加德权利要求的典型示例。

13.18　一种非暂时性计算机可读介质❹，其上存储有程序指令，当由处理器执行时，程序指令使处理器完成以下操作：

在屏幕上呈现图像，以及

根据使用者的命令修改图像的指定部分。

除前序部分之外，博勒加德权利要求读起来像方法权利要求。因此，在需要产品权利要求对可预见的执行情况有益时，博勒加德权利要求允许我们用功能性用语限定软件实现的发明，而不需使用任何"装置"，因此也不涉及第112条（f）。

然而，从可预见的执行情况的角度来看，确保以物理性可读介质的词语限定发明是有意义的。并不是说审查员会根据这个理由驳回权利要求。但是很多软件发明，其本质并不涉及计算机可读介质，例如涉及计算机网络内多个不同元件功能组合的发明。在这种案件中，认为你能够发现有人拥有计算机可读介质，并且该介质具有执行所有所需步骤的程序，这可能是不合理的。在这种情况下，博勒加德权利要求的价值值得怀疑。

不要完全放弃装置加功能权利要求

除了以非装置加功能形式呈现的功能性限定之外，也要考虑包含一些装置加功能权利要求：

- 在授权专利的生命周期中，最高法院或国会可能会将装置加功能权利要求返回至其之前的法律状态，这一情况下，装置加功能描述可能被视为比专

---

❶ *TI Group Automotive Systems v. VDO North America*, 375 F.3d 1126, 71 USPQ2d 1328（Fed. Cir. 2004）.

❷ *Lighting World, Inc. v. Birchwood Lighting, Inc.*

❸ *Rembrandt Data Techs., LP v. AOL, LLC.*

❹ 这种主题的权利要求，在中国专利法中是不允许的。——译者注

利中的其他任何权利要求都宽泛。

- 当由于被诉设备实施了说明书所述装置的等同方式，而使被诉设备符合装置加功能描述时，按照第112条（f），装置加功能描述字面相同，而不是等同规则❶。因此，即使在起诉过程中修改了权利要求要素，*Festo* 规则也不适用，这是由于该规则对修改后描述使用等同规则限制严格。

- 如果同时有装置加功能和非装置加功能权利要求，区分权利要求的规则可能采取这一方式运行——专利中的非装置加功能权利要求，必须解释为不同且可论证地宽泛于该专利的装置加功能权利要求，反之亦然❷。

用第112条（f）在头脑中精细勾画说明书

在权利要求要素没有被当作"装置加功能"的程度上，该要素在权利要求中的存在不会引发对于说明书任何的特殊要求。然而，当认为需要使用第112条（f）时，情况并非如此。这可能是因为权利要求要素明确地使用了装置加功能结构，或者法院将其当作"装置加功能"。

因此，无论何时在权利要求中使用功能性语言，我们都需要：（a）根据以上指导原则在第一种情况下尽量避免要素被当作"装置加功能"除非实际上期望被当作"装置加功能"；（b）考虑到尽管我们尽了最大努力，要素仍被当作"装置加功能"的情况下，联邦巡回法院对装置加功能陈述的要求。

指导原则如下：

- 由于报道的案件基于权利要求语言来推定专利权人的部分意图，即援引第112条（f），对所有未明确使用"用于……的装置"这一形式的要素，可能会明确否定其意图❸。

- 尽可能保证具有第112条（f）等同方式的宽范围。

——对于任何公开的可能被当作"装置加功能"的要素，应当明确表明至少在只有所讨论要素的一个实例被公开时，任何能够实现所述功能的要素都可以使用（假定那是真实的）。就在本书最后定稿时，*Mettle - Toledo Inc. v. B - Tek Scales, LLC*❹案被判决，公开了本信息。联邦巡回上诉法院在该案中认为，尽管任何"通用的"A/D转换器在组合的权利要求中都会发挥相同的功

---

❶ 例如，参见 *Seal - Flex, Inc. v. Athletic Track and Court Const.*，172 F. 3d 836，50 USPQ2d 1225（Fed. Cir. 1999）。

❷ *AllVoice Computing PLC v. Nuance Communications*，504 F. 3d 1236，84 USPQ2d 1886（Fed. Cir. 2007）。

❸ 参见 *Biomedino, LLC, v. Waters Technologies Corp*。

❹ *Mettler - Toledo Inc. v. B - Tek Scales LLC*，(NO. 11 - 1173, Fed. Cir., February 8, 2012)。

能，"delta-sigma"模数（A/D）转换器也不在专利公开的"多斜率集成"A/D转换器（其为权利要求中的装置加功能要素）的等同方式范围内。申请撰写人犯下的明显"错误"是没有明确说明其他种类的A/D转换器能够实现所述功能。本领域技术人员能够知道"通用的"A/D转换器在组合的权利要求中都会发挥等同的功能，这一事实并不充分。根据该案的逻辑，a) 如果权利要求描述了"紧固工具"，b) 说明书中仅公开Phillips头螺钉来紧固，并且c) 说明书并没有明确说明其他种类紧固件也能用于紧固，那么"紧固工具"将不仅限于螺钉，而且限于Phillips头螺钉。

——此外，仅仅说明能够使用其他替换方式也是不够的。必须明确其等同方式可能是什么。至少这是瓦尔蒙特案的结果。瓦尔蒙特说明书已经说明所述"控制装置"的特定形式并不是决定性的，指出"有很多种方式能够控制延伸臂16的运动"。但是法院认为这些陈述没有相关性。

——如果你认同，你可能明确地断言，申请人把能实现权利要求所述功能的任何方案，都当作了说明书所述方案的等同方式。但是这可能是事与愿违的。法院可能会裁定这种断言仅仅进一步否定了装置加功能要素的"纯功能性"状态，并且会因为不确定性而造成权利要求的致命伤。

- 对不清楚的指导原则。

——对于任何功能性限定的要素，其宽度对应于附图所示模块的边界，至少显示出实施模块内容的优选方式，例如，要求的"分解装置"在附图中由标记为"分解器"的模块来表示。否则，法院可能认为没有告知所述权利要求的等同方式，并且因此发现该权利要求不清楚。

——对于任何在说明书中对应于程序化处理器（或电脑）的功能性限定要素，必须给出处理器用于实现该功能的算法的一些内容❶。法院表示，它对公开的方式并不挑剔❷。可接受的描述算法的方式中，根据法院的说法，可以是数学公式、句子或者流程图。但是，流程图不能仅说明由软件完成的最终功能。虽然并不清楚法院的想法，但是作者相信，法院正在寻找能够充分、详细地表述程序流程的方式❸。

——当表征流程图或其他程序表述的步骤时，使用"算法"一词。

---

❶ Aristocrat Technologies v. International Game Technology.
❷ Finisar Corp. v. DirecTV Group, Inc., 523 F.3d 1323, 86 USPQ2d 1609 (Fed. Cir. 2008).
❸ In re Aoyama, No. 2010-1552 (Fed. Cir. August 29, 2011).

步骤加功能

对用于如何构建实现特定功能的装置和如何构建实现特定功能的步骤,第 112 条(f)没有进行区分。的确,联邦巡回上诉法院偶尔会涉及它称之为"步骤加功能"表述的问题❶。

我们已经看到,当装置加功能要素用模块所示时,说明书应当对模块中的"结构"是什么给出一些说明。那么,为什么对包括一个或多个步骤的权利要求,即方法权利要求,没有类似的要求呢?

根据联邦巡回上诉法院所指,这是"用于……(for)"和"……的(of)"问题。由于法条中提到"用于实现特定功能的装置或步骤"这一术语,巡回法院提出,只有当权利要求撰写人表明其打算援引第 112 条(f)的意图时,方法权利要求才会使用第 112 条(f)处理,例如描述为用于实现特定功能的一个步骤或多个步骤❷。相反地,要求完成某事的一个步骤或多个步骤,则不会调用第 112 条(f)❸。

读者应以此为指导。

* * * *

拒绝对"……的步骤"的方法权利要求使用第 112 条(f),而不是拒绝对"用于……的步骤"的方法权利要求使用,联邦巡回上诉法院撤销了下级法院的判决,并指出:

在打破发明界稳定预期这一变化被接受之前,法院必须谨慎❹。

鉴于该行业大规模放弃装置加功能权利要求,如图 13-2 所示,这个劝告是有讽刺意味的。

第二部分进入尾声。我们已经明确了发明及其退守特征,以及根据这些内容如何撰写权利要求。但是孤立地撰写权利要求是不够的。专利申请的整个权

---

❶ *IMS Technology, Inc. v. Haas Automation, Inc.*

❷ *Seal-Flex, Inc. v. Athletic Track and Court Const.*

❸ *Generation II Orthotics, Inc. v. Med. Tech. Inc.*, 263 F. 3d 1356, 59 USPQ2d 1919 (Fed. Cir. 2001); *OI Corp. v. Tekmar Co. Inc.*, 42 USPQ2d 1777 (Fed. Cir. 1997).

❹ *Masco v. United States*, 303 F. 3d 1316 at 1327, 64 USPQ2d 1182 (Fed. Cir. 2002),引用 *Festo Corp. v. Shoketsu Kinzoku Kogyo Kabushiki Co.* 案中美国最高法院的判决。

第 13 章 装置加功能

利要求书需要以使授权专利对专利权人利益最大化的方式来做。这也是接下来第三部分的主题。

本 章 回 顾

强化理解

1. 相比于哈里伯顿诉沃克案之前联邦巡回上诉法院对第 112 条（f）限制装置加功能要素的解释，有哪两种基本方式？

2. 联邦巡回上诉法院提出了什么标准，来确定一个权利要求要素是否被当作第 112 条（f）意指的装置加功能要素来处理？

3. 仅由公开的黑模块支持的装置加功能权利要求是不清楚的，联邦巡回上诉法院得出这一结论所遵循的逻辑是什么？

4. 为什么尽管存在潜在问题，在整体权利要求书中包括一些装置加功能权利要求仍然是有好处的？

5. 采用哪些方式可以使博勒加德（计算机可读介质）权利要求在避免其部分缺点的同时，能够获得装置加功能权利要求的优势？

6. 当权利要求的"装置"得到说明书中的程序化处理器或电脑的支持时，为什么联邦巡回上诉法院坚持需要给出处理器执行的算法？

深入思考

7. 尽管作者有自身的看法，那么您支持巡回法院在瓦尔蒙特案中的观点吗？

8. 作者发现，联邦巡回上诉法院对什么时候应当或不应当将功能性陈述当作"装置加功能"是"令人疑惑和矛盾的"（第 197 页）❶。如果您同意，您认为根本原因是什么？

9. 如果您有机会重写 35 U.S.C. 112（f），您是会保留还是会改变它？如果是后者，您会如何改写？

10. 完全取消 35 U.S.C. 112（f）会带来哪些后果？

11. 联邦巡回上诉法院发现，胶水作为"紧固工具"，是铆钉或纽扣的等同方式。*Al - Site Corp. v.VSI Int'l, Inc.*，174 F.3d 1308，50 USPQ2d 1161（Fed. Cir. 1999）。这与法院认为的必须是"结构性等同"才属于第 112 条

---

❶ 原书第 197 页，本译著为第 169 页。——译者注

(f) 的等同方式的观点如何相符？参见 *Tip Systems, LLC v. Phillips & Books/Gladwin*, 529 F. 3d 1364, 87 USPQ2d 1254（Fed. Cir. 2008）。

12. 联邦巡回上诉法院提出，对用于完成某事的一个或多个步骤的方法权利要求，会援引第 112 条（f）对权利要求处理的规定，而做某事的一个或多个步骤则不会援引第 112 条（f）进行上述处理。法院区分"用于……"和"……的"的基础是什么？假设在专利侵权诉讼中所涉金额很大，您认为确定权利要求是否被侵权应当取决于如此细微的词汇差异吗？

13. 您发现关于"步骤加功能"一词的奇怪之处了吗？

14. 装置加功能陈述可能不会援引第 112 条（f）来处理，这对您是否会产生困扰？

提升技能

15. 熟记第 112 条（f）。（当您与同事讨论装置加功能时，它迟早有用。）

16. 建立一套规则、决策图表或其他分析工具，显示给定的具有功能性语言的权利要求陈述，是否会被联邦巡回上诉法院援引第 112 条（f）。

17. 对联邦巡回上诉法院关于装置加功能的规则，美国最高法院可能会确定或推翻其中哪一个（您的观点）呢，准备一份关于该观点的大纲，或者对该观点进行全面梳理。

第三部分

权利要求书和
可预见的执行情况

撰写专利审查员所允许的权利要求只是专利代理人工作的一部分。另一部分工作是预测专利所有者在执行权利要求时会发生什么，本书称之为"可预见的执行情况"。

第三部分涉及权利要求书和可预见的执行情况，描述了如何构建一整套权利要求书，使专利所有者的专利价值最大化，并最大限度地减少执行时出现问题的可能性。

第14章介绍了发明应用场合的概念。发明应用场合是指显现本发明的特定运行环境或场合。例如，锁发明的两个应用场合可以是锁本身以及与该锁配合使用的钥匙。针对发明所有具有商业意义的应用场合构建权利要求，从而在执行专利时使专利价值最大化是令人满意的。第14章还介绍了"单一可达方"（single reachable party）的概念。除非其所有的限制条件都由（a）单一方实施，且（b）该单一方受美国法律制度管辖（假设为美国专利），否则对权利要求的执行是困难的或不可能的。

第15章强调了使用所有适当的法定权利要求类型来构建发明权利要求的重要性。思考一项要求实施新制造步骤的机器的专利。工厂车间里的机器，特别是它们的内部，局外人不容易检查到。因此，可能难以证明竞争对手的机器与设备权利要求中的每个要素相吻合。然而，从出售的使用了新步骤的产品中能够更清楚地判断，同时包含方法权利要求和设备权利要求的产品更令人满意。法定种类与发明应用场合是不同的。例如，给定的一件发明，可以构建多个发明应用场合的权利要求，并且使用同一种法定权利要求类型，比如上文提到的锁和钥匙。一件发明还可以在一个单独的发明应用场合下使用多种法定权利要求类型。此外，选用正确的法定类型的权利要求，可能对专利实现其全部潜在的经济效益是至关重要的。例如，制造机械的权利要求的专利使用费可能只占覆盖机器产量的方法或设备权利要求所产生的专利使用费的很小一部分。

第16章聚焦于权利要求的多样性。即使仅用一种给定的法定类型，对发明的限定也可使用不同的权利要求格式，应用不同的术语，或以不同的顺序组织权利要求要素。这通常被称为从不同"角度"对发明构建权利要求。整套权利要求书的多样性解决了任何一项权利要求可能包含未被意识到的侵权漏洞的可能性。撰写如第6章和第7章所述的基于"问题—解决方案"和基于发明点的权利要求，并对权利要求书多样化的手段进行举例。

第17章总结了基于可预见的执行情况，检查权利要求书时所有应当注意的事项。

第14章
发明应用场合和直接侵权者

专利所有人可能没有意识到其专利的全部价值，除非针对该发明所有具有商业意义的应用场合都构建了权利要求。

一个发明应用场合也被称为"要求保护的角度"或"要求保护的视角"，是指显现发明构思的特定运行环境或场合。我们将看到一个圆筒锁的发明案例，至少有三种不同的发明应用场合——锁本身，钥匙，以及钥匙切割机。当预计竞争对手将在一个具体的应用场合中实施本发明时，该发明应用场合是"具有商业意义的"。

实现专利的全部价值，还要求这些权利要求将能捕获到（a）个体行为而不是共同行为，其行为人是指（b）未经许可的直接侵权者。事实证明，当这些限定发明的权利要求完全落入各种应用场合的范围内时，这一目标能在很大程度上实现。撰写和检查与个体直接侵权者相关的权利要求，确实有助于确保这些权利要求能捕获这些人的行为。

本章主要讨论涉及许可费或金钱损失的专利价值。然而，在专利被交叉许可或专利所有人有意行使其专有权时，本章的观点同样有效。在这些情况下，如果限定发明的权利要求没有覆盖所有具有商业意义的应用场合和/或没有捕获个体直接侵权者的行为，则专利所有人的目标可能无法完全实现。

本章结尾列出了两个练习，一个涉及服装制造工艺，另一个涉及网络服务器网络，为读者提供了一个根据本章的观点来分析权利要求的机会。

发明应用场合

在本节中，我们将探讨发明在商业上的重要应用场合的概念，并了解为什么专利的价值取决于在所有这些场合中对发明构建的权利要求。

发明应用场合的释义

图 14-1 所示的圆筒锁发明展示了一个具有多种应用场合的发明。

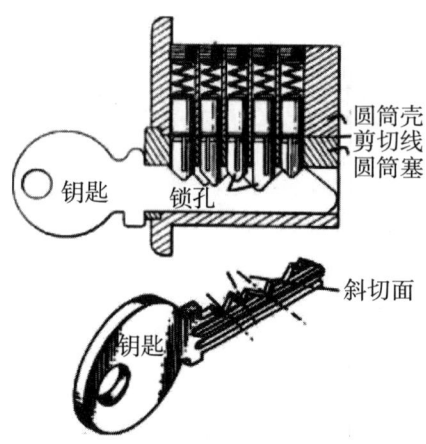

图 14-1 具有多个应用场合的发明

如通常的圆筒锁，只有用钥匙将每个锁簧的顶部抬起到剪切线时，该锁的圆筒塞才能在圆筒壳内旋转。在这个特殊的锁中这样做时，要求钥匙不仅像现有技术那样将锁簧抬起一定量，而且钥匙还必须使锁簧旋转一定量。旋转是由倾斜而非垂直于钥匙平面的钥匙切口带动的。不仅锁和钥匙是专门的，而且钥匙必须在专门的钥匙切割机上切割。

其中每个部件的新颖性都源于同一个发明构思——锁簧旋转。锁、钥匙和制作钥匙的机器已显示出了体现发明构思的三种不同的应用场合。如果钥匙坯与采用现有技术做的钥匙坯相比具有一些区别特征，它可以是第四个应用场合。

在另一个例子中，纸张制作发明的两个应用场合可以是（a）纸张的组分和（b）纸张的制造。

发明应用场合不同于法定类型。后者是一种发明类别——工艺、机器、制造或物质组分❶。相比之下，一个发明应用场合是一个显现发明构思的运行环境或场合。在锁的案例中，设备场合是锁本身、钥匙和钥匙切割机。

实际上，通常可以使用多种法定权利要求类型来对发明一个给定的应用场合进行限定。例如，在钥匙切割机这一应用场合中，可以用限定机器结构的设

---

❶ 35 U. S. C. 101.

第 14 章　发明应用场合和直接侵权者

备权利要求，以及限定如何操作机器切割钥匙的方法权利要求来限定锁的发明。在纸张制造发明的应用场合中，可构建制造纸张的方法和实施该方法的设备（造纸机）的权利要求。

发明应用场合也不同于发明的实施例。一件发明的多个实施例在如何实现本发明的细节上有所不同。纸张组分可以在一个实施例中包含合成纤维，在另一个实施例中包含天然纤维。但是两个实施例都可以在上述两个应用场合中构建权利要求。

即使不是大多数，也有很多发明都具有多个应用场合，如下面的示例所示：

- （a）可用作药物的化合物；（b）制备该化合物；（c）该化合物在疾病治疗上的应用。
- （a）视频信号的编译（以减少所需数据量）；（b）该编译信号的解码。
- （a）塑料容器；（b）用于制造容器的预成型坯；（c）从预成型坯制造该容器。
- （a）路基中间物；（b）含有该中间物的路基；（c）由包含该中间物的路基组成的道路。
- （a）肽；（b）能够产生肽的细胞；（c）肽的制备。

发明应用场合的重要性

如开头所述，专利权人可能没有意识到其专利的全部价值，除非对发明所有具有商业意义的应用场合都构建了权利要求。我们可能会想到对锁构建权利要求并到此为止；然而，其他人可能只是切割钥匙，或者只制作钥匙切割机，却不侵犯锁的权利要求，也不会损害专利权人的利益。

当一个应用场合的专利使用费明显大于另一个时，对发明所有具有商业意义的应用场合提出权利要求是特别重要的。对电视信号格式的发明，人们当然会想到对其生成信号的应用场合——广播发射器构建权利要求。然而，全世界大约只有 2 万个电视台，它们的所有者并不会经常买新的发射器。相比之下，每年全球销售超过 1.5 亿台电视机，以及超过 4500 万台机顶盒。在专利可执行的生命周期的 15～18 年间，电视机和机顶盒的销量会超过 30 亿台。专利所有者当然不满足于仅在 2 万台发射器上收取专利使用费，当撰写恰当的权利要求后，他可以在 30 亿台电视机和机顶盒上收取专利使用费。

实际上，即使考虑到信号格式的知识，信号解码所需的电路可能是显而易见的，在接收端（例如电视机、机顶盒、解码芯片）应用场合中对发明构建权利要求也是可行的。

权利要求14.1就是这样一个权利要求，其发明构思是对彩色视频信号的色度（颜色）和亮度（黑白）信息进行频率交错❶。

14.1 一种装置，包括：

（a）一用于接收彩色视频信号的输入端，该彩色视频信号包含交错色度和亮度信息，和

（b）一信号处理器，从接收到的视频信号中恢复亮度和色度信息。

一种确定发明应用场合的有用技巧是画草图，例如框图、流程图、表现功能的图或示意图，这可以使我们注意到发明可以应用的各种场合。

图14-2是视频压缩发明的草图，该发明涉及对视频信号进行编码，并且在此后某些时间点对编码信号进行解码。画出这一草图，有助于我们认识到本发明的应用场合包括：

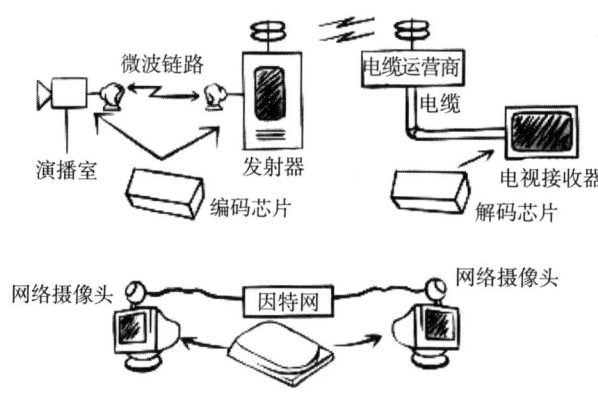

图14-2 画草图是确认发明应用场合的一种有效方式

- 编码和解码应用场合，即编码和解码算法本身，该算法是由集成电路制造商提供的集成电路或计算机硬盘驱动器安装的软件实现的；
- 编码设备和解码设备应用场合，即包含演播室摄像机、网络摄像头、广播发射器/接收器和个人计算机的视频设备，这些设备都可包含上述编码和/或解码集成电路或软件；
- 传输应用场合，即可传输编码信号的传输介质，包括演播室至发射器的微波链路，同轴电缆以及互联网服务提供商的设施。（然而，该应用场合基本上是学术探讨，因为在这种情况下对发明提出的权利要求很可能直接针对视

---

❶ 该方案在NTSB标准广播电视信号中实施。参见美国专利2,635,140（1953年4月14日颁布）。

频信号本身。这项权利要求已被宣告属于非法定主题❶。）

在所有具有重要商业意义的应用场合中对发明构建权利要求，确保了我们的权利要求可以捕获专利权人想维护专利权所针对的各方行为。如图 14-3（a）所示，在编码应用场合中限定本发明的权利要求，可以捕获集成电路制造商和进口商的行为。如图 14-3（b）所示，在编码设备的应用场合中限定本发明的权利要求，由于其包括在编码算法本身之外的步骤或组件，因此可以捕获视频设备制造商和进口商的行为。

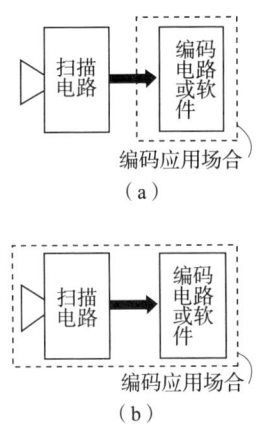

图 14-3　视频编码发明的两个应用场合

由于该算法由设备实现，所以竞争对手的相关设备也受到编码应用场合权利要求的影响，然而设备权利要求的优势是更大额的专利使用费。所以专利所有人的许可策略可能是授权设备制造商而不是集成电路制造商❷。

专注于设备制造商的许可策略的缺点，是需要对每个设备制造商单独授权。可能有太多的设备制造商去落实。因此，专利所有人的策略可以是向相对较少的集成电路制造商就专利使用费进行谈判，或试图确保禁止其使用，而不是试图对位于供应链下方的无数设备制造商执行专利权。

另一方面，设备可以用软件实现算法，例如与个人计算机的操作系统捆绑在一起的软件。进行视频编码和解码的那部分操作系统软件的价值可能确实很小，因此很难争取重要的专利使用费。

因此，专利所有人可能希望采取双管齐下的策略，向集成电路制造商收取

---

❶ *In re Nuijten*，500 F. 3d 1346，84 USPQ2d 1495（Fed. Cir. 2007）。
❷ 专利耗尽的原则通常会阻止专利所有人从集成电路制造商和设备制造商那里获得专利使用费。例如 *United States v. Univis Lens Co.*，316 U. S. 241，53 USPQ 44（1942）。

实施本发明集成电路的专利使用费,并向设备制造商收取用软件实现本发明的设备的专利使用费。

没有必要在申请时就决定这些。事实上,专利所有人的执行策略可能会随着时间而改变。在所有具有商业意义的应用场合中对发明构建权利要求保持了所有选择的开放性。

作者的一位同行认为,在开始撰写任何权利要求之前,应确定所有商业上重要的发明应用场合。然后,再有条不紊地对每个确定的发明应用场合撰写权利要求。

> 我甚至花很长时间思考发明应用场合,然后才撰写权利要求初稿的内容,从这些不同的应用场合去理解保护发明的大图,这使我可以自动排除一系列无意义的限定,这些限定可能是由于草图分析得不好,而被不恰当地提出来。例如,试图获得一项钥匙结构的权利要求,将不可避免地让我想到,当我撰写钥匙切割机的权利要求时,钥匙切割机的哪些部件与我正在制定的排他性授权无关,以及哪些部件意义重大。
>
> 只有在我思考过所有独立权利要求的应用场合之后,我才会继续充实每项权利要求的内容。
>
> ——BSL

维护发明应用场合边界的完整性

决定在特定应用场合中构建权利要求后,我们必须注意将权利要求限定在该应用场合中。这样一来,如果应用场合边界之外的事物进入权利要求,可能会使原本侵犯权利要求的当事人不再侵权。

例如,思考权利要求 14.2,如图 14-3(a)所示,其目的是在其编码(例如集成电路)应用场合中对视频压缩发明进行限定。

  14.2 一种方法,包括:
  生成要编码的视频信号,以及
  编码视频信号,通过……
  (a) ……
  (b) ……
  (c) ……

不幸的是,"生成要编码的视频信号"的步骤超出了预期的应用场合;编码电路或软件不会生成视频信号,而是从其他地方接收该信号。当专利权人接

第 14 章　发明应用场合和直接侵权者

触集成电路制造商试图授权许可时，集成电路制造商将毫不犹豫地指出这一点。尽管在这种情况下对共同侵权或诱导行为的案件提起诉讼相当容易，但这些都不是最理想的执行策略，如下文所述。

在编码应用场合中限定本发明的权利要求中，包含"生成视频信号"的步骤是容易陷入的陷阱。算法的"工作内容"毕竟是视频信号，并且它确实需要由某个设备生成。没错，但这并不意味着必须在权利要求中记载视频信号的生成。相反，通常可以简单地假设输入信号已存在，就好像由精灵交给我们一样；没有必要在权利要求中明确地记载输入信号的生成。在这个特定案例中，我们可以简单地删除权利要求 14.2 中的"生成"步骤，并将编码步骤调整为权利要求 14.3 的"编码视频信号"的编码步骤：

14.3　一种方法，包括
编码视频信号，通过……
（a）……
（b）……
（c）……

在另一个例子中，思考权利要求 14.4，其预设的应用场合是用于诸如因特网之类的分组传输网络中的一件装置。其中"连接到"分组传输网络的控制单元的描述是有问题的。

14.4　一种装置，包括：
（a）一控制单元，与分组传输网络连接并监测网络上的流量，
（b）……
（c）……

这项权利要求超出了设备应用场合的边界。它要求设备实际上与网络连接。该权利要求记载的不是制造商出售的这种设备，而仅仅是网络所有者将该设备接入其网络。这个问题在权利要求 14.5 中得到纠正。

14.5　一种装置，包括：
（a）一控制单元，监控分组传输网络上的流量，
（b）……
（c）……

我们的目标应当是撰写记载了竞争对手产品的权利要求，像它就坐在竞争对手的货运码头上。这甚至可以被认为是"货运码头应用场合"。

思考广告免责声明"不包括电池"，是分析权利要求是否违反给定发明应

用场合边界的另一种有用方法。竞争对手上市的产品中可能不包含哪些"电池"？

个体直接侵权人

应当以能捕获个体直接侵权人行为的方式来构建本发明的权利要求。

直接侵犯专利的行为是指当某人没有权利，而制造、使用、要约出售、销售或进口符合至少一项专利权利要求所限定的物品❶。

还有其他方式可以让某人为侵犯专利权承担责任，比如诱导他人侵权❷或成为共同侵权人❸，这都构成了所谓的间接侵权行为。然而，共同侵权和诱导行为需要证明存在直接侵权人❹。如果没有直接侵权人，就不可能有共同侵权人，也不存在侵权行为的诱导者。因此，任何情况下都必须证明存在直接侵权案件。此外，间接侵权还涉及其他证据要素。例如，共同侵权要求证明被告方供应的发明的部分构成了该发明的"实质部分"，并且还要求被告方知晓该专利，并知晓该部分是以侵犯该专利的方式特别制作或者使用的❺。进一步来说，应当以能够捕获个体直接侵权人行为的方式来构建发明的权利要求。可能会有多方参与，作为共同的直接侵权人而承担责任，例如 A 方实施制造方法权利要求的初始步骤来提供中间产品，再由 B 方完成权利要求的剩余步骤❻。然而，事实是：可发现的其组合行为与所有权利要求限定范围相吻合的当事人，并不一定被确定为共同侵权人。需要有实施方法步骤的各方之间存在代理关系，或者一方需要对他方承担至少实施一个步骤的合同义务❼。而各方之间往往不存在这种关系。

即使具有这种关系，如果一项权利要求覆盖了当事方在不同国家的行为，

---

❶ 35 U. S. C. 271（a）.

❷ 35 U. S. C. 271（b）.

❸ 35 U. S. C. 271（c）.

❹ 例如 *Fujitsu Ltd. v. Netgear Inc.*，620 F. 3d 1321，96 USPQ2d 1742（Fed. Cir. 2010）。

❺ 35 U. S. C. 271（c）.

❻ 例如 *Shields v. Halliburton Co.*，493 F. Supp. 1376，1389，207 USPQ 304（W. D. La. 1980），aff'd，667 F. 2d 1232，216 USPQ 1066（5th Cir. 1982），182 USPQ 644；*On Demand Mach Corp. v. Ingram Indus.*，442 F. 3d 1331，1335，78 USPQ2d 1428（Fed. Cir. 2006）（根据其他理由决定）。

❼ *BMC Resources，Inc. v. Paymentech，Lp*，498 F. 3d 1373，84 USPQ2d 1545（Fed. Cir. 2007）；*Akamai Technologies，Inc. v. Limelight Networks，Inc.*，629 F. 3d 1311，97 USPQ2d 1321（Fed. Cir. 2010），vacated，Nos. 2009 – 1372，– 1380，– 1416，– 1417（Fed. Cir. April 20，2011）；*McKesson Techs. Inc. v. Epic Sys. Corp.*，2011 U. S. App. LEXIS 10674，98 USPQ2d 1281（Fed. Cir. 2011），vacated，No. 2010 – 1291（Fed. Cir. May 26，2011）。

共同侵权行为也可能不成立。例如，只有所有权利要求的组装或未组装设备都是在美国制造、销售或进口的，才直接侵犯了美国专利的设备权利要求❶。

即使在特定情况下可以确定为共同侵权，这也不是我们想要得到的结果。这需要证明更多事实；需要针对更多的当事人；需要更多律师的参与，等等。

此外，在对专利申请画草图时，由于我们已经对权利要求有了全面掌控，因此，如果有任何途径能捕获个体直接侵权人的行为，那么没有理由不以这种方式对发明构建权利要求。"我们总能获取他们的共同或诱导侵权行为"或者"我们可以起诉他们共同侵权"的想法并不是一个合理的理由，因为它让我们放弃了撰写权利要求的有利条件，而当我们这样做时，会被个体直接侵权。

在所有具有商业意义的应用场合中构建发明的权利要求，通常会为我们提供即使不是全部也是大部分的途径。例如，对视频编码发明在其编码/解码应用场合中构建权利要求，经由权利要求 14.3 和图 14 – 2a❷，应当针对个体集成电路制造商或编码/解码软件供应商形成相当无懈可击的案例。但是，我们可能完全错过了一个应用场合。

以个体直接侵权人的角度撰写和检查权利要求，有助于确保权利要求覆盖基本情形。

两类常见的侵权对象

像我们这样尝试撰写的权利要求可能会遭遇个体的直接侵权，因为竞争对手可能会比我们更聪明，找出我们没有预料到的某种方式，将权利要求步骤或设备要素划分给多方。我们将在下文中看到一个例子。

然而，如果不能保证的话，那我们构建发明的权利要求时，至少可以避免采用多方可能采取的方式。

所谓的系统权利要求是一种典型的频繁的侵权对象。权利要求 14.6 就是这种权利要求，它涉及一种电信网络，包括两个电话中心局以及将它们互连的局间电路。

    14.6　一种电信网络，包括：
    （a）一始发中心局，
    （b）一终端中心局，

---

❶ 35 U.S.C. 271。相比之下，美国境内的与系统交互的一方，例如通过通信线路"使用"该系统，即使系统的一部分位于美国境外，也构成了侵权者。*NTP, Inc. v. Research in Motion, Ltd*；418 F. 3d 1282，75 USPQ2d 1763（Fed. Cir. 2005）。

❷ 原书如此，似乎应为 14 – 3（a）。——译者注

(c) 一个或多个局间电路,连接始发和终端中心局,以及

(d) ……

困难在于两个中心局可能属于两个不同的本地电话公司,并且局间电路可能包括第三方的设施,例如长途电话公司。基于这些事实,任何一方都不会侵犯该权利要求。如果这几方的协作不会被视为共同侵权人那样密切,这一执行途径也将被排除。

相比之下,权利要求14.7对同一发明在中心局应用场合中进行了限定,而不是在系统应用场合。采用这种方式,它将侵权限制在单一方上——中心局的制造商,并记载了该产品就像它坐在制造商的货运码头上,而不必将设备像权利要求14.6限定的那样"启动并运行"或连接到网络中。

14.7 一种适用于电信网络的中心局,该中心局包括:

(a) 一个网络适配器,经由一个或多个局间电路向网络中的另一个中心局发送信号;以及

(b) ……

权利要求14.7相对于权利要求14.6具有另一优点。即使单一方拥有并实施权利要求14.6的所有要素,该单一方很可能是电话公司。专利权人可能是电信设备的制造商。理论上,专利权人可以针对从竞争对手制造商购买侵权设备的电话公司主张专利权。但是,对自己的客户主张专利权从产生善意和未来销售的角度看并不是好方法。权利要求14.7可以使专利权人避免这种情况,因为它可以直接针对竞争对手制造商主张权利。的确,迫使竞争对手支付费用会增加竞争对手的成本,并可使专利所有人以较低的价格供应自己的设备。

消费者行为权利要求是另一种频繁的侵权对象。这种权利要求对消费者或其他私人的引导作用,实质上是一种商业活动。例如,权利要求14.8所要求保护的主题是一种方法,其中计算机用户选择显示的图标,使该所选图标所示的信号被发送到网络服务器。网络服务器反过来以某些新的方式处理该信号。权利要求包括由计算机用户执行的两个步骤(a和b)以及由网络服务器执行的两个步骤(c和d)。

14.8 一种方法,包括:

(a) 选择屏幕上显示的图标,

(b) 向网络服务器发送该所选图标所示的信号,

(c) 在网络服务器处接收信号,

（d）处理接收到的信号，采用……

一个计算机用户和一个网络服务器运营商之间当然不可能被发现存在代理关系，其中一方也不可能对另一方承担实施任何步骤的合同义务。因此，他们不太可能被判定为共同直接侵权人。

针对上述系统权利要求案件，解决方案是：撰写严格限制于网络服务器应用场合的权利要求。权利要求14.9就是这样的权利要求。它要求网络服务器接收并处理计算机用户生成的信号，而不必肯定地描述用户执行的任何步骤。

14.9 一种方法，包括：
（a）接收用户选择屏幕显示图标所示的信号，
（b）处理接收到的信号，采用……

即使一件专利只包含针对多方的权利要求，专利权人也不会失去追索权。针对声称"我们没有做权利要求主张的所有内容"的对立方，可以通过建议对立方的客户作为联合或共同直接侵权人承担责任的方式来应对。这些方案没有什么法律价值，但是客户被卷入专利诉讼的阴影会让目标侵权者也不得不跟进。没有商业人士希望他们的商业关系因此而紧张。但这种策略可能行不通。被告方可能会给专利权人打电话虚张声势，使其采取很有可能在最终分析中失败的行动。

除此之外别无他法，不应当错过任何以可捕获个体直接侵权人行为的方式对发明构建权利要求的机会。

采用竞争对手的思维模式

基于竞争对手的动机，他们很容易发现并利用侵权漏洞。通过采用竞争对手的思维模式，我们可以轻松地找到这些漏洞，并在撰写权利要求阶段就杜绝漏洞。那么，让自己进入竞争对手的思维模式，是验证（a）该发明已在所有商业上重要的应用场合中都构建了权利要求，以及（b）这些权利要求是能够尽最大可能捕获个体直接侵权人的行为的好方法。

作者的一位同行用想象权利要求受到攻击的方式，将自己置于竞争对手的思维模式下。他从他所称的轻松攻击和巧妙攻击的两方面来进行思考。

当竞争对手找到实施发明人所教导并同时避开权利要求中一个或多个限定的方法时，就会发生"轻松"攻击。当竞争对手创建商业模式时，即使其中符合权利要求的全部限定，也不会有个体直接侵权行为，但这时会发生巧妙攻击。

> 安全专家经常谈到在密码学上分析"攻击"以及在现实环境中的实际可行性。我认为这与权利要求类似。轻松"攻击",就好比竞争对手依赖显然不需要反映在独立权利要求最宽泛抽象概念中的限定。例如,包括"可磁化套筒"元件的产品权利要求,可以被包含非"磁化"套筒的方案规避。这对权利要求产生"轻松"攻击。阻止这样的攻击只是一个仔细阅读的问题。
>
> 然而还有更多巧妙"攻击"经常被忽略,比如竞争对手创建的商业模式不需要实施权利要求所要求的某些步骤,或者不需要建造/使用/销售权利要求所要求的某些部件。
>
> 一个更"巧妙"攻击的例子是考虑替代商业模式,以避免共同侵权问题的方式,规避美国专利的领土影响,或者将产品/服务权利要求的部件/行为分开。如果一项服务权利要求需要步骤A、B和C,考虑步骤B和C是否可以在喀麦隆进行(很多互联网相关专利的地点尤其不确定)。如果一项产品权利要求需要部件A、B和C,考虑一种业务安排,即只销售部件A和B,并要求客户取得C的被许可版本。
>
> ——BSL

作为巧妙攻击的商业模式的一个例子,对以下发现进行思考:通过将电线切成非常细的碎片并在超声波浴中搅动碎片,可以将废电线上的绝缘层从金属上去除。绝缘材料浮起,裸露的金属沉入浴槽底部,从而可以很容易地回收再利用。

权利要求14.10详述了该工艺的两个步骤:切断电线,并在超声波浴中搅动切碎的碎片,从而将绝缘层与金属分开。

14.10 一种方法,包括:
将覆盖有绝缘层的金属线切割成不超过绝缘层宽度的碎片,以及
在超声波浴中搅拌切碎的碎片,
绝缘层和金属由此分离。

图14-4显示了如何轻松地使它形成多方行为,其中第一方进行切碎,第二方进行裸露金属线的搅拌和回收。即使双方紧密联系,如果对立方以如下形式开展业务,即在加拿大切断废电线,然后运往纽约州进行搅拌/分离,那么在美国不会构成侵权。或者无关联的第一方在市场上公开销售用于其他用途的已切断电线,例如用于某种填充物,或者用超声波清除绝缘以外方法的回收,

而第二方选择从该第一方处购买已切断电线。

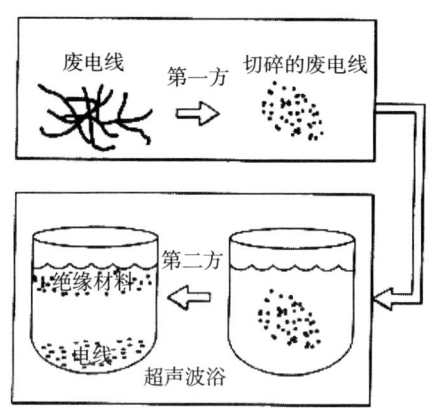

图 14-4　对立方可能为了避免侵权而将发明切分给多方加工

我们不能依赖法律或事实来摆脱困境,而应该努力把它变成一个个体可能会侵权的步骤。权利要求 14.11 就是专门针对第二方行为的。

14.11　一种方法,包括:

搅拌,在超声波浴中搅拌包覆绝缘材料的碎金属线,其长度不超过绝缘体宽度,由此绝缘体和金属在浴中分离。

其他分析方法也可以使我们提出权利要求 14.11。我们在分析本发明的应用场合时可能会想到,超声波浴是一种可应用场合,且本身就是一种应用场合。或者我们可能已经认识到碎电线是一种只包含搅拌步骤的给料,因此不需要在权利要求中生成,就像视频信号可以被视为编码步骤的输入,因此不需要在编码步骤的权利要求中生成该信号一样。或者我们可以认识到,由于碎电线是权利要求 14.10 的中间产品,因此可以进一步提炼该权利要求。

本节中讨论的陷阱都不是权利要求撰写人难以避免的。关键是认识到我们获取一项专利不是因为专利所有人想要做某件事,而是因为其他人可能想要做。采取竞争对手的思维模式,能使我们快速领会其他人可能会利用发明优势所做的所有事,并使我们能够确保权利要求将覆盖个体实施发明的所有可能方式。

读者练习

以下两个例子中的权利要求违反了本章中提出的各种规则。它们还包含了将本发明与现有技术区别开所不需要的多余元素和其他过窄限定。

请读者尝试承担竞争对手专利代理人的角色,并找出所有可做非侵权行为抗辩的途径和/或如何布署竞争对手的商业模式以确保不侵权。

每个例子后面都有作者的分析和权利要求改进建议。

示例一:衣服❶制造

发明

衣服制造工艺的典型现有技术,例如制作衬衫,要切割一堆布料来产生大量的衬衫正面,以及衬衫背面、袖子、衣领等。然后从相应的衣料堆中取出每种衬衫配件中的一个,以便将服装❷缝合在一起。本发明的发明点是小规模服装制造步骤。如图14-5所示,衣服的所有衣料片都是从单层织物❸的特定部分切割而来的。因此,当衣料脱离切割机时就聚齐了一件服装的所有衣料片,并准备好缝制成一件"衣服❹"。

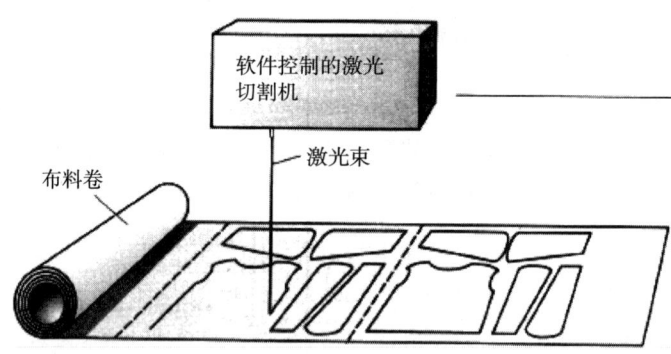

图14-5 例一的衣服制造发明

权利要求

一种批量生产衣服(clothing)的方法,该方法包括:

(a)为计算机化的切割机创建一组软件指令,所述指令限定了生产服装的布料切割形状,

(b)将指令加载到机器中,

---

❶ clothing,偏口语化的服装表述。——译者注
❷ garment,偏术语化的服装表述。——译者注
❸ textile,较为上位的纺织品概念。——译者注
❹ kit,强调该衣服成套加工。——译者注

第14章 发明应用场合和直接侵权者

（c）提供一卷布料❶，
（d）将布料区分成几个部分，
（e）操作该机器从相应部分中切割一套衣料片，以及
（f）将这套衣料片缝合在一起形成一件衣服（clothing）。

分析

步骤（a）该步骤可借助衣服制造商以外一方的行为，从而创建多方行为。特别是，创建软件指令可以是由切割机供应商或一些第三方提供给衣服制造商的服务。还有个问题是软件指令可以在海外创建，从而造成多重管辖权问题。此外，该机器可以通过一些机械手段或通过硬件电路而不是软件来实现"编程"。还要注意，"布料"一词的潜在缩小效应，通常其被认为不包括如皮革等服装材料。

步骤（b）该步骤也有借助衣服制造商以外一方行为的潜在可能性。可能是由切割机供应商或第三方作为一项服务为衣服制造商将指令加载到机器中。这一步也会引发潜在的专利使用费问题。由于加载到机器中的指令只针对每种不同模式，竞争对手会争辩，对于每种不同模式，无论用该模式制作多少件衣服，对该权利要求只构成一次侵权。权利要求描述了仅一件衣服的制造，这一事实使该争辩得到了支持。

步骤（c）这是一个毫无价值的步骤，除了造成损害之外没有任何作用。竞争对手可能会争辩说，它并没有"提供"布料卷，而是由布料供应商来提供，从而借助了另外一方的行为。该争辩可能不会奏效。可以反驳，"提供"是指服装制造商在机器上安装卷筒的动作。但无论被诉侵权者的争辩多么不正当，都必须反驳这些争辩是不正当的，这增加了诉讼的复杂性和费用。该"提供"步骤正好给了对立方一些可争辩的点。"提供"步骤往往是多余的，因为可以为假定"提供"事物的存在而撰写其他限定。"获得"步骤也与此相似。事实上，如果获得的东西是在国外获得的，"获得"可能会更加棘手。另一个潜在的问题是"卷"（roll）一词。布料可能是折叠的而不是成卷供应。

步骤（d）该步骤易于争辩没有被侵权，因为切割机可能不会执行任何可以将卷"区分"成部分的功能，特别是如果布料以连续运动方式通过机器。即使机器对每套衣料片启动和停止，也难以确定机器的哪些操作构成了明确描述的将卷"区分"为部分的步骤。

步骤（e）该步骤似乎是正确的。

步骤（f）该步骤提出了另一个潜在的单一侵权者或多重管辖权问题。成

---

❶ fabric，较为下位的纺织品概念。——译者注

套的衣料片可能在美国切割，但被运往海外由非相关方进行组装。然而，可能会对35U. S. C. 271（f）（1）的适用性提出异议。

建议的权利要求

避免这些问题的权利要求如下：

> 一种方法，包括：
>
> 操作自动切割机，从一定长度的织物（textile）上切下服装（garment）的衣料片，
>
> 其中，对于每件服装，其衣料片全部从织物相应非重叠部分切割而成。

示例二：互联网基础设施

发明

公开的实施例涉及两个网络服务器。如图14-6所示，每个网络服务器都有一个备份磁性存储介质（如硬盘、磁带等），存储介质分为两部分，一部分用于存储备份自身数据，另一部分用于存储备份其他网络服务器数据。如果特定服务器的备份数据被损坏，则可从其他网络服务器获得另一个版本。专利权人计划针对网络服务器制造商主张该专利。

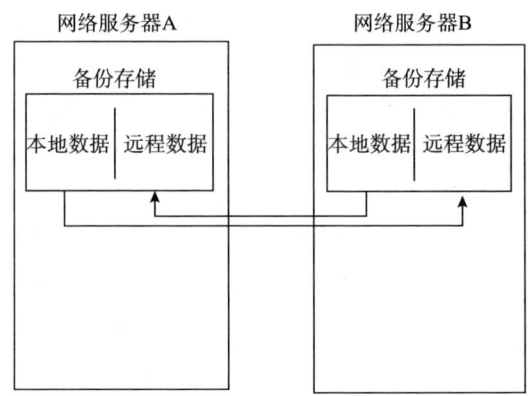

图14-6 例二的互联网基础设施发明

权利要求

一种装置，包括：

（a）一通信介质，

（b）由介质互连的第一和第二网络服务器，

（c）每个网络服务器包括一存储数据的备份磁性存储介质，

第14章 发明应用场合和直接侵权者

（d）每个网络服务器包括一备份模块，该备份模块将备份存储介质格式化成本地和远程分区，并在远程分区中存储从另一服务器接收到的数据。

分析

要素（a）网络服务器制造商可以提出，它不制造或销售通信介质。

要素（b）网络服务器制造商可以提出，当制造商供应网络服务器时，网络服务器并未互连。

要素（c）网络服务器制造商将指出，与权利要求相反，网络服务器在出厂时不会存储任何数据。此外，网络服务器制造商可以布置其商业模式，供应没有备份存储介质的服务器。如果客户希望服务器有备份功能进行操作，建议他们单独向第三方订购备份介质。网络服务器制造商也可以通过设计网络服务器，使用光学而不是磁性存储介质，从而规避该权利要求。

要素（d）网络服务器制造商将指出其服务器不会对媒体格式化，而是由媒体供应商预先格式化。它可以将其网络服务器设计为循环方式，以三个或更多个为一组来备份彼此的数据——A备份B，B备份C，C备份A——而不是按照权利要求彼此相互备份的方式。网络服务器制造商也会辩称，在离开制造商的货运码头时并未"操作"该服务器❶。

建议的权利要求

一种网络服务器，适用于与第二网络服务器互连，该网络服务器包括：

一个用于接收第二网络服务器本地备份数据的接口，以及

一个记忆存储模块，用于在备份存储介质的第一分区中，存储网络服务器本地数据，并用于在所述存储介质的第二分区中，存储接收到的另一网络服务器的数据备份。

我们致力于最大限度地发挥专利的价值，确保发明在其所有具有商业意义的应用场合中构建权利要求，并且这些权利要求可以捕获个体直接侵权人的行为。

然而，专利的价值还可以取决于使用各种法定权利要求类型要求保护的发明。这是本书后面章节的主题。

---

❶ 制造商声称它不符合任何"操作"类型的限制，对这种情况常用如下应对方式：指出当制造商在工厂中测试设备时和/或将设备安装到用户场所时，无疑是在操作该设备。

本章回顾

强化理解

1. 什么是发明应用场合？

2. "具有商业意义"的发明应用场合是什么意思，以及为什么在所有具有商业意义的应用场合中构建权利要求对发明很重要？

3. "维护发明权利要求边界的完整性"是什么意思？

4. 共同侵权者和诱导他人侵权者应承担间接侵权责任（35U. S. C. 271 (b) (c)）。那么，为什么要撰写能够捕获直接侵权者行为的权利要求？

5. 可以将多方起诉为共同侵权者。那么，为什么要撰写能够捕获个体侵权者行为的权利要求？

6. 为什么"系统权利要求"难以执行？

7. 在要求消费者行为的权利要求中有什么法律和实际问题，即"点击所显示的图标"的方法步骤？

8. 如何接受对立方的思维模式，来帮助权利要求撰写者意识到可构建权利要求的发明特定应用场合所带来的潜在侵权漏洞？

深入思考

9. 假设本章讨论的锁发明的钥匙坯与现有技术的钥匙坯不可区分。为什么不能在钥匙坯应用场合中为该发明构建如下权利要求：

> 一种钥匙坯，用于加工圆筒锁的钥匙，该锁的形式为插入钥匙时至少一个圆筒旋转。

10. 您是否同意作者以下观点，对"接收器"权利要求14.1而言，即使考虑到发射器生成的视频信号的（假定新颖/非显而易见的）格式，其所列举的两个元件的结构将是显而易见的，但该权利要求仍是可授予专利权的？

11. 针对电气或电子设备的权利要求包含"能源"会有什么问题？因为实际上每个这样的设备都需要能源来运行。

提升技能

12. 发明的应用场合

a. 对以下每项发明思考至少两个应用场合。请记住，一项发明不会由于权利要求法定类型不同，例如方法和设备，而视为在不同应用场合下构建了权利要求。

　　i. 外卖餐馆的网络应用程序，使用即时消息传递，以便客户获取菜单信息和/或下订单

　　ii. 鞋的结构

　　iii. 电子表格程序

　　iv. 干燥水果的方法

　　v. 防止未经授权复制下载音乐的编码格式

　　vi. 通过中继服务器将用户个人电脑收到的电子邮件转发给用户掌上电脑（PDA）的方法

　　vii. 用于多刀片剃刀的刀片

　　viii. 软件编译程序［将Java代码等以源代码语言编写的软件转换成计算机可以读取和执行的目标代码（0和1）］

　　b. 在每个应用场合中，哪些人可能会对发明侵权？

　　c. 从专利执行的角度来看，哪些应用场合可能是最重要的？

第 15 章
法定权利要求类型

我们在第 14 章看到,要使专利的价值最大化,需要在发明所有具有商业意义的应用场合中构建权利要求。在本章中,我们将看到专利的价值还取决于用于发明的三种主要法定权利要求类型——方法权利要求、设备权利要求和组合物权利要求中的一种或多种。它们来源于 35 U. S. C. 101 规定的四种法定主题类型:对"步骤"的方法权利要求;对"机器"和"产品[被制造物品]"的产品权利要求;以及对化合物的组合物权利要求和其他"物质组成"权利要求。

许多发明都倾向于使用特定的法定权利要求类型。回形针肯定会作为产出品采用产品权利要求;炼油工艺会对其步骤采用方法权利要求等。然而,许多发明可以使用多种法定权利要求类型。实际上,专利价值的最大化正取决于此。

核心考虑因素是可预见的执行情况。专利侵权者是指无权制造、使用、许诺销售、销售或进口专利发明的人❶。实际上,专利所有者通常只想对制造商或进口商中的一部分主张自己的权利,这样可以让专利权人在上游收取使用费(或获得针对侵权的禁令);纠缠无数批发商、零售商或消费者通常是不切实际的。然而,针对特定类别的侵权人,有效维护专利的能力,可能取决于用于限定本发明的法定权利要求类型。

产品(机器/产出品)权利要求

一般的产品权利要求

许多发明涉及机器或产出品,因此采用产品权利要求。事实上,对许多发

---

❶ 35 U. S. C. 271 (a)。

明来说，这可能是唯一有意义的权利要求类型。本书中的椅子和回形针权利要求都是产品权利要求的例子。许多生物技术发明，例如转基因植物，是通过"制造"实现的，并且也采用本质上是产品权利要求的方式来限定，例如权利要求15.1。

15.1 一种转基因植物，包含编码质体膜转运多肽的转基因真核细胞，所述质体膜转运多肽在 SEQ ID NO：2 的残基 43 和 323 之间至少具有 17 个连续氨基酸残基。

尽管也可能能够获得产品权利要求，但许多专利仅具有方法权利要求。特别是对于在基于软件的系统中实施的发明，例如电信设备或医疗诊断设备。另一个例子是信号处理发明，例如语音识别算法。

将这些发明限制在方法权利要求中通常不是一个好主意。产品权利要求容易针对制造商来主张其权利；当在流水线末端生产出侵权设备时，即构成侵权。相比之下，只有在执行操作本身时才会侵犯限定设备操作的方法权利要求。直接侵权者不是制造商，而是消费者或其他用户[1]。

制造商可能因诱导侵犯方法权利要求或成为共同侵权人而被起诉[2]。但是，正如第14章所讨论的那样，最好能够确立一个直接侵权的情形[3]。更进一步，只有被告的共同或诱导侵权者确实已经获知了该专利，才可能对诉讼之前的行为要求赔偿[4]。

仅有方法权利要求的专利的另一个问题是，一些方法只执行几次，严重限制了专利许可使用费。一个例子是用于获得产品设计参数的方法。思考权利要求15.2，其限定了一种确定半导体芯片与门的最佳面积的方法，以便其具有非常快的"升压时间"。

15.2 一种用于设计半导体芯片的逻辑门的方法，所述方法包括：

逻辑门的面积为 A，$A = <\beta> l_c^{2/3}$，其中 l_c 是半导体材料的杂质浓度，$<\beta>$ 是门内信号路径的最长长度。

在半导体芯片的设计过程中，该权利要求被侵权的次数很少。想要获得任何种类的大额专利使用费或赔偿，将是一场艰苦的战斗。相比之下，产品权利

---

[1] 例如，制造商可能在设备测试或安装过程中对某一方法直接侵权。然而，这种侵权的专利许可使用费通常数目惊人。

[2] 35 U.S.C. 271 (b) - (c)。

[3] 35 U.S.C. 271 (a)。

[4] *Manville Sales Corp. v. Paramount Systems, Inc.*, 917 F. 2d 544, 554, 16 USPQ2d 1587 (Fed. Cir. 1990)；*DSU Medical Corporation v. JMS Co.*, LTD (Fed. Cir. 2006) (en banc)。

要求 15.3 直接针对整个半导体芯片，其中包含符合设计算法的逻辑门。

15.3 一种半导体芯片，至少具有一个逻辑门，其面积 A = <β> $l_c^{2/3}$：其中 l_c 是半导体材料的杂质浓度，<β> 是门内信号路径的最长长度。

该产品权利要求使专利所有者能够对制造出的每个芯片要求专利使用费或赔偿。

产品权利要求的最后一个优点是，它们不受专利法中称为第一发明人辩护的限制，该限制只适用于方法❶。

计算机可读介质（Beauregard）权利要求

软件发明的预期执行情况引发了专门的权利要求问题。

软件发明当然可以由一系列方法步骤来限定，也可以由执行这些步骤的设备来限定。当软件预装到计算机中时，后者可能是一个特别有用的执法工具，由此计算机制造商和销售链中的人员都成为直接侵权人。

然而，大量软件以在光盘（CD）或其他计算机可读介质上的独立形式出售。那么可预见的执行情况可能会涉及直接针对软件公司主张专利。在这种情况下，方法权利要求可能不太理想，因为方法步骤不是由软件公司执行，而是由终端用户的计算机来执行。同样地，直到软件从 CD 加载到消费者的计算机中，才会产生执行方法步骤的设备。软件公司可能被指控诱导侵权或构成共同侵权者。然而，再次强调，只要有可能就应当建立能形成直接侵权的情形。

计算机可读介质权利要求能够解决上述问题，它也被称为博勒加德（Beauregard）权利要求❷。在其典型形式中，这种专用类型的设备权利要求会要求在计算机可读或机器可访问介质（例如，CD）中存储程序指令，使计算机执行实现本发明的步骤。针对产品权利要求，例如权利要求 15.4，CD 本身即构成侵权：

15.4 一种制造的物品，包括机器可访问的介质，该介质中的编码指令用于使处理器执行以下操作：

接收来自具有客户端识别码的客户端的请求；

将识别码发送到包含多个客户端特征参数的中心注册表；

---

❶ 35 U.S.C. 271 (b) (3) (A)。

❷ *In re Beauregard*, 53 F.3d 1583, 35 USPQ2d 1383 (Fed. Cir. 1995)。

第15章 法定权利要求类型

从中心注册表接收包括客户端处理能力的特征参数；以及

通过网络向客户端传输内容，这些内容根据特征参数缩放。

计算机可读介质权利要求的用处不仅限于面向消费者的软件。基于软件的工业和电信设备制造商在计算机可读介质上向客户发布程序和更新程序。

传播信号权利要求——不再允许

传播信号权利要求是一种特殊类型的设备权利要求，已经应用了多年，直到2007年联邦巡回上诉法院在 *In re Nuijten* 案中宣布这样一项权利要求属于非法定主题❶。从业者可能会在 *Nuijten* 案之前公布的专利中遇到这种类型的权利要求，因此了解它们的含义是比较有趣的。

传播信号权利要求的主题就是信号本身，没有任何产生信号的装置或方法。权利要求15.5就是一项限定数据加密发明的传播信号权利要求。

15.5 一种传播信号，包括：

代表公钥的第一分量，所述公钥由私钥签名，在第一时间间隔内创建所述私钥，在第二时间间隔内创建所述公钥，所述第一时间间隔不同于所述第二时间间隔；

代表数字签名的第二分量，如果确定在第二时间间隔内接收到认证请求，则在所述第二时间间隔期间创建所述签名；以及

其中所述签名是使用第二私钥创建的，所述第二私钥在所述第二时间间隔期间创建。

在传播信号权利要求仍被允许的时候，从业者热衷于这种权利要求的原因在于，它在预期实施场景中至少具有两个优势。传播的信号可以很容易地以电子方式捕获和分析。与本发明被限定为机器/制造或步骤相比，会更容易证明侵权。此外，传播信号权利要求可能会被通常不会侵犯任何其他权利要求类型的各方侵权。这包括电信运营商、有线电视公司和互联网服务提供商，该信号会在他们的设施中传播。

联邦巡回上诉法院在 *Nuijten* 案中裁定，如 *Nuijten* 权利要求所寻求保护的瞬态电力或电磁传输不符合35 U.S.C. 101规定的制造物品的定义，也不属于该法令规定的任何其他可取得专利的主题。

---

❶ *In re Nuijten*, 500 F.3d 1346, 84 USPQ2d 1495 (Fed. Cir. 2007).

方法（步骤）权利要求

许多发明从根本上说是步骤或方法——化学合成、计算机算法、手术技术、商业方法等。然而，用设备术语限定的发明通常也可以用该设备执行的方法来限定。例如，参见微波炉权利要求 7.1 和 7.3。实际上，在可预见的执行情况中，方法权利要求可能会比产品权利要求具有显著的优势。

首先，可能难以证明产品权利要求的结构要素与涉嫌侵权设备的各个部分之间存在一对一的关系。例如，权利要求中两个要素的功能，可能由涉嫌侵权的设备中的一个双重用途的元件来执行。然而，同样的设备可能会侵犯方法权利要求的所有步骤。

其次，可能无法检查到涉嫌侵权的设备，例如竞争对手工厂车间里的机器。然而，机器生产的产品可能会体现出实施了该方法。用方法权利要求维权，可以减少对立方的大量回击，并帮助许可谈判或和解讨论走向成功。

即使很容易证明产品权利要求被侵权，方法权利要求也更有价值。覆盖改进的制鞋机器的设备权利要求，可以从销售给制鞋商的每台机器获得专利许可使用费。但是，在专利生命周期内，制造侵权制鞋机的总价值与这些机器制造的鞋的总价值相比，会显得苍白无力。因此，一项描述由机器执行的新型制鞋步骤的方法权利要求，可以给专利权人带来更高的经济回报。

方法权利要求也可证明比组合物权利要求更有价值。例如，用于制造集成电路的化学组分的全年市场价值可能不超过几千美元。因此，除非专利所有者的目标是执行其排他性权利，否则针对组分本身的权利要求可能没有多大益处。相反，针对使用新组合物的集成电路制造方法的方法权利要求，可以对每个制造出的集成电路主张专利使用费。例如，权利要求 15.6 列举了一种标准集成电路制造工艺，其中唯一的新颖之处在于新组合物的配方。

15.6 一种用于制造器件的方法，包括如下步骤：
在基板上形成辐射敏感区域，
构图该区域的至少一部分，并且
进一步处理基板，
其特征在于，所述区域包含一组合物，该组合物通过使用［省略新材料化学式］材料聚合形成。

方法权利要求的另一个好处是能够重获提起诉讼前的侵权赔偿。一般来说，重获这些赔偿是可能的。但是，如果专利所有者出售设备权利要求所涵盖的产品，则只能从侵权者确实获知该专利时起，获得基于侵权设备权利要求的赔偿，除非产品上标有专利号❶。然而，如果专利仅包含方法权利要求，则该专利号标记规定不适用❷。

另一个好处是，即使在国外使用权利要求的步骤生产产品，随后将产品输入美国，也构成对方法权利要求的侵权❸。

组合物权利要求

以下主题的组合物发明如有机化合物、陶瓷、肽、生物材料等的组合物，应当采用组合物权利要求。权利要求15.7是一个组合物权利要求。

15.7 一种组合物，包含底部填充材料和松香化合物的酸酐加合物，所述松香化合物包含有机松香酸部分的酯。

组合物权利要求围绕组合物本身，即使是通过组合物发明人没考虑过的方法制备。无论在同一专利申请中，还是区分开的独立专利申请中，追求限定组合物生产过程的方法权利要求都是有利的。

方法表征产品的权利要求

方法表征产品的权利要求本身不是法定权利要求类型。它是一种特殊类型的产品或组合物权利要求，它根据产品制造过程来限定产品。权利要求15.8～15.10是化学组合物，冷冻水果凝胶和模塑鞋内底的方法表征产品的权利要求：

15.8 一种聚碳酸酯，由以下步骤生产：

（a）形成反应混合物，其包含二羟基化合物、碳酸衍生物、溶剂和充足的基质，引起聚碳酸酯的形成；和

（b）在所述反应混合物中使用含有羟基的链终止剂，使得不形成单碳酸酯。

15.9 一种坚实的水果凝胶，具有类似桃子的纤维组织，由以下步骤

---

❶ 35 U.S.C. 287（a）.

❷ *American Medical Systems, Inc. v. Medical Engineering Corp.*, 6 F.3d 1523, 1537, 28 USPQ2d 1321, 1331（Fed. Cir. 1993）.

❸ 35 U.S.C. 271（g）.

生产：

(a) 向基本上由魔芋粉、碱性剂和水组成的组分中加入果汁组分，并搅拌这些组分以形成混合物；

(b) 冷冻混合物；和

(c) 解冻冷冻的混合物。

15.10 一种模塑鞋内底，由以下步骤生产：

(a) 将可膨胀的聚氨酯材料导入模具中；

(b) 将弹性体嵌入材料放入模具中，嵌入材料具有较大的减震性能并且比模制的开孔聚氨酯泡沫材料具有更小的弹性；

(c) 等等。

尽管它列举了方法步骤，但方法表征产品的权利要求是对产品本身的权利要求。工艺步骤只是限定产品的手段。也就是说，只有当竞争对手使用相同的方法生产时，才会对限定产品的方法表征产品的权利要求侵权❶。另一方面，如果产品是现有技术，即使方法表征产品的权利要求中叙述的工艺步骤是新的，但方法表征产品的权利要求也是不可授予专利的❷。

如果所涉及的产品可以通过组合物或产品（设备）权利要求来限定，则也可以这样认定。

即使在选定的权利要求范围、应用场合和法定权利要求类型的约束下，实际上也有无数种方式来为给定的发明撰写权利要求。事实上，有一个很好的理由来撰写几个不同版本的最宽权利要求。后续章节会说明为什么这样做，以及如何去做。

本 章 回 顾

强化理解

1. 对一件可以构建产品权利要求的发明而言，只撰写方法权利要求有什么危险？

---

❶ Abbott Labs. v. Sandoz, Inc., 544 F. 3d 1341, 89 USPQ2d 1161 (Fed. Cir. 2009) (en banc).

❷ 同上。

2. 对一件可以构建方法权利要求的发明而言，仅撰写产品权利要求有什么危险？

3. 对一件可以构建化合物应用的方法权利要求的发明而言，仅撰写组合物权利要求有什么危险？

深入思考

4. 一些从业者将计算机可读介质（Beauregard）权利要求作为一项可由计算机实现的发明的常规主题。您是否能想到这种情况，虽然可以撰写这种权利要求，但其价值很小或没有价值？

第 *16* 章
权利要求的多样性

专利的实施充满了不确定性。权利要求可能包含没有预计到的漏洞——不必要的特征，过于狭窄的术语，或其含义似乎非常清楚但可以被辩解为不清楚的限定。另一个不确定性是在起诉期间发现未引用的现有技术。

直到专利所有者试图进行专利许可或诉讼时，这些问题才可能出现，但为时已晚。退守性权利要求❶和解释性权利要求❷对于解决这些不确定性，可能会有很长的路要走，但很难预测每一种可能出现的无效情形。

还有一个不确定因素，是专利维权时的法律。

本章的主题是权利要求的多样性，介绍构建解决以上及其他不确定性的整个权利要求书的方法。多样化的权利要求书以不同的方式呈现本发明，例如，通过不同的方式组织限定、使用不同的术语或者采用列举功能和结构的不同组合。如果用不同的方式对发明进行表述，即使宽度相同、应用场合相同，法定权利要求类型相同，那些在某个权利要求中使其过宽或过窄或不清楚的特定缺陷，可能就不会出现在另一个权利要求中。那么，与计划性退守一样，权利要求多样性提高了授权专利至少有一项权利要求既有效又被侵权的可能性。

我们从来不知道是否解决了任何潜在的问题。所有已知的权利要求缺陷在提交申请前都已解决。我们简单地认为，一个权利要求与另一个权利要求区别越大，第一个权利要求的任何隐藏缺陷出现在第二个权利要求中的可能性就越小。

在权利要求书中实现显著的多样性可能说起来容易做起来难。大多数类型的发明可以用各种各样的方式来限定。但是一旦我们为了得到正确的权利要求而冥思苦想，就很难促使自己的大脑去思考如何以不同的方式来限定发明。人

---

❶ 参见第 6 章。
❷ 参见第 10 章。

第16章　权利要求的多样性

们可能很难抛开对发明的根深蒂固的观点，或者某种构建权利要求的特定方式，并向着新的方向前进。

本章介绍了一些使权利要求撰写过程切入新方向的观点。这些观点不仅适用于撰写宽泛的权利要求，而且适用于撰写任何所需宽度的权利要求。

重组"问题—解决方案"的描述

撰写"问题—解决方案"的描述的新版本很容易产生新的权利要求，特别是在使用第 7 章中介绍的基于问题解决法的权利要求撰写技巧时。一个不同的"问题—解决方案"的描述可能使我们在发明点上有新的收获，从而在使用第 8 章的基于发明点的方法时产生不同的权利要求。道尔斯为劳德的圆珠笔发明撰写了两个这样的权利要求，在第 1 章中进行了讨论，在此再次提出：

16.1　一种笔，基本如所述的，具有球形标记点。

16.2　一种笔，为实现所述目的并基本如所述的，具有能够在所有方向上旋转的标记球。

然而，撰写"问题—解决方案"的描述的新版本可能很困难。就像我们已经面对一项权利要求一段时间，原来的"问题—解决方案"的描述已经在一定程度上主导我们的思维模式，以至于在尝试撰写新权利要求时没有任何可用的东西。如果发生这种情况，只需转移到下文中介绍的其他技巧。

然而，在其他情况下，随着我们对发明的熟悉程度的提高，尤其是在写完说明书后，可能会对问题或解决方案产生新的想法。这些理解可以用来扩展问题和/或解决方案的不同表述。

同时列举功能和结构

本书强调权利要求中功能性限定达到权利要求宽度的重要性。例如，打字机的退格键用纯粹的功能术语表达为：

16.3　一种打字机，通过响应预定的用户动作，启动内部打字机操作，将其滑架移动到先前键入的位置。

该权利要求没有提到特别的结构，或者说没有任何实现滑架移动的结构。从功能上而非结构上限定一项发明，使得其他人难以通过实施权利要求中固有的功能和关系，将其与不同的结构要素一起使用来规避权利要求。

但是，在撰写了一个功能性强的权利要求后，我们可以努力撰写一个结构性更强的权利要求，从而增强整个权利要求书的多样性。

权利要求中的结构限制，可以是特定的物理特征或装置加功能特征。前者主要由它们是什么来限定，后者则由它们做什么来限定。例如，权利要求 16.4 以物理要素的形式限定了退格键的发明，而权利要求 16.5 使用装置加功能限定要素形式来限定同一发明。

物理要素权利要求

16.4 一种打字机，包括：

多个字母键，

一滑架，当其中一个字母键被按下时该滑架在第一方向上移动，

一控制键，和

一机械联动装置，将控制键与滑架相互连接，并且当控制键被按下时使滑架在第二方向上移动。

装置加功能限定权利要求

16.5 一种打字机，包括：

打印装置，用于响应字母键的操作，在滑架承载板上创建打印字符，

推进装置，用于在每个字符被打印之后使滑架向前移动，

退格装置，用于响应用户对退格键的操作，当控制装置被操作时使滑架向后移动。

如上所述，列举结构性比列举功能性限定可获得的范围更宽。首先，在退格键案例中，与权利要求 16.5 的退格装置相比，权利要求 16.4 的控制键和机械联动装置的组合的解释会更宽泛。再次，基于所讨论的发明以及解释权利要求时的法律情形，装置加功能限定要素可能会获得更宽的范围。联邦巡回上诉法院有大量的判例法，严格限制使用装置加功能限定方式。装置加功能型权利要求也是第 13 章的主题。

通过使用列举的三种形式可提高权利要求的多样性——纯功能性的、结构性的以及装置加功能，要么用一致的权利要求形式，如权利要求 16.3～16.5，要么用组合搭配形式。

术 语 变 化

权利要求多样性的另一侧面是权利要求术语的变化。即使看起来是表达同一想法，但某些单词或短语可能比其他单词或短语解释得更窄或更宽。有利的

是，术语变化可以让权利要求变窄，否则该权利要求可能相对现有技术过宽；或者让权利要求变宽，否则该权利要求可能过窄并无法捕获某些竞争对手实施本发明构思的行为。

只要想想表达事物的不同方式，就可以打开拓宽发明理解的大门，从而可以在整个权利要求中更广泛地使用。例如，我们可能已经开始在针对微波炉发明的所有权利要求中使用术语"烹饪"。但是，在寻找其他表达发明的方式时，我们可能会意识到，单词"加热"可能是大多数权利要求的更好选择，"加热"无疑是一个更宽泛的术语。

以下是其他一些权利要求术语替代方案的例子：
- 肽/蛋白质
- 紧固件/连接机构
- 电信网络/电话系统
- 刷新网页/获取新版本的网页

这些替代方案可能被认为彼此意义完全相同。然而，在某些情况下，一个可能会比另一个更宽或更窄。或者一个术语可能被认为是不清楚的，但另一个术语不是。

强制格式权利要求

强制格式权利要求是让我们的思维进入不同轨道的另一种方式。根据这项技巧，我们会对撰写的权利要求任意强加一个或多个权利要求格式选项。例如，如果已经撰写的权利要求具有最小的前序部分，则强加的权利要求格式选项可能是将尽可能多的权利要求限定包含到前序部分中。下文将提出一些其他权利要求格式的替代方案，然后是应用技巧的三个案例。

强制格式权利要求促使我们在限定发明时转向新的方向。选定的格式选项可能是我们没有经常使用或者看起来不自然的选项。这是很好的方式，它可以让我们摆脱阻碍实现权利要求书更多样化的舒适区域。

强制格式权利要求类似于画风景画。在艺术家开始描绘场景之前，她必须首先进行一些格式选择。画布的方向是什么？光线来自哪个方向？消失点在哪里？只有在决定了这些方面之后，艺术家才会开始将主题本身带入选定的框架中。

执行某些格式选择通常会对权利要求更实质性的方面产生连锁反应。某些格式选项可能促使权利要求的要素形成不同的陈述顺序。反过来可能需要不同的组合关系来将权利要求要素缝合在一起。当权利要求以一种方式组合在一起时，看上去不可避免的限定可能需要用不同的方式来陈述，或者可能被证明是完全不必要的，当权利要求以其他方式组合时，由此产生的权利要求可能与已经撰写的权利要求大不相同。

随着一项权利要求的演变，可能会显现出某些格式选择与其他选择不能很好地配合使用，或者它们可能不适用于手头上的发明或不适用于选定的应用场合。其他格式选择可以在刚撰写权利要求时就尝试使用。如果权利要求在没有它们的情况下似乎效果更好，则应放弃任何选定的格式选项。毕竟，它们在一开始就是任意选择的。

几乎任何技术的权利要求都可以使用多种格式替代方案，其他的适用于更专门的技术。下面介绍其中几种常见的格式。

已经在撰写权利要求的读者会认识到他们通常倾向的特定格式选择。强制格式技巧的要点是促使我们尝试一些其他选择。

在讨论了格式选择之后，我们将用几个权利要求示例来说明强制格式的技巧。

功能限定与结构限定

一项发明可以用功能术语或结构术语来表达。反过来，结构部件可以被列举为物理的或功能性限定要素。上文已结合退格键的发明说明了这一点的使用。

要素或步骤的数量

产品权利要求可以有0、1、2或更多单个的权利要求元素。类似地，方法权利要求可以有0、1、2或更多单个的方法步骤。

前序部分长度

权利要求前序部分可以非常短，例如"一种装置，包括……"。另一种选择是尽可能地将更多的权利要求列举内容包含到前序部分中，为权利要求主体留下至少一个方法步骤或结构要素或介于两者之间的内容。

前序部分内容

前序部分可以包含功能性表述、方法步骤、设备要素或它们的组合搭配。例如，对于方法权利要求前序部分来说，为列举的方法步骤提及关联的设备是很常见的。前序部分也可以不包含标准短语之外的内容，例如"一种方法，包含……"。

第16章 权利要求的多样性

要解决的问题

如前文所述（第7章），在权利要求中列举要解决的问题是危险的。然而，为了权利要求的多样性，一些权利要求可能会明确列举这些问题。

发明点的处理

许多权利要求在结尾出现发明点，这是在现有技术的结构或步骤基础上添加新内容，从而来限定发明的自然结果。然而，可以将权利要求的新内容置于其他位置，调整限定发明的语言组织方式。

另一种格式选择是发明点与其他限定之间的关系。这里至少有三种选择。发明点可列举为：

- 一个或多个独立的要素或步骤，
- 其他要素或步骤的子要素或子步骤，或
- 其他元素之一的功能特征。

基础的科学或工程理论

许多发明都基于一些基础的工程或科学发现或理论。对于这种类型的发明，权利要求撰写人可以选择：

- 忽视该发现或理论，并简单地列举利用它的结构或步骤，或者
- 将该发现写入权利要求。

我们肯定想要第一种类型的权利要求；发明人关于发明要怎样做或为什么这样做的理论可能被证明是不正确的，为竞争对手反驳该权利要求的有效性开了口子。但是，如果又是为了权利要求的多样性，也可以撰写明确列举发明基础理论的权利要求。

数学方式的限定

很多发明的某种方法步骤、物理元素之间的相互关系以及其他方面，都可以使用数学方式来描述。数学特征提供了词语通常不能达到的精确度。另一方面，权利要求中的数学特征有可能以意外的方式限定权利要求主题的界限。权利要求多样性的目的，可通过结合使用数学和词语来实现。

粒度

某些发明会出现在与相似单元相互连接的模块或基本构建模块中。例如一个新的集成电路存储元件，它与矩阵中的数百万个其他相同的元件相互连接。

本发明可以被认为是独立的存储器元件，也可以被称为这些元素的相互关联的矩阵。

时间性

一些发明涉及重复执行的算法或其他一组方法步骤。例如，MPEG 编码器对连续的视频帧进行处理，对每个帧应用相同的一组编码步骤。这种格式选择与刚刚描述的粒度选择的时间范围相当。该算法可以限定为，应用于单个视频帧，或者可替换地应用于帧序列的操作。类似地，一些步骤的发明可以构建静态权利要求，就像时间被冻结或者正在进行的操作被冻结一样。

信号域

许多信号步骤发明，如今可能大部分都是在数字领域进行的，并对数字信号样本进行操作。权利要求当然可以用这些术语来限定一项发明。然而，我们对发明的限定方式，可以通过列举通用"信号"的步骤而不是数字"信号样本"的步骤，从而不将其置于任何特定信号域。

强制格式示例

以下使用三个发明来说明强制格式权利要求的技巧。为了对各种格式选择进行说明，示例中的权利要求具有不同的范围。

示例后的表格给出了在哪些权利要求中实现上述哪些选项。如前文所述，这些选择仅仅是对权利要求及其列举的可以格式化的各种方式的样本。

示例一：网络搜索

对发明的描述

有成千上万的互联网搜索引擎专门针对特定话题或"搜索领域"，如医疗、体育、工作和职业等。通过了解特定主题的搜索引擎名称，就可以访问搜索引擎的网站并在其中输入搜索字符串。然而，总的来说，用户对专门的搜索引擎所知甚少，于是依赖于通用搜索引擎。问题是通用搜索引擎经常会返回许多不相关的搜索结果。

本发明构思是一种软件，对输入搜索字符串的内容（文本）自动分析，以识别相关搜索域，并将搜索字符串提交给专门研究该搜索域的搜索引擎。

权利要求

1. 一种不是瞬时信号的计算机可读存储介质，计算机可读介质上存储有指令，当处理器执行时，将输入的搜索串的词，提交给专用搜索引擎分析搜索字符串。

2. 一种接收输入搜索字符串并将其提交给搜索引擎的计算系统，该计算系统包括：

一处理器，

一包括所述处理器的子系统，基于计算机自动分析所述搜索串的内容来确定搜索引擎，

一包括处理器的子系统，将输入搜索字符串提交给专门的搜索引擎。

3. 一种方法，通过向相应的搜索引擎提交搜索字符串，使搜索引擎在网络搜索中命中的不相关结果数量最小化，每个搜索引擎专门针对与各搜索字符串相关的搜索领域，所述方法包括：

根据该搜索字符串的内容，自动识别每个搜索字符串的相关搜索领域。

4. 一种用于将输入搜索字符串提交给搜索引擎的方法，所述方法包括：

将搜索字符串提交给专用于与之相关搜索领域的搜索引擎，使搜索引擎命中的不相关结果数量最小化，所述最小化包括：

（a）基于搜索字符串自动确定至少一个搜索领域，以及

（b）确定所述搜索领域专门的搜索引擎。

5. 一种由计算机系统执行的方法，该计算机系统包括屏幕，在屏幕上显示搜索窗口的浏览器软件，用于将搜索串输入窗口的键盘，以及存储专门搜索引擎列表的存储器，该方法包括：

分析每个搜索字符串，基于搜索字符串的内容从列表上确定特定搜索引擎，以及

将每个所述搜索字符串提交给所确定的搜索引擎。

示例二：行程编码

对发明的描述

人们始终希望能够用尽可能少的比特位，来传输或存储尽可能多的信息内容。

本发明构思是利用这样的事实，即某些种类的信号具有相同或基本相同的行程编码。例如，扫描的黑白图像通常为编码0（代表"白色"）和/或编码1（"黑色"）。这个事实通过生成一个编码的信号来实现，它包含的数字单词的值代表了行程长度，而不是运行本身。因此，比特串000000011110001111111将被表示为111 100 011 110，这些是运行长度7、4、3和6的二进制值。

权利要求

6. 一种方法，通过编码信号相同部分的连续行程长度来压缩信号。

7. 一种用于处理二进制输入信号以减少表示它的比特数量的方法，该方法包括：

（a）如果输入信号的各个比特的值与先前输入的位的值相同，则递增计数，

（b）输出计数，然后如果该位的值与先前输入的位的值不同，则将计数重置为值"1"，并且

（c）对输入信号的每个连续比特重复步骤（a）和（b）。

8. 一种方法，响应由交错运行的 0 和 1 组成的输入信号，生成输出字母 W（i）的序列，i = 1, 2, 3……，输出字母由下式产生：

W（i） = count（i）

其中 count（i）是 i 运行中的比特数量。

9. 一种用于对 0 和 1 组成的输入信号编码的设备，该设备包括：

一计数器，生成信号中的每个 0 的行程中的 0 的数量以及信号中的每个 1 的行程中的 1 的数量；以及

一编码器，生成包括数字字母的编码信号，每个数字字母表示所生成的计数中的相应一个，

输入信号，具有足够大的平均行程长度，以致表示行程长度所需的比特数小于正被编码的信号中的比特数。

10. 一种装置，用于执行以下步骤：接收二进制信号，将信号转换为表示信号的比特值的一连串代码字，并将代码字输出，

其特征在于，在所述转换步骤中，所述设备生成代表所述二进制信号中的 0 和 1 的行程长度的数字字母，作为所述代码字。

示例三：模块化地板

对发明的描述

建造计算机房和其他设施采用的可抬起的地板，由底层框架支撑的地板面板构成，因此电线、管道和其他设施可以沿着"真实"的地面铺设。地板面板可以随时单独抬起以供公用设施使用。

通常地板面板仅由底层框架支撑。本发明构思在于每个面板具有在至少一个相邻面板下面延伸的突起，由此为该地板面板提供额外的支撑。其优点是减少了地板的弯曲。

第16章 权利要求的多样性

权利要求

11. 一种直线型模块化地板面板，其具有超出地板面板下侧边缘的突出部分，并在相对边缘上也具有突出部分，当在网格上安装该地板面板时，该突出部分用于接合从另一地板面板边缘延伸出的相似突出部分。

12. 一种模块化地板面板，适用于至少由两个相邻地板面板安装在一起的模块化地板，所述模块化地板面板包括：

一地板面板本体，

一支撑件，用于支撑相邻面板中的一个，以及

一接口，由相邻面板中的另一个接合并支撑。

13. 一种模块化地板，包含：

一支撑网格，以及

多个面板以间隔开的关系排列并由网格支撑，每个面板包括：

一面板主体，

相邻面板的支撑件，以及

从另一支撑面板延伸的支撑件上的止挡件。

14. 一种模块化地板，在建筑物的地面上，通过支撑结构支撑起地板面板，地板相互之间提供了进一步的支撑，这种方式使得如果没有进一步的支撑，在相邻面板之间的接口处，地板的弯曲度要小得多。

下面的表格给出了在撰写上述三个示例的权利要求时，使用了哪些权利要求强制格式选项。

至此我们看到了本书关于撰写权利要求的结论。下一章是第三部分的完结篇，结合第二部分和第三部分提及的主要权利要求撰写要点和方法，并结合文中参考资料，列出了一系列检查清单。

	网络搜索					行程长度编码					模块化地板			
发明示例														
权利要求数量	1	2	3	4	5	6	7	8	9	10	11	12	13	14
功能限定与结构限定（产品权利要求）														
纯功能	■									■				■
功能性限定													■	
物理要素												■	■	

续表

	网络搜索				行程长度编码				模块化地板		
设备/方法要素的数量											
0	■			■	■		■				■
1			■				■				
2 +		■	■		■				■	■	
前序部分的长度											
小	■				■	■		■			■
中		■	■			■	■		■		
大		■	■								
前序部分的内容											
无	■				■			■		■	■
功能性的		■	■			■	■				
设备（在方法权利要求中）			■								
方法（在产品权利要求中）		■									
解决的问题											
列举		■			■						
发明点											
权利要求结尾		■	■			■	■		■	■	
其他位置	■		■			■		■	■		■
发明点与其他特征的关系											
独立的		■	■			■		■	■	■	■
子要素/子步骤		■					■				
功能的	■				■						
时间性											
正在进行的步骤或多重的		■		■		■		■			
一个时间点	■	■			■						
数学的特征											
使用							■				
粒度											
单个要素									■	■	
众多中的一个										■	
基础理论											
列举								■			■
信号域											
一般信号					■						
二进制的/数字的							■	■	■		

第16章 权利要求的多样性

本 章 回 顾

强化理解

1. 权利要求多样性的特点是什么？
2. 为什么权利要求要有多样性？
3. 给出至少三种限定宽泛发明的方法。各种方法的优点是什么？

深入思考

4. 类似权利要求16.3的功能性权利要求，常常被审查员认为是不适当的而不予授权。根据35 U. S. C. 的哪些部分（如果有的话）不予授权？

5. 本书建议在不同的权利要求中使用不同的术语，作为实现权利要求多样性的一种方式。您认为这样做有什么潜在的问题吗？如果有，您会怎么做？

6. 在本书中提出格式选择之外，以促进权利要求多样性为目的，再试着考虑一些格式选择。

提升技能

7. 试用本章（或其他章节）中介绍的一些强制格式选项，为下文中的发明撰写至少三项权利要求。（可以在维基百科等网站上找到对这些发明的进一步解释。）对于每个权利要求，请指出您自己"执行"的格式选择。

　　a. 网络缓存

　　一网页，一旦被下载（"被提供服务"）到用户的计算机（"客户端"），它就被存储在客户端本身的一个或多个临时存储器（"缓存"）中，该临时存储器位于用户的互联网服务提供商（ISP）和/或客户端与网页的原始源（"原始服务器"）之间的一个或多个中间"代理"服务器中。当客户端重新请求该网页时（例如，通过浏览器的"后退"键），或者当同一代理服务器或ISP服务的另一个客户端请求该网页时，如果这些缓存中能找到，则由其中一个提供该网页，首先在客户端本身的缓存中查找，而不是将请求一直发送回原始服务器。这种缓存的使用减少了原始服务器上的负载，加快了向请求者发送网页的速度，并降低了整体互联网流量。

　　b. 冒泡排序法

　　通过对数列进行多次排列并比较相邻数字，将数组按数字顺序排序。如果两个相邻的数字已经以正确的顺序排列（例如，对于按升序排序的第一个数字,首先是最低数字),继续前进。如果顺序错误,则交换它们的位置,然后继续排列。重复这个过程,直到不再需要交换。

　　c. 视频压缩——帧间编码

　　比较连续视频帧的相应空间位置处的像素块内的像素值,取代传输视频图像的每个像素的方式。

　　i. 如果当前帧中特定空间位置处的像素块的像素值,与前一帧中的对应空间位置处的像素值相同,则不传送像素信息,而是仅传送表明像素块的值没有改变的信息;

　　ii. 如果该像素块的像素值与前一帧中的像素值不同,则发送像素值如何不同的信息。

　　该方法利用从一帧到下一帧的视频信号中的大量冗余,以减少存储或传输视频信号所需的信息量,同时保留其所有图片信息。

　　8. 评估一些已颁布专利的权利要求的多样性。

　　9. 找一份您认为权利要求很少或不具有多样性的专利,并另外撰写两项独立权利要求,使权利要求书更加多样化。

第17章
结合预期的实施情况检查权利要求

撰写完全部权利要求后,我们需要结合可预见的执行情况来予以检查。检查权利要求应在两个层面进行:权利要求书整体层面和单个权利要求层面。

在权利要求书整体层面,我们需要确保专利申请包含它应当包含的所有权利要求。而在单个权利要求层面,我们需要确保每项权利要求都能履行为其设定的功能。

本章介绍了从这两个层面进行检查的一系列清单。

检查整体权利要求书

非专利性/无效性

整体权利要求书应具有可解决申请最宽权利要求非专利性/无效性的可能。为此,权利要求书应包括:

- 退守性权利要求(第107~108页）❶;
- 实施例式独立权利要求(第109~115页);
- 在权利要求族内优化链接的权利要求(第126~129页);
- 以多种方式限定本发明的权利要求(第206~216页)。

最大限度地提高专利对其所有者的价值

应对整体权利要求书进行检查,以确保权利要求对专利所有者的价值最大化。为此,权利要求书应包括:

---

❶ 原文此处有"pp. 123-124"。为简便起见,本页及下两页均略去原著所列页码,直接列出译著中对应的页码。——译者注

- 在所有有商业意义的应用场合中限定本发明，并捕获个体直接侵权者的权利要求（第 179~195 页）；
- 使用所有适当的法定权利要求类型来限定本发明的权利要求（第 198~204 页）；
- 最大化许可费基础的权利要求（第 115~116 页）。

检查单个权利要求

这些权利要求需要单独进行检查，以确保每个权利要求都能发挥为其设定的功能。

实际上不可能在一次校订过程中，就能用所有合适的方式检查权利要求。有太多需要考虑之处。最好把注意力分到每个方面，并结合每个方面来检查一遍权利要求。

不恰当地缩小范围

一项权利要求不应当包括比预期更窄的对发明的限定。"通常的嫌疑对象"包括以下限定：

- 定义，不要解释（第 94~97 页）；
- 仅需要用于某些从属权利要求的陈述（第 102~103 页）；
- 可功能性描述的却用了"结构性"的（第 97~98 页）；
- 在现有技术之上限定发明所不需要的修饰词（形容词和副词）（第 98~99 页）；
- 不必包含在权利要求中的可由精灵❶提供的数据值、参数或测量值（第 100~102 页）。

权利要求过宽和不清楚

权利要求还需要进一步评估，以确保它们不会过于宽泛以至于覆盖到现有技术。其中，我们应当：

- 从审查员的视角，尽可能宽泛地理解权利要求（第 44~46 页）；
- 通过缩窄/增加权利要求要素，或缩小发明环境或场合，来修正过宽的权利要求（第 46~50 页）；
- 用解释性权利要求支持某些术语，以应对可能由与发明无关的现有技

---

❶ 第 6 页、第 185 页亦有"精灵"的比喻。——译者注

术导致的过度宽泛（第 120~122 页）；

● 用解释性权利要求支持某些术语，以应对可能存在的不清楚（第 122~124 页）；

● 评估权利要求的功能语言，以确保（a）它们不是"过度功能性的"（第 140~145 页），（b）功能性语言与权利要求的其他内容适当结合（第 152~157 页），以及（c）功能性语言不会不期望地无意中触发"装置加功能处理"（第 171 页）。

超出发明应用场合边界

确保权利要求不会超出其涉及多方活动的应用场合而导致包括多方的行为。可通过确认以下问题来发现超出发明应用场合边界的情形：

● 是否权利要求中所有明确的限定都是针对个体侵权者的行为（第 186~189 页）？这里"通常的嫌疑对象"包括：

＊可来自其他地方的输入和其他信号（第 100~102 页）；

＊明确地描述环境的限定和/或描述本发明的设备连接到该环境的限定（第 187~188 页）；

＊可能由多方执行的方法步骤，特别是如果其中一方在美国境外（第 189~191 页）。

● 权利要求是否能覆盖已置于竞争对手的货运码头上即将被出售（第 186 页）？

● 竞争对手可能不会将什么"电池"包含在发货产品中（第 186 页）？

● 权利要求中的哪些限定有可能被竞争对手抓住以避免侵权，特别是如果竞争对手愿意改变其生产规则或商业模式（第 189~191 页）？

形式检查

最后，我们需要关注各种事务性问题和形式要求。包括以下内容：

● 统一的内部逻辑。权利要求列举的要素应当以某种逻辑"关联起来"。要素与要素或步骤与步骤之间，都应当直接或通过其他步骤具有一些物理或功能上的关联。

● 附图必须符合显示权利要求中限定发明的每个特征的要求[1]。这是一种好方法，用来判定一项权利要求不需要包括比具体实施方式中实际使用的要素

---

[1] 37 CFR 1.83（a）。

更多的要素(特别是"用于做这个或那个的手段")❶。
- 所有"该"和"所述"列举的前置基础。
- 语法和标点符号。

本 章 回 顾

强化理解

1. 检查整个权利要求书时需要考虑哪些问题?
2. 检查每项单个权利要求时需要考虑哪些问题?
3. 为什么作者建议在检查权利要求过程中每次只考虑一个问题(例如,正确的引用)?

提升技能

4. 根据本章介绍的标准检查一件或多件已颁布专利的权利要求。

---

❶ *Default Proof Credit Card Sys. v. Home Depot U. S. A., Inc.*, 412 F. 3d 1291, 75 USPQ2d 1116 (Fed. Cir. 2005)。(说明书中没有发现任何与所述"分配装置"相符的内容。)

第四部分

专利申请的准备和审查过程处理

第四部分是专利申请的准备和审查过程处理，涉及三个主题：准备说明书、回复针对权利要求的审查意见以及与发明人合作。这些可能看起来不相关，但它们都通过相同的理念来分析发明和保护发明，即发明构思、技术问题、解决方案、退守特征。

第 18 章以考虑说明书的读者是谁以及他们的需求是什么开始来介绍如何准备说明书。随后，重点讲述说明书的前两个部分，即发明的背景技术和发明内容，解释如何以"问题—解决方案"的描述为基础，撰写有效的、故事叙述型的背景技术和发明内容来吸引读者，并在这个过程中，增进专利权人的利益。

第 19 章展示了如何基于背景技术和发明内容勾勒出一个架构，以此架构为基础构建具体实施例以推进"问题—解决方案"的发展。本章还就如何有效简化具体实施例的撰写过程提供了建议。引入"详细描述体现发明的地方"这一原则，用于指导如何确定具体实施方式应包括实施例的哪些细节。

第 20 章和第 21 章接着讨论权利要求被拒绝的情形和权利要求的修改。第 20 章的核心是一个流程图，列出了当权利要求以 35 U.S.C. 102 或 103 被拒绝时，根据关于被引用现有技术的四个问题的答案，可采取的六种选择。第 21 章论述了期望对权利要求进行修改时，合适的途径是以前面章节中所提到的发明分析原则作为修改基础。

第 22 章描述了与发明人面谈的方法。随着经验的积累，每个从业者都找到了一种似乎对自己最有效的方法。本章主要是为初学者写的。它介绍了"自主学习"的概念，这是一种将发明人作为信息资源来获取问题、解决方案和退守特征的有效方法。本章还介绍了一种专利律师和发明人一起合作撰写专利申请的方法。

第18章
撰写背景技术和发明内容

撰写专利说明书与分析发明和权利要求遵循相同的原则：技术问题、解决方案和发明构思。另一个重要的考虑内容是说明书所面向的读者。

本章以对"读者"的讨论开始，然后聚焦于说明书的背景技术和发明内容。下面的章节将进行详细描述。

读　　者

专利说明书应当足够详细以使本领域的技术人员能够实施本发明。这是35 U.S.C.112（a）关于实现的要求：

> 说明书应该包含发明的书面描述……[充分]到能够使得本领域技术人员……能够制造和使用同样的发明。

然而，发明能够实现仅仅是最低的法律要求。一份有效的说明书所面向的受众远远超出本领域技术人员的范围。事实上，虽然我们经常说说明书的读者是本领域技术人员，但并不存在这样的现实生活中的读者。本领域技术人员只是一个用来定义说明书所需要达到的详细程度的法律概念。

说明书实际受众的读者是多样的，包括专利审查员、竞争对手，可能还有法官和陪审团。如果在撰写说明书时考虑到更广泛的受众，则这样的说明书能够进一步保障专利权人的利益，这是仅仅按照最低实现要求撰写的说明书所不一定能够达到的。这样的说明书能够有助于专利局通过专利申请，使专利更容易获得许可，并为诉讼律师向法官和陪审团辩论发明的有益效果提供了一个有效的平台。

在某种意义上，一切最终都会归结为权利要求。例如，审查员主要专注于确保权利要求不能从现有技术中获知。但是，当审查员理解了发明是什么并且确信要求保护的是创造性主题时，则有助于权利要求获得授权。

竞争对手同样专注于权利要求。他们想知道权利要求是否在他们的产品中有所体现。但是，即使权利要求没有体现在竞争对手的产品中，他们仍会拒绝获得许可，除非他们确信他们的产品利用了专利权人的新颖性特征。专利权人的目的是使竞争对手放弃抗争并以尽可能少的异议获得许可。如果他们觉得他们被要求支付了费用却一无所获的话，他们肯定会拒绝这样做。说明书就是使竞争对手确信他们没有白白支付费用。

法官和陪审团应当决定权利要求是否有效和受到侵权。但是在法官和陪审团将数百万美元移交给专利权人前，他们需要相信他们的正义得到伸张——这项发明的本质实际上已经被被指控的侵权人窃取。因此，他们很可能会根据说明书确认正义得到伸张。专利的权利要求书对大多数无专利知识的非专业人士来说是一种神秘的东西——一种诸如"所述的"和"用于……的手段"之类看似令人费解的术语困境。说明书应当采用"正规的"语言来表达，这有助于激励法官和陪审团试着去阅读和理解它。事实上，一份容易阅读和理解的专利申请更容易吸引一名忙碌的法官的注意力。如果陪审团确信发明的本质已经被窃取了，他们就可能会作出构成侵权的裁决，即使权利要求有点偏离了标准。

能够实现所有要求的说明书不仅仅是一个技术事实的概论。它更像是讲述了一个故事，一个关于问题以及解决方案的故事，这个解决方案被专利权人发现而其他人没有发现。理想情况下，这个故事需要讲述两遍，一遍是在背景技术和发明内容中，这会在本章节进行论述；另一遍是在具体实施方式的详细说明部分，这会在随后的章节中讨论。

背 景 技 术

背景技术讲述关于问题的故事，这个问题别人解决不了，或者只能部分解决，或者只能采用复杂且昂贵的方式来解决。

有效的背景技术能够引人入胜。在背景技术结尾，读者应该在思考两件事："是的，我看到确实存在问题"，以及"我想知道他们是怎么解决这个问题的，让我继续读下去"。

构造这样的背景技术并不难，但需要采用一些提高讲故事效率的方法。这些方法将在后面讨论的例子和附录 C 示出的关于椅子的虚构专利中进行说明。

以终为始

第 8 章中提到，史蒂芬·柯维劝告"以终为始"。在第 8 章中，我们讲述

第18章 撰写背景技术和发明内容

了基于发明点逆向撰写权利要求。该想法同样可用于背景技术。现有技术的呈现是通过故事的开头——创造性的解决方案来展开的。正如下面所讨论的,作者所推荐的发明内容样式是从创造性解决方案的一句话陈述开始的。只有在背景技术奠定好基础的情况下这种方式才是可行的。事实上,背景技术的任何内容都应该存在,这是因为无论如何发明内容都依赖于它的存在。

保持简短并有结论

问题最好采用较高的水平描述,不要有太多细节。这并不意味着在故事情节上敷衍了事。背景技术应当对问题进行完整的解释,以及背景技术解决这个问题具有怎样的不足,但现有技术的技术细节应当尽量少一些。如果仅仅以笼统的方式描述现有技术,就能使故事顺利推进。背景技术的描述越少越好,只需保留表达观点所需要的内容,这样才最能抓住读者的注意力。

例如,下面的背景技术就讲述了太多关于现有技术的细节。写作者似乎觉得有必要证明现有技术的缺点——"需要相当数量的控制设备"。读者很少对这些感兴趣,他们通常很乐意接受写作者的说法,因此,将划线部分的内容删除掉之后的版本将会好很多。

发明的背景技术

美国专利6,-,-中记载了一种已知的金属提取技术,涉及使用一种提取圆筒,该圆筒配有用于控制连续脉冲的浆液和控制各阀门操作的记时控制器。根据工艺进程中从圆筒中提取出的金属比例控制所述操作。因此,提取的金属保持了非常恒定的纯度。

不足的是,这种方法需要相当数量的控制设备。例如,其需要在圆筒内的一个或多个界面处设置界面控制装置,以便在圆筒操作期间探测液态金属位置的变化,并且还需要设置与界面控制装置通信的记时设备,该记时设备还与第一记时设备通信调节第一所述的记时设备,其控制材料的引入和回收以便在整个提取操作过程中使界面维持在基本相同的位置。

我们或许可以考虑将第一段缩减到仅剩开头的那句话,如下所示,其就能够作为完美的背景技术,该背景技术告诉读者他们需要或想要知道的关于问题的一切。

发明的背景技术

美国专利6,-,-中记载了一种已知的金属提取技术,涉及使用一种提取圆筒,该圆筒配有用于控制连续脉冲的浆液和控制各阀门操作的记时控制器。

不足的是，这种方法需要相当数量的控制设备。

凡事总有例外。用复杂的细节描述特定的现有技术可能是使读者理解问题的唯一途径。或者，我们可能会认为，提供一长串其他人尝试失败的陈述是对本发明非显而易见性论证的铺垫。关键在于，如果背景技术仅仅包括现有技术，或者仅仅停留在细节的程度，那就会使读者深刻认识到（a）真的存在问题，（b）问题是什么，以及（c）现有技术仍不能以最有效的方式解决这个问题。

背景技术是吸引读者的第一个也是最好的机会。通常，读者从说明书的开始部分即背景技术开始阅读，只要他能够明白所述内容，就会继续阅读下去。因此，背景技术应尽可能吸引更广泛的读者。有时这是一种苛求。一项深奥难以理解的技术会使阅读变得比较困难。因此，更加有理由撰写一个更为合理的背景技术来表达观点和推进叙述。

不要在背景技术中引用附图

通常最好不要在背景技术中引用附图。不引用附图就难以将问题说明白，这恰好说明了我们仍未完全抓住问题是什么。这会导致对发明的理解过于狭隘，进而写出过窄的权利要求。此外，将注意力从文本转移到附图会中断背景技术的叙述。

如果需要引用附图来更全面地阐述问题，最好放在具体实施例的开始部分。

不要把发明人的发现写入背景技术

典型的"问题—解决方案"描述涉及技术领域内已知的问题。但是，有时发明人对技术的贡献在于发现了已知问题产生的原因，甚至仅仅是发现了问题的存在。在这两种情况下，所述发现应当在发明内容部分而不是背景技术部分进行介绍。否则，竞争对手会争辩说发明人已经承认了现有技术中已经知道该问题和/或该问题产生的原因。如果是这样的话，将没有什么可成为专利的发明留下，因为一旦问题产生的原因或者问题存在是已知的，其解决方案通常是显而易见的。

例如，我们可以认为，汽车追尾碰撞事故的一个原因在于传统的刹车灯高度不够，不易引起后面司机的注意。发明人的解决方案是在离地面45英寸高的地方设置至少一个刹车灯，该高度是典型的驾驶员视线高度。于是，我们想要的权利要求是：

> 一种机动车，其在离地面约45英寸的高度上至少有一个刹车灯。

第18章　撰写背景技术和发明内容

这一权利要求可专利性的最好支撑是将发明人的发现放在发明内容部分，而不是放在背景技术部分。否则，整个发明都是现有技术；一旦问题产生的原因被确认，解决方案就很简单了。这让人想起一个关于医生和病人的古老笑话：

病人：医生，当我这么做的时候会受伤。（低的刹车灯）

医生：那就别那么做。（不要把它们放这么低）

因此，不要把刹车灯设置得太低这样的想法放在背景技术部分讨论。背景技术应当聚焦在汽车追尾碰撞事故这个问题上，以及造成这个问题的其他已知原因，例如紧跟前车车尾行驶。对于传统的刹车灯标准高度不是避免追尾碰撞的最优高度这一发现要保留在发明内容部分。

接下来是发明的背景技术和发明内容的两个版本。"错误方法"是将发明的内容放在了背景技术中。"正确方法"是将其放在发明内容中。

错误方法
发明人的部分贡献出现在背景技术中

背景技术

汽车追尾碰撞一直是个问题。这种碰撞发生的主要原因一直被认为是司机注意力不集中和紧跟前车车尾行驶。防御性驾驶课程和公共服务公告起到了一些帮助，但这些手段并不完全有效。

另一个追尾碰撞的原因是刹车灯位于高于地面约25英寸的传统的高度上，不在后面汽车司机的直线视线范围内；结果导致司机注意不到，尤其是司机在发呆或者将注意力放在路边某物上时。

发明内容

根据本发明，汽车设置至少一个高于路面约45英寸的刹车灯，这个高度更符合典型的司机视线范围。

正确方法
发明人的所有贡献出现在发明内容中

背景技术

汽车追尾碰撞一直是个问题。这种碰撞发生的主要原因一直被认为是司机注意力不集中和紧跟前车车尾行驶。防御性驾驶课程和公共服务公告起到了一些帮助，但这些手段并不完全有效。

发明内容

本发明的核心是我发现了追尾碰撞的另一原因，亦即刹车灯位于高于地面约25英寸的传统高度上，不在后面汽车司机的直线视线范围内，结果导致司机注意不到，尤其是司机在发呆或者将注意力放在路边某物上时。

根据本发明，汽车设置至少一个高于路面约45英寸的刹车灯，这个高度更符合典型的司机视线范围。

发明分析与权利要求撰写——专利律师指南（原书第2版）

注意"错误方法"是如何将发明人的核心发现写入背景技术的。该做法将可专利性的问题集中在如果一个人知道是传统的高度导致了追尾碰撞，升高刹车灯的高度是否显而易见。这样就可能导致现有技术获知了发明的启示，并趁虚而入，与发明同归于尽。

相反，"正确方法"没有给出任何发明人发现的线索。不同于第一个版本，这一版本没有暗示出有人知道25英寸的高度是导致追尾碰撞的一个因素。理想的是，当发明人的技术贡献出现在发明内容部分时，这会带来惊喜。在专利性审查阶段将会考虑，传统的刹车灯位置导致追尾事故是否是已知的或显而易见的，而不是一旦所述事实已知之后提高刹车灯高度是否是显而易见的。

审查员不会基于申请的格式过于学术性来驳回一项发明。但是，竞争对手会在许可讨论或诉讼中充分利用这一点。"如果你的发明人确信发现了问题的根源，"竞争对手将向专利权人争辩，"她怎么会在背景技术部分谈论这个问题？"

如上所述，发明人的贡献有时就是她意识到问题确实存在。例如，重复式打字机（以及后来的电脑）的按键，只要一直按下按键，一个字符或空格就会重复地打出来。打字员有将近一个世纪享受不到这种打字便利（毫无疑问，直到电动打字机的出现才使其成为可能）。为了创建一条贯穿整页的虚线，打字员不得不重复地敲击"破折号"按键，打字员并没有意识到这是一个需要解决的问题。这个问题遗留给了重复按键功能的发明人，她向打字员（以及后来的文字处理器用户）展示了打字员们存在这样一个"问题"。

与刹车灯的发明一样，发明人的贡献应该保留在发明内容部分，就像如下"正确方法"版本中的那样。

错误方法	正确方法
发明人的部分贡献出现在背景技术中	发明人的所有贡献出现在发明内容中
背景技术	背景技术
打字大大提高了使文字呈现在纸上的速度和清晰度。然而，任何技术都总是渴望进步。例如，当需要多次打印同一字符或者空格时，打字员不得不按下相应按键同样多的次数，导致打字效率不高。	打字大大提高了使文字呈现在纸上的速度和清晰度。然而，任何技术都总是渴望进步。
发明内容	发明内容
体现本发明原理的打字机只需一直按住相应按键就可以连续打印出同一个字符或空格。	我已经发现，当需要多次打印同一字符或空格时，打字员不得不按下相应按键同样多的次数，导致打字效率不高。基于这一发现，体现本发明原理的打字机只需一直按住相应按键就可以连续打印出同一个字符或空格。

第 18 章 撰写背景技术和发明内容

发明有时甚至会在背景技术一开始的地方，也就是发明的技术领域，就被送给了现有技术。在下面这个例子中，斜体字超出了发明的技术领域范围，以致公开了发明本身：

发明的技术领域

本发明涉及打字领域，尤其是涉及打字机的一项功能，*只要一直按下相应的按键，同一个字符或空格会重复打印出*。

基于上面讨论过的所有理由，这种情况应该避免发生。

发 明 内 容

发明内容用于介绍在背景技术部分所列出问题的解决方案。

关于发明内容，有两种看法。

很多代理人，包括作者在内，赞成发明内容应该采用叙述形式来介绍发明，从而继续讲述在背景技术开始的故事。在本书中将其称为叙述型的发明内容。

另一种观点坚持认为，发明内容应该大量地逐字逐句地重复范围最宽的权利要求，以及可能的其他权利要求，只进行较小的格式修改或者文字变换，例如将"所述的"修改为"该"。在本书中将其称为复述权利要求型发明内容。

复述权利要求型发明内容的支持者头脑中总是想着诉讼问题。他们感觉法院会裁定，由于一个或多个实施例细节在发明内容中被提到了，因此一个或多个实施例细节对于发明是必要的。因此，要求保护的主题就会被解释为由这些细节所限定，即使权利要求并未引用这些细节，由此给被控侵权人制造了漏洞。如果发明内容能够恰当地模仿权利要求就能够避免上述漏洞。事实上，在至少一个报导案例中，"因此从句"中的书面陈述通常并不具备限定作用，至少部分地由于发明内容部分的描述，该从句中的描述被视为权利要求所保护的内容。[1]

不幸的是，复述权利要求型发明内容经常使读者弄不清楚发明到底是什么，如下面例子所示。

发明内容

上述问题一方面通过设置真空泵来解决，所述真空泵包括可驱动的涡轮，所述可驱动的涡轮具有塑料制成的螺纹并且一体成型，所述涡轮具有

---

[1] *Hoffer v. Microsoft Corp.*, 405F. 3d 1326, 1329, 74 USPQ2d 1481, 14839（Fed. Cir. 2005）.

第一纵向部分,该第一纵向部分形成为适于与小齿轮耦合,通过该小齿轮可将转矩从小齿轮传送到所述涡轮,所述第一纵向部分与涡轮一体成型,其中,所述涡轮还包括第一和第二支撑部分、第二纵向部分和第三纵向部分,第二纵向部分和第三纵向部分与涡轮一体成型,所述涡轮设置有用于放置防失灵臂的槽。

这种类型的发明内容总是留给读者一种反应——"啊?"从而错过使读者置身于发明其中的黄金机会。就像基于此的权利要求,复述权利要求型发明内容**限定**了发明,但并没有**解释**该发明是什么。这样的发明内容并不是在和专利的目标听众对话。事实上,它没有和任何人对话。由于复述权利要求型发明内容传达的信息不容易理解,而且冗长乏味难以通读,读者总是会在读完前面的几行之后便停止阅读。这还不如读权利要求本身。当背景技术很好地描述了问题的时候,这种类型的发明内容尤其会令读者失望。一旦读者已经被带入戏剧张力点,他就会疑问"他们将怎么解决这一问题?"结果只遇到了词汇砖墙,没有提供任何可理解的答案。

此外,复述权利要求型发明内容的优点是推测性的和理论性的。只有很小比例的专利会卷入诉讼。更少量的专利会由于发明内容中的语言描述而受到权利要求缩小性的解释。而且,起诉时会经常修改权利要求,但专业人员很少修改发明内容,所以颁布专利的发明内容与颁布的权利要求无论如何也不一致。

相比之下,更多的专利是许可谈判的主体。能够高效解释发明是什么的发明内容有助于告诉潜在的被许可方,他不会白白付出。这有助于为圆满的生意成交铺平道路,尤其是在企业家或者其他非专利专业人员参与谈判的时候。叙述型发明内容则是谈判人员能理解的。"我们要这样做吗?"他可能会问他的人员,"如果需要这样做,我们为什么争论这个?"

如果发明内容清楚地表达了发明,这样的专利不太可能会走向诉讼,这是因为竞争对手更倾向于同意(至少在他们自己人中间)他们的产品采用了发明人的教导。他们也更倾向于推断陪审团也会这么认为。

通过帮助法官和陪审团理解到底发明了什么,叙述型发明内容甚至会在诉讼中发挥积极的作用。当在法庭上大声诵读发明内容,以及专利权人的专家证明其中描述的就是被告的产品时,这将会是很有说服力的。

当发明内容不受权利要求撰写结构和格式约束时,它不会对撰写权利要求有帮助但会"使其范围更宽"。事实上,这就是作者在起初就提倡采用"问题—解决方案"的描述来表征发明,而不是采用通过权利要求撰写来分析发明的重要原因之一。

第18章 撰写背景技术和发明内容

这并不是要反对一些专业人员对于复述权利要求型发明内容的偏好。我们当然不希望要求保护的主题受到包含在发明内容中而未记载在权利要求里的实施例细节的限制。但是复述权利要求型发明内容就如同将孩子和洗澡水一起泼了出去。为了预先设想的臆想且不经常发生的意外诉讼,我们则会放弃来源于经过深思熟虑的发明内容的大量前述优势。

在任何情况下,可以根据下面的指导来解决偶然事件,并仍然采用叙述型发明内容。和讨论背景技术的时候一样,这些指导同时采用具体示例和附录C中示出的关于椅子的虚构专利来进行说明。

以一句话陈述发明的解决方案

发明内容应当尽可能包括发明的一句话陈述。通常情况下,其应当是发明内容部分的第一句话,并且通常是从"问题—解决方案"的描述中提炼出的一句话。解决方案产生的背景提前进行介绍或者采用的术语都会在背景技术中。这样才能够在发明内容中非常直接地陈述解决方案。

这里有三个这种类型的发明内容的例子,其中,第二句话闭合了"问题—解决方案"环——这是下述发明内容令人满意的特点。

发明内容

 A. 一种体现本发明原理的交通信号,用于显示第一行驶方向的标记随着用于显示第二行驶方向的标记的改变而以预设的协同方式自动改变。所述标记的这种自动改变避免了因人工改变所导致的不一致。

 B. 根据本发明,利用之前的扫描决定的光笔位置预测即将到来的扫描期间的光笔位置,并由此确定扫描区域集中在屏幕的哪个位置。该技术使得所述区域可以比现有技术变得更小,极大地减少了确认新笔位置所需的平均时间。

 C. 根据本发明,每一显示点都被强化成与抖动图像的一簇单元的平均强度成正比,而不是像现有技术中那样,与单个抖动的图像单元的强度成正比。其效果是使每两行的亮度均匀,从而消除了闪烁。

如以上例子所示,通常情况下将一句话的解决方案作为发明内容的起始语句是比较合适的,但这并不适用于所有情况。例如,当发明人对现有技术的贡献包括发现了关于问题的某些内容的时候,或者当发明人发现了问题确实存在及其产生的根源的时候,发明内容应当以解释该发现作为开始,一句话的解决方案紧跟其后。例如前面的关于汽车刹车灯和重复按键发明的发明内容。

不是以一句话陈述作为开头的其他情形的发明内容将在"要有创造力"

的小标题下进行阐述。

功能性呈现解决方案

发明解决方案应尽可能采用包含最少"硬件"限定的功能性描述。参见上面的例子。就像"问题—解决方案"的描述，发明内容应当详细说明做什么才能解决问题，而不是实施方式如何解决问题。事实上，如果"问题—解决方案"的描述是按照本书中给出的方法展开的，"问题—解决方案"描述的"解决方案"部分就已经符合这一标准了。即使是像椅子的那样的装置发明，仍然可以采用相当数量的功能来陈述其解决方案，如附录 C 中所示。主要以装置类术语限定发明的发明内容往往比它原本可以达到的宽度要窄。

闭合"问题—解决方案"环

背景技术已经列出了问题，并且发明内容给出了解决该问题的方案。该解决方案实际上如何解决该问题有时候是很明显的，但并不总是如此。在后一种情况下，当发明内容部分清楚地描述了创造性步骤或结构如何解决所述问题时，就闭合了"问题—解决方案"环，进而背景技术和发明内容的叙事功能得到加强。参见上述每一发明内容的最后一句话。

指定选择性特征

发明内容可以放心地将"问题—解决方案"描述的解决方案部分称为"本发明"。与此同时，发明内容仍需明确说明所提到的退守特征或其他实施例细节仅仅是示例或是可选的。什么是或什么不是宽泛发明所必须的从来都不是问题。

这是通过正确使用适当的术语来完成的，如下述例子所示：
- "如果需要，特定实施例可选择包含步骤 S。"
- "元件 E 可为特定类型的 E，例如被称为 E_1 的元件。"
- "本发明在环境 C 下可具有特殊优势。"

使用"倒金字塔"样式

发明内容应当采用报纸叙事所采用的"倒金字塔"样式。第一句呈现故事的基本核心。重要的细节出现在接下来的新段落里，引用、补充信息、次要细节紧随其后。不重要的内容很少出现在更重要的内容之前。下面是一个此类报纸报道的例子：

第18章 撰写背景技术和发明内容

弗里多尼亚，4月2日——这个岛国今天发生了强烈地震，造成数百人死亡，数千人受伤。财产损失估计为9亿美元。

地震开始于早上5点，里氏8.5级。这是五年来这个岛国遭受的第二次大地震。

上次地震的震级为7.6级。因为里氏震级是对数级的，所以今天的事件威力更大。

"我们刚刚从上一次地震恢复过来，"总理亚历山大·瓦格斯塔夫在不久后的新闻发布会上说，"现在又来了这次地震"。

注意，这个故事是如何能够从结尾逐段删减，并仍然是能够讲得通的。这是因为段落是独立的，首先传达最重要的信息，将不太重要的细节留在后面。

专利说明书的发明内容也应该采用类似的结构。一句话解决方案中仅出现限定发明的关键内容；接下来是最重要的细节——重要的退守特征，实施发明的有利环境，等等；再往后是进一步的细节，例如次要的退守特征。参见附录C中的例子。

任何新闻报道总是要省略一些细节，因为有些不重要的内容不值得报道。在构建发明内容时也是如此。总有一些进一步的实施例细节，即使包含在一项或多项更窄的权利要求中，由于重要性不够而不会在发明内容中进行强调。分界线是任意的。只要说清楚这些细节仅仅是示例性的或选择性的，就不会因"过远"而造成特别的影响。一项有用的测试是，询问第一次阅读的读者，某个特定的细节是否有助于他理解本发明或者如何有助于发明的实施。

作者将这种构建发明内容的过程称为细节的"后推和外推"。在列出本发明解决方案的一句话陈述后，接下来列出下一个最重要的细节——例如，最重要的退守特征。再下一个最重要的细节紧随其后。每一个其他细节继续被进一步推入到尚未提及的细节池中，直到它成为剩下的细节里最重要的。在某种程度上，任何其他可以呈现的实施例细节由于不够重要而不会呈现。

倒金字塔手法在首先呈现最重要细节上的有效性，可以通过将上述的地震故事和下面的替代版本进行比较得到进一步理解，在这个版本中，这种格式被极大地打破了：

弗里多尼亚，4月2日——弗里多尼亚总理亚历山大·瓦格斯塔夫于今天上午8点召开新闻发布会。瓦格斯塔夫先生向聚在一起的记者们说，大约五年前，弗里多尼亚发生了里氏7.6级地震。他指出，在过去的几个月里，地震造成的所有损失都得到了修复，所有的服务都恢复了。正是在这种背景下，瓦格斯塔夫宣布了一个新的事件，弗里多尼亚于早晨5点发生8.5级地震，造成数千人被送往医院，至少9亿美元财产损失，数百人丧生。

要有创造力

发明内容为创造性地讲故事提供了很多机会。在下面的每一个例子中，发明内容都不是从一句话的解决方案开始的。更确切地说，这些例子以引言为特点，引言为一句话的解决方案铺平了道路。我们之前看到，当发明人对现有的技术贡献至少部分为发现了已知问题产生的根源时，这样的引言是多么的合适。发明构思引言实际上可起到多种不同的作用，如下面的例子所示。

引言 A

本引言描述了一种重要识别，亦即发明人希望为旧设备提供一种新的功能。

> 我们已经认识到，为了解决这个问题，需要为每一被连接的编解码器提供识别另一在高比特率侧连接的编解码器。根据本发明，一种编解码器，在识别出另一在高比特率侧连接的编解码器时，从其常规的编码/解码操作模式转换为另一种模式，在该模式中，它直接将编码语音位嵌入其输出信号中。因此，在整个连接中只执行一个编码/解码周期。

引言 B

本引言描述了与现有技术相似的本发明的电路，突出强调了它们之间的区别。

> 一种用于解决上述问题的差分放大器类似于现有技术中的差分放大器，该差分放大器产生中间差分信号，输出信号通常产生于所述中间差分信号。然而，根据本发明，输出差分信号是由输出电路通过将中间差分信号的每一分量与辅助信号分量同相结合而形成的。

引言 C

本引言采用发明内容作为载体，提及构成设备的材料的某些已知特性，从而在背景技术中清晰地预先表述本发明。

> 微动台的核心是一种晶体材料的单体，其中（a）不同晶轴取向的域可以稳定共存，（b）通过施加电信号可使畴壁移动，（c）畴壁移动导致两个非接口域端之间发生相对运动。我们已经认识到，这些特性可用于提

供一种微动台,在该微动台中,其中移动的物体固定在晶体的自由端,而另一端保持固定。由于施加适当的电信号而产生的畴壁移动引起所需的目标微移动。

引言 D

本引言描述了发明人要利用的在实验室内观测到的一种现象。

我们发现,通过使用扫描写入脉冲,可以将壁电压的存储降至最低,这种扫描写入脉冲的形状可以使脉冲所存储的壁电压产生所谓的"二次中断",从而真正地降低壁电压。这一现象可有益地用于选择足够大的扫描写入脉冲参数以克服上述问题,即确保关闭单元闪烁而不威胁将其他的关闭单元转换成开启状态。一种体现本发明原理的等离子面板正好利用了这种扫描写入脉冲。

在背景技术和发明内容中已经讲解"问题—解决方案"的简明版本,我们准备在具体实施例的详细描述部分再讲一遍,但是以扩展的形式讲述。撰写说明书的那一部分是下一章的主题。

本 章 回 顾

强化理解

1. 根据作者的观点,一份有效的发明的背景技术有哪些特点?
2. 为什么希望背景技术要写得长而详细?
3. 什么情况下最好在发明的发明内容中而不是在背景技术中介绍发明所要解决的问题?
4. 两种主要的发明内容样式是什么?使用每种样式的依据是什么?
5. 根据作者的观点,一份有效的发明内容有哪些特点?
6. 发明内容中"闭合'问题—解决方案'环"是什么意思?

深入思考

7. 由于授权专利的发明边界由权利要求所限定,而不是由说明书所限定,为什么本书坚持认为发明内容(实际上是整个说明书)必须清楚地表明仅仅用于示例性或选择性的而提及的退守特征或其他实施例的细节?

8. 为什么用"倒金字塔"样式构建发明内容能够帮助专利撰写人从发明人的实施例中梳理出发明构思？

提升技能

9. 根据本章提出的下列标准，评估一份或多份已颁布专利的背景技术和发明内容：

背景技术
- 背景技术清楚地说明发明所要解决的问题了吗？
- 背景技术的长度合适吗？
- 背景技术避免将发明人的发现让于现有技术了吗？

发明内容
- 广义地说，从发明内容中可以清楚了解解决什么问题了吗？
- 发明构思尽可能采用功能性表达了吗？
- 发明内容清楚地说明了披露的实施例的哪些特征仅仅是可选的或优选的，而不是宽泛发明所固有的？
- 发明内容闭合"问题—解决方案"环了吗？
- 使用本章所讨论的规则来编辑或重写一份多处不符合上述标准的专利的背景技术和/或发明内容。

第 *19* 章
撰写具体实施方式

具体实施方式连同附图，是第二次讲述"问题—解决方案"的故事。实际上，具体实施方式举例说明了这个故事，而不是简单地讲述。

许多专利的背景技术和发明内容都很好地讲述了发明的故事。然而，一旦具体实施方式开始，这项发明常常会从视野中消失。读者可以自由地讨论一大堆细节，而不需要展示它们与发明故事之间的关系。

不能继续集中在发明的故事上的具体实施方式会错过帮助读者更好地理解发明的机会。事实是"一切都在某处"只满足了实施的最低法律要求。❶它不能保证读者能够将背景技术和发明内容中的宽泛陈述与具体实施方式中的具体细节结合起来。具体实施方式（以及附图）中的大部分细节本身并不能展示发明。它们的目的是提供一种可实施性的公开——展示功能模块的特定实施方式，解释该发明实施的总体环境，等等。即使是在比较简单的具体实施方式中，也可能完全不清楚公开的实施例的哪些方面对应于发明的要素，除非明确指出对应关系。

因此，具体实施方式不应该是无差别细节的单调、无特色的部分。它应该是一个引人注目的景观，有一个中心焦点，清晰地描绘出从整体环境中脱颖而出的特征。

具体实施方式是背景技术/发明内容的扩展

许多代理人在撰写背景技术和发明内容之前撰写具体实施方式。然而，必须多说一下，要先撰写背景技术和发明内容。事实上，这也是作者最喜爱的

---

❶ 35 U. S. C. 112（a）.

方式。

基于前一章的指导，背景技术和发明内容是具体实施方式的完美大纲。背景技术和发明内容指导撰写者在讲述本发明的扩展版本时应该介绍什么。事实上，作者的具体实施方式通常包含发明内容的每个句子，有时是整个段落，用实施例细节进行论述或扩展。背景技术中的关键句子有时也包括在内。以这种方式撰写的具体实施方式为读者提供了一幅清晰的画面，具体实施方式从各方面说明了在背景技术和摘要中所做的广泛的一般性陈述。它为整个说明书注入了一种教学的统一性和凝聚力，如果先撰写具体实施方式这是很难实现的。

本方法适用于附录 C 中所示的专利示例。

阐述问题

具体实施方式对问题的描述可以是不同级别的细节信息，这取决于什么看起来是有用的。问题的描述可以短到一两句话，其作用就是要把读者引向背景技术。

然而，通常情况下，采用示例性系统框图或者用于描述产生问题的现有技术工艺的示例性流程图，对于阐述问题是有用的。如果发明是一种简单的制造物品，如手工工具、运动器材或某种小器具，展示现有技术版本是有用的。

因此，这个阶段将问题在背景中显示出来，并在比背景技术所需深度更大的深度上进行解释。如上所述，在描述问题的背景技术中出现的整个句子此时可能再次出现，然后参照系统框图或工艺流程图进行展开描述。通过阅读背景技术，读者已经对问题具有了一定程度的了解，但可能还没有具体了解问题是如何产生的，以及解决该问题如此重要的原因。具体实施方式是一种载体，通过它可以清楚地说明这些内容。

阐述解决方案

目前这个阶段用阐明具体实施方式来说明问题的解决方案。下面以一种教学的方式阐述解决方案的一些具体想法，从而将发明的故事向前推进。

指出发明点

在具体实施方式中，读者将会遇到构成发明点的结构元件或方法步骤。通过特别引用"本发明"就能够将这些明确指明。诸如，具体采用"本发明"。像"根据本发明"这样的引言在此会很能发挥作用。实际上，具体实施方式中的第一个实施例正处于这样的位置，亦即可以将发明内容中关于发明构思的一句话陈述插入此处，之后通过结合具体实施例展开说明的位置。

慎用"发明"这个词

"发明"一词一定要慎用,这一点无论怎样强调都不为过。"发明"一词只有在涉及宽泛的发明构思时才应无限制地使用。除非我们愿意把专利范围限制在某范围内时,我们才应该将其称作"发明"。

如果说明书上说某件东西是"发明",那么竞争对手将会向法院争辩说,不管权利要求说什么它都是发明,并且各种报告的决定都将会支持这个论点。由于说明书将某些内容描述为"发明"的一部分,因此,会导致对权利要求中宽泛的术语做出狭义的解释。事实上,根据说明书对"发明"的描述,权利要求中根本不存在的全部要素都已经被引入其中。

在一个已报道的联邦巡回上诉法院案例❶中的争论在于,权利要求中所要求的某些功能是否应被视为(a)包含被诉侵权人完成该功能的单步骤过程,还是(b)被限定为专利权人在示例性实施例所使用的两步骤过程。权利要求本身并没有说明步骤的数量。法院认为解释(b)是一种正确的解释,部分原因是因为在具体实施方式中使用了"发明"一词而不是"本发明的实施方式"一词。法院指出下述的具体实施方式引言指向了两步骤过程:

> 根据本发明采用的解码算法用于……

然后断言,"他的说明书将两步骤过程描述为'本发明',而不仅仅是发明的实施方式。"

或者考虑一下看似无关痛痒的声明:

> 图1是本发明的电路图。

这句话意味着图表中所示的每一组件都是完成发明构思所需的。这不太可能是专利撰写者的意思。除非撰写者愿意把专利的覆盖范围限制在电路中,否则最好按以下方式撰写:

> 图1是一种实现本发明的电路的示意图。

或者考虑以下陈述:

> 本发明使用一种镍氧化物壳型催化剂来加速X和Y的反应。

这种陈述暗示了本发明必然使用镍氧化物壳型催化剂。如果X和Y的反应使用催化剂是已知的现有技术,并且发明点是催化剂是镍氧化物壳型催化

---

❶ *Harris Corp. v. Ericsson, Inc.*, 417 F. 3d 1241; 75 USPQ2d 1705 (Fed. Cir. 2005)(诠释权利要求中的术语见 U. S. Patent 4,365,338)。

剂，这样撰写是可以的。但是，如果发明就是 X 与 Y 反应，最好按以下方式撰写：

> 本发明的具体实施例可以使用氧化镍壳型催化剂来加速 X 和 Y 之间的反应。

当然，这些考虑也适用于发明内容的撰写。实际上，更重要的是观察发明内容中"发明"一词的特殊含义，这是因为发明内容是对发明本身的概述❶。然而，在此提出这一点——结合具体实施方式，是因为我们在撰写发明内容时已经非常集中于说明发明是什么，所以我们不太可能犯错误。具体实施方式不是那么格式化，而是更广泛。撰写具体实施方式时，比仅仅撰写发明本身需要考虑的要多得多。因此，撰写具体实施方式时可能更容易出错，并且在未撰写具体实施方式时更容易将某内容称为"本发明"。

当诉讼专利的权利要求被解释得比"应当"的范围更窄时，其说明书往往是罪魁祸首。

采用前述的倒金字塔样式获得发明

使读者保持兴趣的一种方法就是使用上面结合发明内容所描述的倒金字塔样式来构造具体实施方式。例如，发明构思可存在于已知类型系统的元件之间的一种新的功能性关系中。在这种情况下，具体实施方式可从描述高级的框图或简化的机械图来说明功能性关系开始。公开系统的各组件细节可以稍后介绍。

实际上，作者的实践是将不涉及发明但只是为了满足实现要求的组件或步骤推到末尾❷描述。很少有读者会真正对这些材料感兴趣，而且它会阻碍故事的讲述。实际上，如果将发明内容用作模板，那么倒金字塔样式的具体实施方式将会自然推进展开。

如果主题不适合于发明构思的早期介绍，我们至少可以向读者提示关于该发明的讨论能在何处找到，如下所示：

> 为了解释本发明，首先介绍一些与声波探测相关的内容。本发明涉及我们处理声纳数据的技术，并且在标题"声纳信号处理"之后将对本发明进行描述。

---

❶ Manual of Patent Examining Procedure, §608.01 (d) (8th ed., rev. July 2010).
❷ 35 U.S.C. 112 (2).

第19章 撰写具体实施方式

在撰写具体实施方式之前，掌握发明

撰写一份有效的具体实施方式的关键在于，在开始撰写之前掌握本发明。如果按照前述的方式已经撰写了发明内容，那么这将自动完成。但是，即使先撰写具体实施方式，我们仍应该在开始之前知道发明是什么。

相反的观点认为，通过撰写具体实施方式而熟悉实施例，有助于代理人确定发明实际上是什么。然而，我们已经看到，分析实施例以识别发明，而不分析"问题—解决方案"，很容易导致遗漏宽泛的发明。

即使在撰写具体实施方式期间或之后，对发明进行了在一定程度上的正确确认，具体实施方式也可能不会以所希望的、广泛的、功能性的术语指出本发明。被认为是发明的核心并如此撰写的实施例的各个方面，可能会被证明仅是选择性的退守特征。相反，在对本发明进行充分分析并与现有技术对比审查之后，一些被认为是选择性的特征可能被证明是对可专利性至关重要的特征。根据后来对发明的理解认识，具体实施方式中所用的术语可能会被证明过于狭隘。具体实施方式的整体结构可能不太适合讲述和说明发明故事。

当然，具体实施方式完成之后总是需要进行修改，但是如果起初就确认了发明，就会不必花费时间和精力在后续的修改上。

如果我们知道发明是什么，准备附图时也会更有效率。由于附图必须体现权利要求中的每一个特征❶，只有我们知道权利要求想要表达什么，我们才能够确信附图是完整的。反过来，这又要求我们知道这项发明是什么，以及它的退守特征是什么。修改附图会很繁琐，为使说明书与修改后的附图一致，可能还需要进一步修改说明书。

还有其他问题。具体实施方式的大部分修订是容易出错的。校订过程可能会忽略"发明"所包含的过度限定的描述。并不是所有的术语变化都能被发现。这种叙述方式读起来像打补丁一样。就像写作文一样，如果没有明确的目标，撰写具体实施方式就会产生难以解决的混乱。

详细描述体现发明的地方

具体实施方式应该有多详细？

一个有效的经验法则就是详细描述体现发明的地方。这意味着，对与本发

---

❶ 37CFR 1.83.

明最密切相关的实施例的各方面应该最大限度地详细描述。相反，对从发明中进一步删除的实施例的各方面应该较少地描述细节。

例如，在本书椅子的例子中，座位高于支撑表面的近似高度——大约为18英寸，这一高度与发明实质相关，这是因为这一发明涉及座位是怎样受到支撑的，并且椅子的高度取决于椅子的"细长支撑件"的长度，后者构成了发明点。另一方面，为制作椅子而获取木材的伐树方法则远离了发明实质，将对伐树方法的讨论从说明书中移除会使人感觉良好（假设现有技术已经知道一些伐树的方法）。

正如现在所解释的那样，与发明最为密切的细节是区分发明与现有技术的最可能依赖的细节。

回想之前的讨论，"与发明不相关的"现有技术是预判权利要求的在先技术，这种现有技术使权利要求范围过宽，但又没有披露发明构思和/或不能解决问题。权利要求的用语只是恰巧被现有技术披露。

在这种情况下，没有必要将发明退守到更狭窄的位置上，例如，将退守特征的一个特征合并到范围最宽的权利要求中。相反，当面对与发明不相关的现有技术时，我们需要做的是将某些用语加入到权利要求中，从而使一直预期的发明范围保持稳定。这将在第21章进一步讨论。

很快就会清楚，需要什么样的附加用语来稳定预期的发明范围。这种用语有时会限定发明应用的环境或问题产生的背景。它有时是操作参数，有时是参数之间的关系。它有时是限定术语的明确定义，审查员可能对该术语解释得比权利要求撰写人预期或设想的范围更宽泛。在所有这些情况下，修改时，将附加用语加入到权利要求中确实会使权利要求范围变窄，但仅限于将其限制在最初要包含的主题上。

需要注意的是：无论附加用语是什么，它都需要得到说明书的支持。这就带来了一个两难的境地。一方面，很难预测还需要什么附加语句。起诉过程中可能出现的与发明不相关的现有技术的性质是不可预测的。另一方面，在实施例中披露每一个元件或方法步骤的每一个微小细节是不具经济性或可行性的，这样做只是希望，在碰到不相关的现有技术时，它们中的任何一个特定细节可能是稳定发明范围的关键。面对时间和预算的现实，我们必须做出选择。

详细描述体现发明的地方是做出选择的有效途径。

回到我们的椅子例子，座位高于支撑面的高度似乎是一个不相关的细节，不值得提及。如果发明在于支撑件是"细长的"，谁又会在意座位的位置有多高呢？然而，如果在本专利申请的申请日之后，现有技术出现并披露了一种标准高度表，这个细节就非常有用了。然后就可以对权利要求进行修改，陈述椅子的高度。

　　作者曾被邀请研究一项已颁布的专利，该专利的权利要求提到了"条带"（stripe）。档案资料表明，审查员根据不相关的现有技术，给予术语"条带"非常宽泛的解释才得以理解权利要求。现有技术中的术语"条带"完全不同于专利申请人头脑中的意思。不应该放弃任何重要的发明范围，而应该对权利要求进行修改，将适合于解决本发明问题的"条带"的几何定义包含在权利要求中。不幸的是，说明书没有定义发明人所说的"条带"含义，所以这样的修改得不到支持。事实上，这位代理人在使专利申请获得授权时遇到了很多麻烦。

　　遵守详细描述体现发明的地方这一原则，在这种情况下肯定会很有帮助。权利要求中使用的术语，如本例中的"条带"，不仅仅与体现发明的内容很相关，而且是体现发明内容的核心。因此，按照这一规定，需要代理人在说明书中指出"条带"在当前发明上下文中的含义。

随时收集变化和替换方式；把它们保留到最后

　　可取的做法是，具体实施方式应指出，在仍能实施本发明的条件下，可以对所公开的实施例进行改变。这包括本发明应用的不同环境、各种元件和功能的等效替换、材料替换等，这里称为"实施例的替换方式"。

　　指出实施例替换方式至少具有两个功能，一是确保广泛的等效替换对应于权利要求的各种限定，包括装置加功能特征❶。

　　另一个功能是，通过披露实施例的替换方式使其成为现有技术。这就阻止了他人日后争论，认为这些替换方式是非显而易见的并由此可能获得涵盖它们的专利。

　　一些实施例的替换方式可以由代理人自己想出，其他的可以由发明人提供。如果代理人正在与发明人合作撰写申请文件，如本书后面所建议的❷，他可以在撰写过程中敦促发明人提及实施例的替换方式。

　　作者喜欢在说明书草稿的末尾留一个空白，这样可以将脑子里出现的替换方式很快地记录下来。这样它们就不会被遗忘，但同时注意力也可以集中在创作主线上。这些替换方式稍后可以加入到具体实施方式的正文中。或者，可以

---

　　❶ "一种元件……现为执行特定功能的方法或步骤……可以构造成覆盖相应结构、材料，或者说明书中所述的方式以及等效替换。"35 U. S. C. 112（f）。

　　❷ 参见第22章。

将它们整理好，并与其他常用的"救济性语言"一起保留在说明书末尾，这些"救济性语言"一般位于具体实施方式的末尾。正文中引入过多的实施例替换方式也会妨碍故事的讲述。

何时撰写具体实施方式？

如果已经确认了发明，或许也撰写了一些权利要求，许多代理人接下来会撰写具体实施方式，然后是背景技术，最后是发明内容。

如上所述，作者总是在撰写具体实施方式之前撰写背景技术和发明内容。事实上，作者通常按照申请文件的呈现顺序来撰写申请文件的各个部分：背景技术、发明内容、具体实施方式，然后是权利要求。

只有完全掌握了这项发明并且确认了退守特征时，这种方法才能行之有效。发明是什么？这个问题的确切答案是采用这种方法所必须的。

在撰写具体实施方式之前撰写背景技术和发明内容的一些优点已经讨论过了，但是还有另外的优点。

撰写背景技术和发明内容的过程提供了在有限的文本空间中"调整"发明描述的机会，这包括推敲我们对宽泛发明的看法，建立描述该发明的技术术语以及将要公开的环境，建立从问题到解决方案再到退守特征的逻辑思想流。如果我们对发明的看法发生了变化，或者在中途引入了新的技术术语，那么对详尽的具体实施方式进行修改是非常耗时的。

以这种方式撰写背景技术和发明内容可能会非常缓慢，但这会带来数倍以上的回报。经过全面检查的背景技术和发明内容，可以为撰写具体实施方式、技术术语和思想的逻辑流提供非常有用的指导。

作者最后撰写权利要求。在撰写说明书尤其是在撰写背景技术和发明内容期间，可能会产生深层次的认识，最后再撰写权利要求时会从中受益良多。

最后的核查

在具体实施方式以及之后的权利要求（如果之前没有写过）的撰写完成之后，在送给发明人之前，代理人应当对说明书进行最后的核查。下面的核查点不仅适用于具体实施方式，也适用于背景技术和发明内容。

需要检查的重要事项如下：

- 考虑出现的每一个词语"发明"。如果使用得当，该用语不应该暗示或推断，发明人将一些选择性特征认为是宽泛发明所必需的特征。

第19章 撰写具体实施方式

● 接着通读权利要求,并确认权利要求中的每一个术语、功能性表述和概念在说明书中都有明确的基础,并且每个权利要求术语都有明确的定义。(在上述的权利要求术语"条带"案例中,这样做将为代理人省去很多麻烦。)

● 确认本发明的发明内容中的定义与最宽泛的主张一致。发明内容中任何不属于最宽泛的权利要求的限制都应该被限定为"说明性的"或"选择性的"和/或应该被推到发明内容的后面部分。最终形式的发明内容应与最终形式的权利要求相一致。

● 接下来是校订和行政事务。说明书中使用的术语是否始终一致?说明书中提到的每一元件在附图中都给出附图标记了吗?拼写、语法和标点符号正确吗?

在此之后,申请文件可以提交给发明人进行核查。

确保一项发明得到专利保护的过程包括专利申请文件的准备和之后针对专利商标局的审查意见处理,通常被称为"准备和审查意见处理"。本书已经提到了"准备"。我们将在第 22 章讨论与发明人合作时再回到这一点。

接下来的两章主要讨论"审查意见处理"。这两章讨论了权利要求被拒绝,以及修改权利要求时如何运用"问题—解决方案"的范式。

本 章 回 顾

强化理解

1. 作者认为,专利申请中有效的具体实施方式的特点是什么?

2. 如果满足 35 U. S. C. 112,¶1 所要求的"可实现"和"最佳模式"要求,那么在构造具体实施方式时有什么不同?

3. 在撰写具体实施方式之前首先撰写背景技术和发明内容有什么好处?首先撰写具体实施方式有什么缺点?

4. 为什么本书告诫专利撰写者要慎用"发明"这一用语?

5. 为什么在开始撰写具体实施方式之前要先掌握发明呢?

6. 具体描述体现发明的内容,其合理性是什么?

深入思考

7. 在准备专利申请时,作者最后撰写权利要求书。既然发明是权利要求书所说的内容，那么这种做法如何与作者的主张相一致，即在具体实施方式写出来之前，要把发明掌握好？

提升技能

8. 根据本章提出的下列标准评估一个或多个已颁布专利的具体实施方式。具体地说，具体实施方式——
- 指出发明构思了吗？
- 谨慎而恰当地使用"发明"这个用语了吗？
- 遵从"详细说明体现发明的内容"这一原则了吗？

第20章
权利要求被拒绝——修改还是争辩?

"问题—解决方案"范式不仅对于撰写发明的权利要求来说很重要,而且在处理审查意见过程中,在必要的情况下,对权利要求修改也很重要。

本章概述了当权利要求根据美国专利法第102条或第103条不可获得专利权的理由而遭到拒绝时,可用的六种主要选择。下一章将描述当适于进行修改时,如何使用"问题—解决方案"范式来确定修改权利要求的最佳方式。

在这两章中,术语"引用的现有技术"包括(a)被一篇现有技术文献公开并按照第102条引作否定理由的主体,(b)按照第103条的否定理由审查员所提供的一篇或多篇在先文献中修改或结合启示中得到的主题。

四个问题,六个选项

根据美国专利法第102条或第103条权利要求遭到拒绝时,四个问题的答案决定了应采取六个选项中的哪个。四个问题是:

1. 审查员对显而易见性的立场有充分根据吗?(此问题只适用于第103条的否定。)

2. 权利要求可以从所引用的现有技术中获知吗?

3. 所引用的现有技术与权利要求意图表达的是同一主题吗?(即它是否披露了发明构思?)

4. 本发明是否早于引用的现有技术?(此问题仅适用于2013年3月16日开始实施的修订后的美国专利法第102条。)

六个选项是:

1. 针对否定的权利要求争辩对现有技术的结合或修改的启示是非显而易见的。(此问题只适用于第103条的否定。)

2. 争辩所否定的权利要求不能从所引用的现有技术中获知。

3. 修改权利要求，放弃先前想要的发明范围，以此回避引用的现有技术。

4. 修改权利要求，更好地限定想要的发明范围，以此回避引用的现有技术。

5. 针对引用的现有技术参考文献"宣誓在先"（swear behind）❶。（此选项仅适用于2013年3月16日生效的修订后的美国专利法第102条。）

6. 删除权利要求。

图20-1所示的流程显示了如何根据四个问题的答案选择选项。流程图还显示删除权利要求的选项（框10）可以独立于四个问题中的任何一个答案，也就是说，不考虑拒绝的理由。例如，一项权利要求可以被认为是可舍弃的，因为其他被允许的权利要求足以覆盖发明。或者因为客户不希望承担对其进行争辩的费用。当然，由于被引用的现有技术使其无法获得专利权，权利要求也可能被删除。这在流程图的其他地方得到了说明（框16和框18）。

在这部分讨论中，假定参考文献的有效日期足够早，可以用来反对本发明❷。而这一点是需要核对的，尽管审查员很少犯这方面的错误。

问题1：审查员关于显而易见性的立场是否有充分依据？（框11、框12）

审查员根据第103条拒绝了权利要求，他的意见是，权利要求的主题是显而易见的，也就是说，对本领域普通技术人员来说，在作出发明时该主题是显而易见的。这可以认为是相对于一篇现有技术参考文献启示的明显修改，或者认为是相对于两篇或多篇参考文献启示的明显结合。

当面对第103条的否定意见时，最低限度的考虑应当是审查员关于显而易见性的立场是否具有充分的依据。也可能不是。例如，现有技术可能对参考文献的修改或结合起的是"反向启示"作用。或者，考虑到发明人所披露内容带来的优点，可争辩其是"事后诸葛亮"的产物。

---

❶ 美国在2013年之前实行的是"先发明制"，允许申请人在首次公开发明后12个月内保留专利申请权，如果双方申请人就同样的发明申请专利，在后申请的申请人能够提供足够的证据证明其专利是在先发明的，则在后申请有可能被授予专利权。因此，对发明人而言，保存完整的研究和开发活动的记录非常重要。——译者注

❷ 参见，例如35 U. S. C. 102 (a)、(b)、(e)。

第20章 权利要求被拒绝——修改还是争辩？

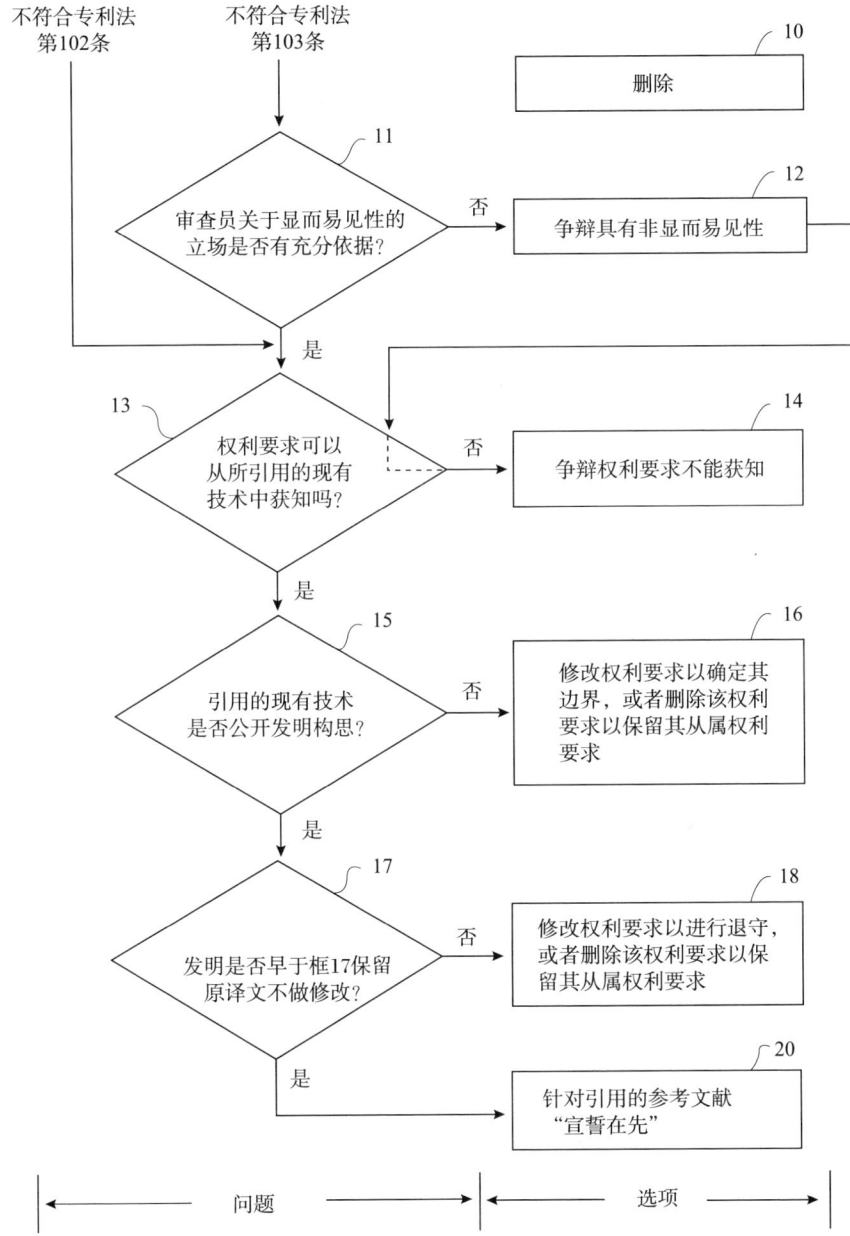

图 20-1 针对被拒绝权利要求的思考过程（2013 年 3 月 16 日之后，框 15 的"是"箭头直接转向框 18，参见正文）

备注说明：2013 年 3 月 16 日生效的新法中使用公开可延及美国以外，此外 swear 应意指主要针对境外公开使用的情形进行说明和证明。

发明分析与权利要求撰写——专利律师指南（原书第2版）

探究显而易见性的法律超出了本书的范围。读者不妨查阅通用的专利法条约，以便对这一领域的法律进行深入的讨论。如果有理由证明引用的修改/组合是非显而易见的，只要说这一选项就足够了。通常我们没有理由为了争辩主题是非显而易见的而缩小权利要求范围，至少在我们试图使审查员确信他对显而易见性的立场没有充分依据之前我们不缩小权利要求范围。

问题2：权利要求可以从所引用的现有技术中获知吗？（框13、框14）

审查员认为现有技术公开了权利要求的立场需要评估。即使引用的现有技术不满足所有的权利要求限定，权利要求也常常遭到否定。

如果权利要求不能从现有技术中获知，我们就应在此基础上对否定意见进行抗辩。即使我们已经就第103条的规定对审查员认为他引用的现有技术的修改/合并是显而易见的意见进行了争辩，我们仍应为权利要求进行争辩。也就是说即使所引用的现有技术是显而易见的，我们还要争辩权利要求仍不能获知。

试着从审查员的角度去看

在评估权利要求是否能从引用的现有技术中获知时，从审查员的角度来阅读权利要求和现有技术是很重要的。审查员不需要根据说明书中所披露的内容来狭义地解释权利要求术语。事实上，他的职责要求他赋予权利要求语言最广泛、最合理的含义❶。

例如，计算机科学家使用术语"主动数据库"表示在特定事件发生时采取行动的数据库。股票经纪公司操作的主动数据库，例如在股票B达到一定的价格水平时可按程序向客户A发送电子邮件信息。然而，审查员可以将"主动数据库"理解为"启动并运行"的任意数据库。说这样的数据库是"活跃的"，而不是休眠或无响应的，是不无道理的。

也有例外。如果说明书明确定义一个术语的含义，那么审查员应该赋予其定义中提供的狭义含义，例如：

> 本说明书和权利要求中所使用的术语"主动数据库"指的是在特定

---

❶ 参见，例如，*In re Morris*, *supra*, *and In re Vogel*, 22 F. 2d 438, 164 USPQ 619（CCPA 1970）. 但是参见 *In re Donaldson*, 16 F. 3d 1189, 29 USPQ2d 1845（Fed. Cir. 1994）（en banc）（说明书对美国专利商标局根据合理解释的原则构造多宽泛的装置加功能的语言产生了影响和限制）。

第20章 权利要求被拒绝——修改还是争辩？

事件发生时采取行动的数据库。

然而，说明书有充分的理由不包含这样的声明。这个定义可能会排除一些我们希望在专利颁布后权利要求能够覆盖的内容。

因此，如果审查员的阅读方式有任何可取之处，那么主张对一项权利要求进行更窄的解读通常是徒劳的。更重要的是，如果审查员认为权利要求中的所有用语等同于与发明无关的内容，那么对发明构思具有重要意义的内容就很可能被忽略掉。因此，权利要求很容易被解读为大量其他与发明无关的现有技术，这些技术可能要等到专利颁布后才会出现。此时代理人需要问问自己，"我怎么写了一个不涉及发明的权利要求呢？"并趁机调整权利要求以便不再这样。

当然，如果否定的理由不充分，我们就应该不对权利要求进行修改。但同样重要的是，要认识到什么时候应该停下来、反思、修改而不是争论了。

不要过度解读参考文献

我们应该警惕对参考文献过度解读，不要把我们的发明知识带到阅读中去。参考文献似乎是在描述发明的主题，但仔细阅读可能会发现并非如此。

作者曾经指导过一起审查意见处理案，其中，发明涉及一种传真机，其在检测到快要没有纸张时，就会产生一份纸质订单表格，该纸质订单表格包含公司纸张供应商的传真号码。用户只需在传真机上填写订单表格，然后传真给供应商，无须查询供应商的传真号码或寻找一份空白的订单表格。

它所引用的现有技术是一项日本专利的摘要翻译：

> 一种传真机，其检测缺纸状况，并相应地在屏幕上或纸上输出订购信息，该订购信息包括纸张供应商的电话号码。

负责处理审查意见的代理人建议基于这一摘要放弃申请。他对这项发明的知识促使他过度解读了现有技术公开的内容。对该专利进行的全文翻译是有条理的，它揭示了现有的传真机并不能输出订单表格，仅仅能输出纸张供应商的电话号码——一个有争议的非显而易见的区别。

不要仅仅依靠发明人对参考文献的解读

对于所引用的现有技术参考文献到底给出了什么教导，发明人的意见是非常重要的，但是我们不应该仅仅依靠发明人的解读。发明人易于关注现有技术披露内容的大致轮廓。他们有时没有发现，也没有意识到，隐藏在专利说明书中的不显眼的描述，可能会对要求保护的主题具有重要意义。有时他们会认为

"这不是同一件事",现有技术针对的是不同的问题,即使现有技术的解决方案本身也能解决发明人想要解决的问题。因此,代理人也要核查参考文献,这是很重要的。

问题3:被引用的现有技术是否公开了发明构思?(框15、框16、框18)

即使权利要求被引用的现有技术覆盖而遭到拒绝,该现有技术仍然可能是与发明无关的现有技术。我们的下一个需要探究的问题是"被引用的现有技术是否公开了发明构思"。

如果答案是肯定的,并且我们打算保留当前形式的权利要求,我们将不得不针对引用的现有技术"宣誓在先"(如果我们可以的话)。这一选项将在下一节中进一步讨论。

否则,我们将不得不修改权利要求,或者删除该权利要求以保留其从属权利要求,该从属权利要求包括我们通过增加而进行的限定。这里的讨论假定我们会修改。

然而,我们在决定如何修改权利要求时所使用的策略,取决于被引用的现有技术是否公开了发明构思。

例如,假设发明构思是将建筑物或其他大型构件安装于弹性件上,以减缓地震振动,从而保护所述构件免遭破坏或倒塌。专利申请包含对应于该构思的下述宽泛权利要求:

20.1 一种装置,包含一个结构,以及一个或多个支撑该结构的弹性件。

如果审查员发现现有技术公开了该发明构思,则必须对权利要求20.1进行修改,从最初确定的发明边界回退。发明人和代理人认为,将易于倒塌的构件安装在弹性件上这一不加掩饰的想法是新的,但事实证明并非如此。可专利性必须依赖于至少一个退守特征,比如发明人为这一特殊用途设计的一种独特类型的弹性件。

但是,即使审查员没有发现现有技术公开了发明构思,他仍然会拒绝权利要求20.1,这是因为它不仅可解读为地震保护建筑物,而且还可解读为在孩子玩的弹簧单高跷、浴室磅秤、振动阻尼机械以及所有其他现有技术中已知的安装有弹性件的"构件"。然而,在这里,没有必要退守到较窄的发明点——通过添加与实施例细节相关的限制来后退。相反,应该修改这一权利要求,以

第 20 章 权利要求被拒绝——修改还是争辩？

更精确地定义术语"构件"的通常含义——容易遭受地震破坏的建筑物和其他构件，从而全面保留发明构思的覆盖范围，同时排除"与发明无关"的现有技术，如孩子玩的弹簧单高跷和浴室磅秤。

在任何一种情况下，都有一个过程来确定应该将哪些限定添加到权利要求中。它包括我们在最初撰写权利要求时使用的同一"问题—解决方案"范式。我们将在第 21 章中看到，描述安装有弹性件的建筑物的权利要求，是如何根据现有技术示出的类型依照这些原则进行修改的。

问题 4：发明是否早于参考文献？（框 17、框 20）

这一问题只适用于 2013 年 3 月 16 日修订版 35 U.S.C 102 生效之前，从那以后申请人将不能够针对参考文献"宣誓在先"。

根据第 131 条的 PTO 规则，如果发明早于引用文献，则该文献不适于引用来反对发明。"早于参考文献"是指在参考文献的有效日期之前，发明人（a）构思出了要求保护的主题，（b）将该发明转化为实践或者正为此而努力。在程序上，发明人的构思日期和转化为实践的日期都存在于第 131 条所称的书面证词或声明中。这个过程被称为针对引用文献"宣誓在先"。然而，如果否定是基于 35 U.S.C 第 102 条（b）下的法规作出的，则不适用此程序。

最好的做法是，只有当除了缩小或删除权利要求之外没有其他选择时，才将此选项作为最后的选择。如图 20-1 所示，那么，在我们考虑针对引用文献"宣誓在先"之前，应该尝试了以下所有内容：

（a）我们没有理由对非显而易见性作出争辩；和
（b）权利要求可由所引用的现有技术解读出；和
（c）所引用的现有技术与发明有关。

相反，最好不要针对参考文献"宣誓在先"，如果引用的现有技术

（a）是具有争议的非显而易见；或
（b）不能推断出权利要求；或
（c）与发明无关。

因此，仅当参考文献或其显而易见的修改或参考文献的结合公开了发明构思时，我们才应该针对参考文献"宣誓在先"（假设相关日期允许我们这样做）。

这有多种原因。

与所引用的现有技术相似或相同的现有技术——公开日太早无法"宣誓在先"——可能会在专利颁布之后出现。通过针对引用的现有技术"宣誓在先"

而不是反对它，我们将会错过一个建立记载档案的机会，该记载档案记录了审查员改变想法，并且同意我们所认为的被引用的现有技术是非显而易见的或者不能从中解读出权利要求的观点。这只会有助于加强对有效性的推定❶——相对于那些可能在后期出现，但因其公开日过早而无法"宣誓在先"的相似现有技术而言。

人们可能会认为，应该采取一种万无一失的方式，既对有益效果进行争辩，又可针对现有技术"宣誓在先"。但是，在记载的档案中将不能清楚地显示审查员是接受了我们的实质性争辩，还是简单地接受了根据第131条的宣誓书。事实上，竞争对手将会向法院辩称，后者就是事实。如果我们对有益效果的争辩最终没有成功，我们此时可以考虑根据第131条提交宣誓书。

此外，与发明无关的现有技术，即没有公开发明构思的现有技术公开了权利要求，很可能是由于权利要求遗漏了发明的本质。这样的权利要求总是存在被其他同样与发明不相关的现有技术公开的危险，而这些其他现有技术太早了以至于不能"宣誓在先"。因此，仅仅针对被引用的与发明不相关的现有技术"宣誓在先"，我们就错过了改善权利要求进而有望绕过那些仅在专利颁布后才会出现的与发明无关的现有技术的机会，而那时我们将无能为力。

假设我们已经决定按照图20-1中的框16和框18来修改权利要求，我们需要决定如何修改，这将在下一章讨论。

本 章 回 顾

强化理解

1. 在决定如何回应根据35 U.S.C第102~103条对权利要求的否定意见时，要问自己的问题是什么？

2. 根据这四个问题的答案，我们可以有哪些选择？

3. 既然审查员已经做出了拒绝权利要求的决定，为什么我们还要特别确定现有技术是否公开了遭拒绝的权利要求？

4. 既然专利代理人应该是发明人和发明的辩护者，那么在评估被拒绝的权利要求是否被现有技术公开时，试着"从审查员的角度去看"的要点是

---

❶ 参见，例如 *Central Soya Co. v. Geo. A. Hormel* $ *Co.*，723 F. 2d 1573，220 USPQ 490（Fed. Cir, 1983）；*Hewlett-Packard Co. v. Bausch* $ *Lomb Inc.*，909 F. 2d 146d，15 USPQ2d 1525（Fed. Cir. 1990）。

什么?

5. 在评估现有技术是否可以推断到权利要求时,仅仅依靠发明人对现有技术的解读存在什么危险?

6. 被现有技术公开的权利要求过于宽泛,无论现有技术与发明相关(披露了发明构思)还是与发明不相关(未披露发明构思)。那么,为什么确定所引用的现有技术是否公开了发明构思是重要的呢?

7. 如果(a)在根据第103条的拒绝中引用的现有技术是可争辩的非显而易见的现有技术时,或者(b)所引用的现有技术不是"与发明相关的"现有技术时,为什么最好的做法是不根据37 CFR 1.132("第132条声明")针对参考文献"宣誓在先"?

深入思考

8. 利用对上述问题1和2的答案,尝试从记忆中重建将它们联系在一起的流程图。

9. 专利权人可以作为他或她自己的词典编纂者。参见,例如,*Chef Am. , Inc. v. Lamb - Weston, Inc.*,358 F. 3d 1371,69 USPQ2d(Fed. Cir. 2004)。那么,审查员在根据现有技术解读权利要求时,允许审查员忽略权利要求术语明确的意图范围吗?

提升技能

10. 使用流程图20-1,制订您手头正在审查案件的审查意见的答复策略,或者制订您可能从同事或课程讲师那里得到的审查意见示例的答复策略。

第 *21* 章
权利要求的修改

本章与前一章是相互关联的。它描述了在图 20 - 1 所示的步骤 16 和 18 中,确定如何修改被拒绝的权利要求时,"问题—解决方案"法是如何发挥作用的,我们将证明这是理想的选择。

重新考虑本发明,随后重新考虑权利要求

权利要求的最终形式不应取决于塑造它的现有技术何时出现。但现实有时并非如此。

当我们最初起草一份权利要求时,我们可能会认为它已经"完成"了,结果却发现它仍然记载于我们原以为已经避开的一些现有技术中。或者为我们检查权利要求的主管或同事可能会指出,权利要求记载于我们之前并不知道的现有技术中。

回到文字处理程序来进一步修改权利要求,我们可能会发现,避开新发现的这最后一个现有技术可不是简单的事情。我们在权利要求中增加新的限定以应对新发现的现有技术,但可能会删除其他的限定,或者重新定义上下文,而我们做的这些,是为了使权利要求尽可能宽泛,同时又不会记载于包括该最新发现的现有技术的所有现有技术中。在将申请文件交给发明人签字确认的那一天之前,权利要求中的所有内容都需要反复斟酌取舍。

然而,一旦专利申请被提交,一种不同的心态似乎占据了上风,权利要求及其限定具有神圣不可侵犯的品质。因此,当审查员所引用的现有技术使得我们必须修改权利要求时,我们倾向于在已有内容的基础上简单地增加一些新的限定,从而"包扎"权利要求。如果我们从一开始就知道这些被引用的现有技术,我们或许也能得到相同的权利要求。然而,通常情况下并非如此,经过

"包扎"的权利要求对发明的定义通常并非最优,而是做出了更多不必要的退让。

事情本不该如此。我们面对的是同样的发明,同样的现有技术。我们基于现有技术定义发明的方式不应该取决于现有技术何时出现。

解决这一切的办法不仅仅是重新思考权利要求。我们首先应该重新考虑本发明,并且只有在此之后,才能重新考虑权利要求。

当现有技术没有公开发明构思时的修改

我们首先考虑现有技术与发明无关的情况,即现有技术没有披露发明构思的情况(图20-1,框16)。我们总是可以对权利要求进行修改,以使其包括一些区别性的限定。但是,除非这种限定是以某种原则达成的,否则它可能是错误的。一个"错误"的限定,或许可以应对被引用的现有技术,但可能会放弃更多它原本可以拥有的知识产权。或者,这会使得权利要求在授权之后容易受到其他与发明无关的现有技术的影响,如果有这样的现有技术,我们将无能为力。

让我们回到上一章中描述的用于地震防护的弹簧式建筑的构思,如图21-1(a)所示。假设审查员没有发现披露了该构思的现有技术。然而,他拒绝了权利要求20.1(为方便起见,在这里重复为权利要求21.1),因为他阅读了某些与发明无关的现有技术,例如弹簧单高跷、浴室磅秤和弹簧装置[图21-1(b)]。

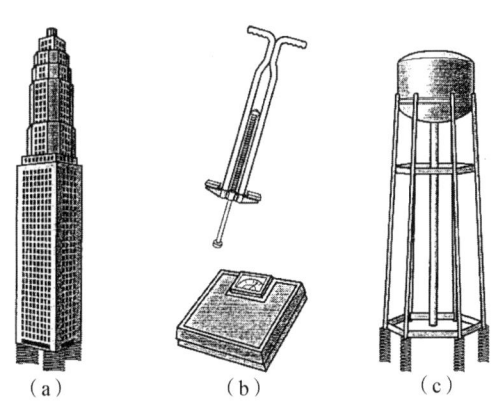

(a) (b) (c)

图21-1 用于地震防护的弹簧式建筑

(a) 说明性实施例 (b) 与发明无关的现有技术 (c) 发明人没有想到的实施例

21.1 一种装置，包括一个结构，以及一个或多个支撑该结构的弹性件。

采用基于实施例修改权利要求的方法，我们会注意到建筑物包含地板和窗户，而这些是弹簧单高跷、浴室磅秤或弹簧装置所没有的，我们可将这些特征作为可专利性的点：

21.2 一种装置，包括一种具有地板和窗户的结构，以及一个或多个支撑该结构的弹性件。

这种方法貌似很有道理，但也有一些没有地板或窗户的结构，发明人没有花时间去考虑，它也可能会受益于弹簧结构［图21-1（c）］。

但也不适合添加类似于退守特征的限定，比如发明人为减震设计的特定弹簧的细节。由于现有技术没有披露发明构思，因此没有理由通过增加退守特征来回避它。相反，我们想要将权利要求的范围缩小到使其边界恰好与我们所意图的边界一致的程度，即不包括弹簧单高跷、浴室磅秤等与发明无关的现有技术。

"问题—解决方案"的分析易于得到恰当的权利要求表述。本发明解决的问题是，某些结构容易因地震振动而破坏或崩塌。弹簧单高跷、浴室磅秤和弹簧机器（我们假设）都没有这个问题。修改权利要求，将本发明置于问题产生的场景下，会稳固发明的边界，使其包含我们想要的范围，同时避开所引用的与本发明无关的现有技术：

21.3 一种装置，包括一种因地震振动而容易崩塌的结构，以及支撑该结构的一个或多个弹性件。

权利要求中的说法是"崩塌"，而不是"破坏"，这是为了避免往相对较小的物体上理解，比如弹簧单高跷，在地震中可能会被"损坏"，但不会完全"崩塌"。大的结构，如建筑物，在小规模地震中可能只会受损。尽管如此，它仍然是一种容易崩塌的结构，因此"崩塌"一词抓住了我们感兴趣的结构，而不涉及像弹簧单高跷这样与发明无关的现有技术。

图21-2以图形化方式展示了权利要求21.3如何重新定义发明边界，以避免弹簧单高跷（和类似的）这样的现有技术。

通过更为规范的方法，即基于"问题—解决方案"的描述，我们可以得到同样的权利要求：

第21章 权利要求的修改

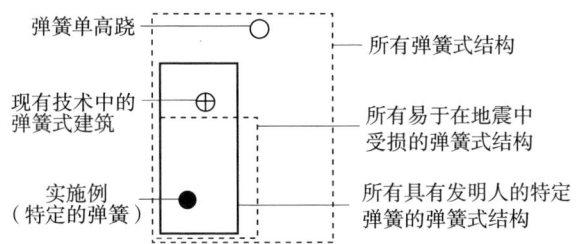

图21-2 根据现有技术是否公开了发明构思修改权利要求的策略

如何防止一个结构因地震振动而崩塌的问题,通过用一个或多个弹性件支撑该结构来解决。

或许还有其他修改权利要求21.1的方式,也可以使其限定出容易因地震而破坏或崩塌的结构。例如,如果说明书中至少明确表述了"建筑物"包括其他地震易损结构,例如独立式塔楼,那么将权利要求中的"结构"替换为"建筑物"可能就足够了。

在申请中已经存在的解释性权利要求❶中,很可能恰好包含了一些有用的限定,这些限定可用于修复一个基于与发明无关的现有技术而被拒绝的权利要求。因此,我们关于防止地震损害的专利申请可能已经包含了如下的解释性权利要求:

21.4 如权利要求21.1所述的装置,其中,所述的结构是一种因地震振动而导致倒塌的结构。

的确,解释性权利要求的主要功能之一就是预测在审查期间或专利颁布后出现与发明无关的现有技术的可能性。

否则,就像上面的例子一样,我们将不得不基于新出现的现有技术重新考虑"问题—解决方案",并提出一个修改方案,在不偏离意图的发明边界的前提下稳固发明边界。

引用的现有技术公开了发明构思时的修改

如果所引用的现有技术确实公开了发明构思,此时不宜选择澄清意图的发明边界;我们所意图的边界实际上包含了现有技术。

我们需要后退,从先前为发明设想的边界往后退(图20-1,框18)。

---

❶ 参见第10章。

正是考虑到这样的情形，我们为本发明制订了退守计划❶。因此，我们可以审视当前的权利要求书和它所实施的退守计划，以挖掘限定特征来应对所引用的现有技术。然而，在审查过程中，我们有机会重新考虑我们的退守计划，这是很有必要的。商业图景中的新见解或变化可能会改变我们认为最重要的退守特征。事实上，当专利申请第一次提交的时候，那些我们原来认为不是有意义的退守特征的内容，现在可能就是。

图21-2描述了基于发明人设计的特定的建筑支撑弹簧向退守位置后退的过程。

丢掉无用的限定

对权利要求的修改必须慎之又慎。加入权利要求中以将本发明与新引用的现有技术区分开来的限定应该可以将本发明与所有现有技术区分开来，包括最初撰写权利要求时参考的现有技术。因此，某些先前认为对专利性至关重要的限定现在只会对发明造成过度限制。正如"问题—解决方案"的分析即将揭示的那样，想要在最大范围内保护本发明，可能意味着我们在增加新限定的同时，要去掉某些限定。

假设我们的客户是激光扫描条形码的发明人［图21-3（a）］。在提交申请时，我们所知最接近的现有技术是使用磁性墨水在银行支票上打印的账户号码和其他信息［图21-3（b）］。这种方法非常适用于银行支票，因为支票布局是统一的、规范的，并且在受控环境中读取支票，以确保磁编码信息与磁性读取头完全对齐并且直接接触。

另一方面，在关于销售场所的专利申请中，对编码对象的一致性要求和编码对象与编码检测设备之间的接触控制是主要问题。事实上，其中任何一个问题都不利于在销售场所结账时使用磁性墨水标签。而发明人的解决方案，用激光或其他从条形码反射的光，能够解决所有这些问题。事实上，专利申请中保护范围最宽的权利要求，将反射光作为可专利性的点：

21.5 一种方法，通过机器读取物体上的识别码反射的光来识别该物体。

---

❶ 参见第6章。

第 21 章　权利要求的修改

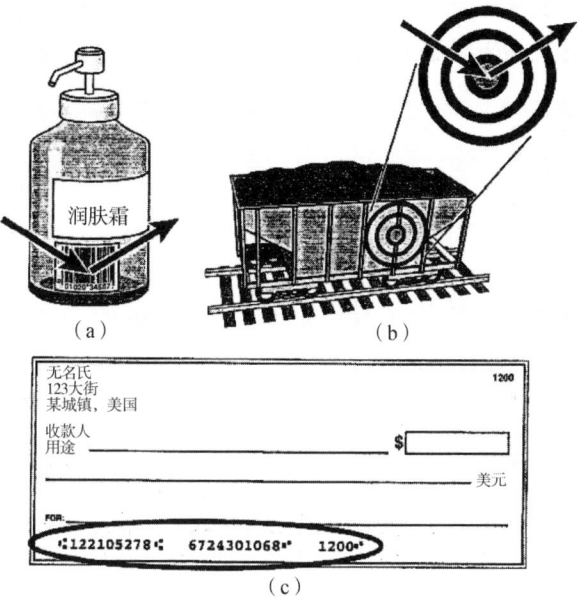

(a)　　　　　　　(b)

(c)

图 21-3　通过机器扫描反射光来识别一个物体
(a) 说明性实施例　(b) 提交申请之前所知的现有技术　(c) 审查过程中引用的现有技术

然而，假设审查员发现了现有技术，其中编码图案被贴在货车上，当货车开过时，安装在轨道侧面的光电管读取来自编码图案的反射光 [图 21-3(b)]。这样的现有技术使得权利要求 21.5 过于宽泛，我们需要对其进行修改。

重新考量解决方案，我们意识到可以将权利要求限制为激光。然而，我们决定不采用这种方法，因为在现有技术的货车系统中使用激光可能是显而易见的。然而，重新思考这个问题，使得我们可以进行合适的修改，以确保能够保留大量具有商业价值的主题。将问题重新定义为如何在付款台快速准确地识别出零售产品，会将我们引向一个方向，即保留完整的解决方案，但将该解决方案置于更窄的零售场景中。

21.5　（修改）一种方法，通过机器读取物体零售产品上的识别码反射的光来识别该零售产品物体。

21.6　一种方法，通过机器读取零售产品上的识别码反射的光来识别该零售产品。

货车不是零售产品。我们会争辩说，关于货运汽车的现有技术不会使得在零售产品上设置机器可读代码显而易见。

然而，权利要求 21.6 不是最优的。当目前已知的唯一现有技术是磁性墨水编码时，反射光的限定是一个很好的可专利性钩子。但是一旦货运汽车现有技术浮出水面，反射光的限定除了不适当地缩小范围外对权利要求没有任何作用，因此需要放弃它。事实上，总有一天，食品杂货和其他消费品上的条形码将被可无线读取的电子标签所取代，而这个实施方式并没有被权利要求 21.6 所覆盖。将本发明与货车现有技术区别开的零售产品的限制，也将本发明与银行支票现有技术区分开来，因此我们不再需要反射光的限定。

因此，修改权利要求 21.5 的更好方式应该是在增加零售产品限定的同时删除反射光的限定：

21.5 （修改）一种方法，通过机器读取物体<u>零售产品</u>上的识别码<s>反射的光</s>来识别该<u>零售产品</u><s>物体</s>。

21.7 一种方法，该方法包括通过机器读取零售产品上的识别码来识别该零售产品。

基于货运汽车现有技术进行"问题—解决方案"的分析，很容易得到保护范围更大的权利要求 21.7。确实，我们已经决定将零售产品作为可专利性的钩子，或许我们可以得到这样一个"问题—解决方案"的描述，其从一开始就包括反射光：

自动识别零售产品的问题，通过机器读取零售产品上的识别码反射的光来解决。

然而，当我们考虑"问题—解决方案"描述的范围大小是否恰当，即考虑每一个限定的必要性时，我们会发现，反射光这一限制可以删除，同时，发明仍未被现有技术公开：

自动识别零售产品的问题，通过机器读取零售产品上的识别码<s>反射的光</s>来解决。

根据这个"问题—解决方案"的描述可以直接得到权利要求 21.7。

一般情况下，可能并不需要撰写一个新的"问题—解决方案"的描述。关键是对权利要求中的每个限定进行评估，以确保在添加新的限定之后仍然有必要将其保留。然而，在更复杂的情况下，根据所有现有技术重新撰写"问题—解决方案"的描述，可以帮助我们准确确定不再需要的限定。新的"问题—解决方案"描述有时可能会产生与被拒绝的权利要求截

---

❶ Lisa Grossman, "*New RFID Tag Could Mean the End of Bar Codes*", www.wired.com/wiredscience/2010/03/rfid/.

然不同的权利要求，因此完全取消在审的权利要求而代之以新的权利要求可能更干脆。

有一点需要注意：删除权利要求中已有的限定存在一定的风险，尤其是如果权利要求是由另一位代理人写的。那个代理人可能已经获知了一些特定的在先技术，因而需要在权利要求中继续保留这些限定。即使这些在先技术原本应该被审查员引用，并且应该夹在案卷中，下一名接手此案的代理人可能并不会认可它对权利要求的适用性。如果在先技术与发明无关，且相去甚远，那么它可能根本就不会被引用。

另一方面，我们确实期望在容许的最大范围内保护发明。保守的做法是做到以下两个方面：在不删除任何已有限定的情况下缩小现有权利要求的范围（如权利要求 21.6），同时根据新的"问题—解决方案"的分析提出新的权利要求（如权利要求书 21.7）。

专利代理人通常可以在不怎么与发明人沟通的情况下准备一份专利申请。然而，在确认发明和准备专利申请的过程中，尽可能在最大限度内与发明人合作会有很多好处。

接下来将从实践方面进行讨论。

本 章 回 顾

强化理解

1. 假设我们已经认可基于现有技术对权利要求的拒绝是正确的，为什么在重新思考权利要求之前重新思考发明是很重要的呢？为什么不简单地退回到申请文件中已有的较窄的权利要求呢？

2. 为什么我们修改权利要求的方式取决于所引用的现有技术是否与发明相关呢？

3. 当权利要求由于现有技术被拒绝而需要在其中增加限定时，为什么需要删除一个或多个其他的限定呢？

深入思考

4. 审查意见可能会指出，"如果将某个从属权利要求及其引用的基础权利要求和中间的从属权利要求中的所有限定合并，以形成新的独立权利要求"，则该权利要求可能会被授权。当重新撰写该独立权利要求时，为什么有可能需要删除基础权利要求和/或中间从属权利要求中的一些限定？（当然，有人可能会向审查员指出，他们已经这么做了。）

5. 本书中条码的例子通过声明条码商品是"零售产品"，将权利要求21.5缩小到可专利的范围。您认为由此得到的权利要求21.6存在哪些潜在的问题？您如何解决这些问题？在这种情况下，如何证明根据说明书"详细描述体现发明的地方"这一方法是能够救命的？

6. 本书建议，对条形码发明进行适当的分析，可能会得到一项涵盖可无线读取的电子标签的权利要求。如果法院允许针对电子标签强制执行这项权利要求的话，会有哪些支持和反对的理由？

提升技能

7. 对于下面的每个例子，根据第一次审查意见通知书中引用的现有技术，重新考虑最初要求保护的发明。您将如何修改权利要求以使其避免被所引用的现有技术公开？（为了达到本次练习的目的，不要考虑其他您可能知道的现有技术，也不要考虑是否显而易见。）

a. 秤

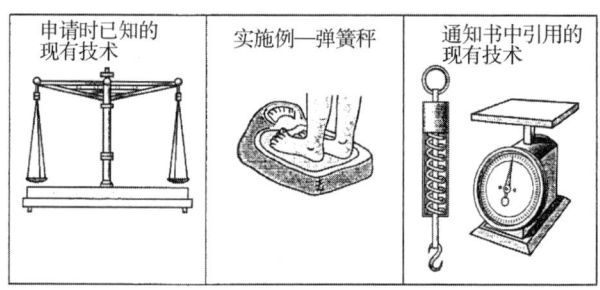

1.（原始）一种秤，包括：
一弹簧，
一平台，当把物体放到平台上称重时，平台抵抗弹簧的恢复力发生位移；以及
一指示器，依据物体重量和平台位移量的函数关系，指示出物体的重量。

b. 具有"可消失"门的橱柜

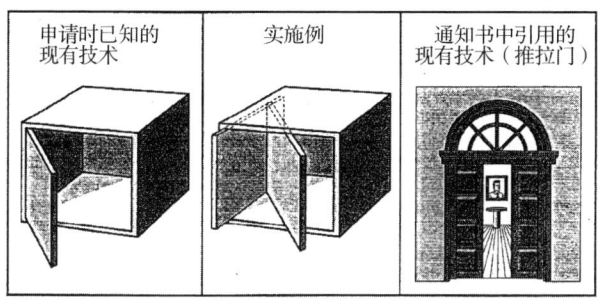

1.（原始）一种门，用于具有开口的封闭空间，包括：

第一位置，当门处于该第一位置时，门至少穿过该开口的一部分延伸，且门可滑动到第二位置；第二位置，当门在该位置上时，所述开口完全打开。

第 22 章
与发明人合作

发明人是专利代理人唯一最具价值的发明分析资源。本章介绍了一种叫作"自主学习"的方法,它帮助我们在理解发明和形成"问题—解决方案"描述时能够最大可能地利用该资源。

发明人参与准备专利申请文件本身的过程也是非常宝贵的。本章提出了一种与发明人合作来准备申请文件的四个阶段——协作过程。

课堂式学习的局限性

除非有其他的方法引导,专利代理人和他的发明人通常会被伴随我们一起成长的课堂式的信息传递模式所吸引。发明人(老师)决定什么信息将被呈现,以什么顺序呈现,详细到什么程度。准备好黄色便笺簿和钢笔,律师(学生)以发明人呈现的顺序尽职地记下发明人觉得他需要知道的信息以及发明人认为有用的细节。

这一切看起来似乎都是恰当的。发明人提出了一些新内容,代理人需要理解这些新内容。还有什么比让发明人当技术老师更好的呢?代理人就是一个等待填满的空容器,讲座开始了。

然而,对于专利工作来说,课堂模式并不是最佳的学习模式。代理人有特定的任务要完成,其中早期最核心的任务是确定发明人着手解决的问题以及她是如何解决该问题的。代理人还必须收集实施例的细节。但这是以后的任务,即使只是能够满足"能够实现"和"最佳模式"的要求。

除非发明人之前从事过专利申请,或者直觉地想到了"问题—解决方案"范式,否则她没有这一概念。例如,发明人可能不会提供关于这个问题或宽泛解决方案的任何信息,除非有人督促她这样做。此外,发明人过早地向代理人提供细节,会造成代理人不能理解这些细节的重要性,或者不能看到它们是如何融入整体情景的。这一定意味着发明人在以后将被要求重复这些细节。如果发明很简单,并且"细节负载"很小,那么这并不是一定要关心的问题。然而,许多高科技发明涉及大量复杂的信息。虽然很多发明人非常有耐心,但总有一些发明人对大量信息进行重复解释感到不耐烦。重复解释同样浪费了代理人的时间。

简而言之,代理人提出开放式请求,"告诉我你的发明",然后设置课堂式学习课程,这样代理人可能会承担接收错误类型的信息、接收过多的信息或以不优化的顺序接收信息的风险。

自 主 学 习

许多代理人最终找到了一种更有效的发明人访谈策略,作者称之为"自主学习"。在这里,专利代理人自学他需要学习的东西,将发明人作为一种资源。代理人负责谈话,而不是作为一个被动的、课堂式的接受者,不管发明人想告诉他什么。代理人控制发明人交付的技术信息的数量,以及交付的顺序和速度。通过这种方式,发明人以一种详细的、有序的、最有效的方式向代理人提供他需要知道的信息。

自主学习类似于管理良好的法庭考试。一名有效的出庭代理人可以控制证人,提出尖锐的问题,可以在小范围内引出答案。他不会让令人困惑的答案溜走,而是继续提出旨在确保更清晰答案的问题。

另一个类比是探索发明构思的探险。在这种范式中,发明人和代理人在指导和被指导之间交替转换。发明人是技术景观的向导,提供有关她所发明的和她所知道的现有技术的技术信息。代理人是整个过程的向导,通过该过程发明人/代理人团队将该信息转化为代理人的理解,然后加以分析勾勒出发明构思。

代理人应该从一开始就起带头作用,给出需要完成的大致轮廓。之后他必须把自己作为探险队队长的角色让给发明人,这样技术事实才能开始展现。但是,如果讨论开始偏离方向,代理人应该准备好介入并改变讨论的方向。这种前后交互作用实际上在三个主要阶段中重复出现,与专利的总体轮廓相吻合。第一阶段是发明背景阶段,在这一阶段鼓励发明人谈论她着手解决的问题。第二阶段是概述发明内容阶段,在这一阶段讨论发明构思和退守特征。第三阶段是具体实施方式阶段,在这一阶段重点是教公众如何实施发明。在每一个阶段的开始,代理人是老师,发明人是学生。然而,为了完成各部分的拼接,角色要互换。

从已知的起点开始

每个专利代理人都受过正规的技术培训或有一定经验。因此,他对任何一项发明的讨论都至少有一些技术基础。当然,基础的广度和深度会有所不同。在对新的镇痛化合物进行分析时,一个在镇痛药申请专利方面经验丰富的代理人要比一个在疫苗方面有药学经验的代理人的知识储备量更大。反过来说,后者要比没有任何药学经验的代理人更善于讨论镇痛药。

然而,无论代理人的专业水平如何,从问题到解决方案以及收集准备书面披露所需的细节的过程,本质上是相同的。这是一个建立和保持对信息流控制的过程,无论他最初对正在讨论的技术了解得多还是少。

这个过程基于从已知的起点开始这一指示。"已知的起点"是与发明有关的知识体,代理人将其带到与发明人的初次会面中。关键是要在一开始就向发明人传达一种理解,即律师对即将讨论的主题有所了解。了解可能很多,也可能很少,但重要的是要为讨论建立一个明确定义的出发点。

例如,与一位在电梯配重方面做出改进的工程师的初次会面可以按照以下方式开始:

> 本,我从您的发明报告中可以看出,您有一个改进的电梯配重系统。和您这样的人相比,我就像是幼儿园的学生。让我告诉您我所知道的,我们可以从那里开始。

这时,代理人继续进行,拿起他的铅笔,同时画着图22-1。

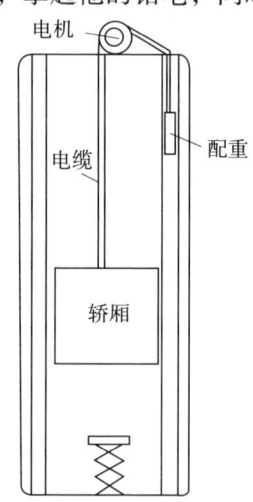

图22-1 从专利代理人的视角看电梯的工作原理

我知道轿厢是沿着轨道上下运行的，而且电缆绕过电机驱动的滑轮系统，然后沿着电梯轴的一侧向下。在电缆末端设置有配重，它的重量与轿厢差不多，所以电机和滑轮的组合只需要有足够的动力和机械效率，就能应对轿厢和配重之间的重量差并抵抗惯性，以启动或停止轿厢。我们可以设置足够多的电缆来保障高度安全性。

让我们从这里开始，从您要解决的问题开始。为了理解这个问题，我还应该知道些什么呢？

这位代理人对电梯和配重不太了解。但是发明人最好在一开始就知道代理人知道什么，不知道什么。

另一方面，代理人可能对技术非常了解，因此他的起点更高。最初的讨论可以更集中在问题和解决方案的细节上。

从已知的起点开始是启动学习过程的一种有效方式。代理人对他所知内容的初步阐述，不仅确立了他作为讨论引导者的地位，还促使发明人适应了代理人的专业技术水平，并统一了二者的术语表达方式。发明人可以裁剪自身的信息以适应代理人的认知水平。因为发明人是基于代理人的认知水平提供信息的，所以每一个新增的信息都会以易于理解的方式被代理人所吸收。

慢慢地、谨慎地前进

想一下，树木是如何在经年累月中，通过在树干外不断增加木层来增长干围的。或者牡蛎，是如何从一粒沙开始，不断沉积微量的碳酸钙来形成珍珠的。这些自然界中的过程，从初始核心开始，缓慢地将新材料与旧材料整合，同时并没有在新材料中留下显著的漏洞或间隙。

同样的道理也适用于一名代理人扩展他对一项发明的认知。他需要从他所知道的开始，然后慢慢地、小心翼翼地一步一步获取信息，并将新信息与旧信息整合起来。

从发明人那里获得信息的顺序对于有效地理解发明也很重要。首先，要有足够的现有技术来理解技术问题，其次是问题本身，最后是宽泛的解决方案，最后是实施细节。在早期，我们想要了解技术问题和现有技术。在获知所有对理解技术问题有用的信息之前，我们可以婉转地引导发明人不去谈论解决方案。同样，在我们掌握宽泛的发明构思之前，应该引导发明人先不要谈论实施细节。

不要放过任何必要的细节

慢慢地、谨慎地进行，包括控制彼此之间交流的进度，并以温和的方式打断发明人,直到代理人确信他已经理解了一切,或者没必要深究那些不明白的地方,至少当时没必要深究。

在"不要放过任何必要的细节"部分,将对这一方面有所体现。

如果放过某个必要的细节,代理人有可能失去对信息流的控制,从而影响他对交流讨论的引导。有时,某些细节对于理解接下来的内容至关重要。我还记得,在我刚从事代理工作的时候,总是放过一些细节,我当时的想法是"以后我自己会弄明白的"。但是一旦放过一些细节,我们之前在理解技术方面所打下的坚实基础就会逐渐变得松散,慢慢出现缺口,困惑一个接一个出现,再也难以提出有意义的问题。代理人很快会从讨论的引导者变为讨论的跟随者。自主学习过程就此终结,双方的交流进入课堂模式。

恢复自主学习是可能的,但我们必须积极主动。当意识到已经放过了一个必要的细节时,代理人必须把发明人带回到一个所有事情都很清楚的地方,从那里重新开始讨论。

> 乔安娜,两分钟前您开始谈论蛋白质折叠的时候我没跟上。我理解您所说的蛋白质本身,但请再说一遍蛋白质的折叠。

我们越早回头,越早重新开始越好。为了返回到坚实的基础上并修复我们理解中出现的任何漏洞,我们需要进行少量回溯,但这不会影响双方的讨论。发明人不会感到恼怒,相反,她会感激这一请求,因为这表明倾听者非常专注,并且真正地对发明人试图解释的内容感兴趣。

让发明人继续说下去,寄希望于以后事情会变得明朗是毫无意义的。事实上,事情总是变得越来越模糊。有时,我们确实可以在以后弄清楚这些事情,但是与现在就让发明人停下来并提出几个关键的问题相比,我们会耗费大量的时间。而大多数时候,我们根本就搞不清楚,因此需要进行后续的会议或电话讨论,而这些原本并不需要。

根据其所处的场合,某个细节可能是必要的,也可能不是。确定把两个部件连接在一起的螺钉是铜的而不是钢的很重要吗?如果我们所关注的只是螺钉作为紧固件的功能的话,可能就不重要。但是,如果整个设备的正常运行需要它是完全无磁性的,那么这个细节就很重要。

某个细节可能很重要,我们需要了解它,但不是现在。说明书中可能需要特定的细节以满足关于"能够实施"或"最佳实施方式"的要求,但是在讨论的早期阶段,当焦点集中在技术问题和宽泛的解决方案时,可能会造成一定的障碍。在早期放过这样的细节是较好的。以后需要时,可以再讨论它们。

人们具有即时判断能力,能够确定某个细节是否可以略过。但是,如果不能清楚地判断某个细节是否需要在当时就要理解，我们就要打断发明人并找出答案：

> 我不明白您刚才说的关于配重的连接关系。但也许我没必要弄明白。我们还在讨论您的发明要解决的问题。我是否必须理解了如何将平衡块组合在一起，才能理解发明要解决的问题呢？

最后，我们还可以采用其他的方法来确保不会略过必要的细节：

- 质疑发明人使用的术语的含义。发明人不会认为你很无知，他们并不期望他们领域之外的人知道他们的行话。只不过这些术语由来已久，对发明人来说就像普通的词语；就像专利代理人经常使用"现有技术"和"审查意见"这样的术语一样，这些是本领域都知道的常用语。

- 根据需要，我们可以暂停进一步讨论技术，转而对交流方式进行探讨，或重新确定讨论方向。代理人既要充当引导者，又要充当跟随者。不要害怕在这两个角色之间交替。

- 不要害怕讨论交流进程。发明人和代理人的对话大部分都是关于发明本身的，但也可以就交流过程本身进行讨论。我们可以这样说：

> 我不明白。
> 我们回头看看。
> 这对我来说太快了，我跟不上。
> 这与本发明解决的问题有关吗？
> 让我告诉您我是如何理解您刚才所说的话的。
> 我以为我知道什么是隐马尔可夫模型，但现在我不确定了。
> 这对我来说太具体了。
> 我想我刚刚有了一个想法。

- 我们要随时关注略过某些细节时的不安，这些隐隐的感觉提醒我们有些不对劲，我们需要停止前进并回头思考。

- 定期确认你的理解是正确的。每隔一段时间，暂停接收发明人提供的新信息，对之前接收的信息进行回顾总结，以便发明人能够及时纠正错误。以你自己的语言重新复述之前的内容，如果想到某些类似情形，就说出来。对发明人所说的内容进行创造性的复述，这是她作为技术导师努力的结果。这种方式也能产生新的见解，有助于代理人—发明人小组更深入地理解发明构思。

充分利用你对技术的好奇心

代理人的积极参与是自我引导学习方法的核心，代理人对发明的好奇心促使其积极参与其中。如果发明人说的内容从技术上看不太可能，代理人就需要问"为什么是这样"。看似错误的事情，实际上可能正是发明中重要的核心内容。也有可能只是发明人说错了，或者代理人误解了发明人所说的内容。

对发明的好奇心不仅支撑了学习过程，还能加强我们对发明内容和发明范围的理解。代理人提出的问题可能会促使发明人重新思考她之前认为发明必需的内容。

对发明的兴趣也有助于我们与发明人建立融洽的关系，并且常常会激发发明人对专利申请过程的兴趣。如果发明人还有其他事情需要处理，那么这一点对于完成专利工作是至关重要的。

另一方面，代理人必须知道什么时候得停止满足他的好奇心，继续与发明人的讨论。如果代理人已经得到足够多的细节，那么任何进一步的细节都会使他深陷噪声的包围，从而难以准确理解发明或对其产生新的见解。此时，我们需要将讨论转到其他话题上。

在获知某些非必要的细节之前，可能无法准确判断这个时机是否已经出现。有一定经验之后，代理人能够初步判断出什么时候他已经得到了足够多的细节。此时需要与发明人做进一步的核实：

> 听起来我们现在讨论的只是常规的实施细节，而这些细节不会影响那些真正新颖的东西。我这么想是对的，还是说如果我们继续讨论的话会有助于进一步理解本发明？

搞清楚什么时候我们已经学到足够多的内容，就像跟着金矿里的矿脉走一样。只要被挖出的岩石中含有大量的金矿，矿工们就会一直朝着这个特定的方向挖掘。在矿工挖完矿脉之前，很难知道矿脉是否已经枯竭。但一旦获知矿脉已经枯竭，就应该去别处挖掘了。

从一开始就依靠发明人

新的从业者有时会避免依赖发明人来获取相关技术的背景信息。我们当然想让自己表现得像一个技术专家，从一开始就能够理解发明人叙述的细节。当有一篇文章或论文可以助代理人一臂之力时，比如教科书中的一章，或者是在先专利或专利申请，我们当然可以参考这些资料。

然而，通常情况下，从发明人之外的其他来源获知准确的背景技术是很难的。专业的期刊文章通常太高深了，没有多大帮助。然而，实际上很少存在写得很好的教科书或专利，能够向技术上的非专业人士提供"您想知道的一切就是……"。

因此，代理人必须从一开始就依靠发明人。

对律师事务所而言，这根本不是问题。推进工作的压力使我们无法在最初的研究上花费数小时。然而，对企业专利部门而言，在"工作量"上的压力往往不那么大，尤其是对"新手"来说。因此，通常情况下，可以搜索互联网或者到公司的企业图书馆去研究学习。

然而，这仍然不是一个好主意。

想象一下，如果给你一张连点图，如图22-2所示，其中大部分的点实际上都不是图形的一部分，也没有任何的编号数字。哪些点是绘制图形所真正需要的？它们应该如何相互联系？显然，这是一项不可能完成的任务。

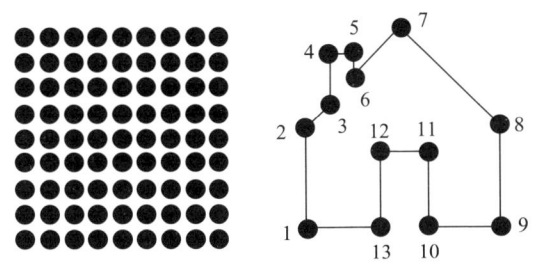

图22-2 试图在没有发明人指导的情况下研究相关背景就像试图完成一幅连点图，图中大部分的点都是不相关的，并且没有编号

同样，试图在没有发明人的指导下快速了解特定技术内容的代理人不会知道现有技术中哪些方面是发明图景的一部分，他也不会知道针对发明人意图解决的技术问题，那些重要方面是如何相互关联的。每个技术领域都有无数的事实和概念，其中大部分都与本发明无关。毫无疑问，研究书面资料并最终获得必要的技术背景是可能的；但这一过程效率很低，因为我们无法聚焦重点，并且在这一过程中要处理大量无关的信息。

相比之下，通过自我指导的学习方法，把发明人作为资源，可以有效避免浪费精力。发明人指出了相关的点，并解释了它们在本发明背景下的相互关系。发明人，尤其是首次申请专利的人，通常很高兴有人密切关注她们的工作成果，她们愿意花时间将代理人带入到她的技术中。当然，如果发明人是最终拥有专利的人，她就有动机提供帮助。此外，代理人与发明人之间积极的、巧妙的合作，通常可以弥补代理人专业知识的匮乏。这是令人满意的，因为作为她所投入时间的回报，发明人可以从代理人的角度来审视她的发明。当代理人能够从实施例中提炼出宽泛的发明构思时，发明人往往会感到震惊。代理人的水平越高，发明人越愿意在获取专利的整个过程中全方位地与他合作。事实上,发明人经常提到,在与她们的专利代理人讨论之后,她们会对自己的发明产生很有价值的见解。

然而,如果发明人不愿意花时间让专利代理人跟上技术的发展,就应该找别人。有时可以指定发明人的代理人,例如发明人公司中的联合发明人或知识渊博的工程师。有时,可以聘请具有更多相关技术背景的其他专利代理人。

图书馆和因特网应该是最后的手段。

迈出第一步很难——但你必须这么做

初学者可能会发现很难迈出自我指导的学习方法的第一步,但我们必须这么做。

面对具有深厚技术基础的发明人时,我们常常感觉到自身知识的匮乏。我们不愿对方认为我们能力不足或我们是在浪费她的时间。

面对这样的质疑,我们可以躲在技术图书馆中,在那里,我们可以推迟与发明人的接触,直到我们自学到了基本的技术知识。然而正如我们之前讨论的,这并不是我们可以一直走下去的路径。另一个避难所是我们年轻时熟悉和适应的学习模式,课堂教学和一无所知的学生。的确,只要我们坐在那里做笔记、点头,并寄希望于以后能理解,我们就可以假装我们懂了,但也仅此而已。

要想弄明白所有的内容,后续需要与发明人进行多次电话沟通,或者是进行另一次面对面的会谈。

或者,如果我们只是基于我们自认为正确的理解继续撰写申请文件,专利申请草案可能会有严重的问题。无论是哪种情形,我们所担心的发明人对我们能力不足的质疑最终将成为事实,并且会被放大很多倍。

这只是个开始。发明人遇到专利申请中的重大错误时,通常会将其搁置,而没有精力、兴趣或时间去修复它。即使面对代理人的催促和提醒,草稿也可能在发明人的办公桌上放上几个星期或几个月。或者,同样糟糕的是,发明人可能会放弃这个草案,并认为这个草案根本就是错误的,而这种情况经常发生。

通过自我指导的学习方法,能够有效解决上述问题。积极寻求发明人的帮助,不是把她作为讲师,而是作为我们用来自学发明的源泉,可以有效解决我们所遇到的问题。

让发明人参与申请的准备工作

对于许多从业者来说,与发明人面对面的会谈是他们工作中的所有决定因素。然而，在准备专利申请的过程中，发明人的参与程度可以大为扩展，从几乎完全不参与到与代理人一起敲打键盘、撰写整个申请文件，甚至是权利要求。许多因素决定了发明人参与的程度：代理人有多强的意愿让发明人参与撰写、在哪种程度上让发明人参与撰写、发明人的兴趣和能力、发明人的时间以及他们的办公室之间的距离等其他要求。

不管怎样，发明人在准备申请时投入得越多，申请质量就越好。这必然会提升代理人的工作效率，通常对发明人来说也是如此。

与单独工作相比，有一段时间留给发明人与她一起工作可以让代理人以一种更为专注的方式工作，而不必受到电话和电子邮件的干扰。申请文件的逻辑结构和技术术语在代理人的头脑中保持鲜明。因此，由于代理人知道工作进展到了哪个阶段，也知道技术术语，所以完成撰写不需要花费太多时间。而如果是独立工作方式，撰写大多利用的是碎片化时间，将会导致申请文件的撰写耗时几周甚至数月。

发明人参与到申请撰写过程中能够避免可能出现的停滞。这些停滞可能是代理人不得不停下来研究那些不确定的事情，或者不得不停下来等待发明人的回电来解答某些问题。正因为发明人的加入，他能够随时回答任何问题，使得撰写工作得以顺利地向前推进。因为所有东西都鲜明地保持在撰写者的脑海中，使撰写申请文件耗时更少，术语也会更为统一。

当发明人需要审阅终稿时，她的前期参与将会得到回报。如果申请文件是代理人独自撰写的，即使发明人早早地就开始审阅，她也有可能一遇到困惑就把申请搁置一旁。如果文件中有她无法简单修复的重大错误，尤其是我们期望她能够进行修订的时候，她可能会把文件扔在一边。更糟糕的是，她可能会略过错误而不进行改正，认为"好吧，那只是法律术语"。而如果发明人一开始就和代理人一起工作，所有这些问题都会消失，因为发明人会指出撰写中的任何错误并及时予以修正。

准备申请文件的四阶段协作过程

以下介绍的是本书作者所赞同的一个四阶段过程，代理人与发明人一起研究发明并准备专利申请文件。

第一阶段："问题—解决方案"的描述/退守特征/附图

代理人和发明人开会讨论发明。代理人可能已经根据发明人事先提供的技术交底书或其他书面材料对该发明有了一些了解。无论如何，这次会议是对技术问题、发明人的解决方案以及发明人所知的现有技术进行讨论，由此得到一个精炼的"问题—解决方案"的描述。

第一个阶段的结果或"可交付成果"是一个精炼的"问题—解决方案"的描述，以及确定的重要退守特征。如果有时间的话，这是一个很好的机会，至少可以勾勒出专利申请的高级别附图。事实上，发明人在叙述过程中绘制的草图通常是这些附图的基础。出于这个原因，应该鼓励发明人将草图画在纸上，以便在会话结束时可以获得硬拷贝，并且在此过程中不会有任何东西被擦除。或者可以用数码相机拍下白板上的图案。

如果情况允许，最好将第二阶段的工作推迟至少一天。第二阶段是撰写背景技术和发明内容。代理人有一点"离线"时间，让他的潜意识巩固他对这项发明的理解，而我们将从中受益。事实上，本书作者对一项发明的某些最好的见解就是在开车回家的路上或者其他偶然的时刻出现的。这也是一个机会，让我们对背景技术的前几句话有一个大致的认识。通过第一阶段，当我们与发明人一起坐下来时，就可以立即开始构建第二阶段所涉及的背景技术和发明内容了。

第一阶段需要 2~3 个小时，这取决于发明的复杂程度和需要与之区分开的现有技术情况。

第二阶段：背景技术和发明内容

撰写背景技术和发明内容通常是一个痛苦的过程，即使我们已经有了"问题—解决方案"的描述，有时也很难找到合适的"抓手"来撰写恰当的背景技术。我们会花费时间对发明内容部分中发明的一句话陈述所使用的术语进行反复斟酌。随着对文本的不断优化，可能会产生关于本发明的宽度，或者关于本发明如何以另一种替代方式来清楚表达的额外见解。修订"问题—解决方案"的描述，或者撰写替代的"问题—解决方案"描述将会是一个漫长的过程。

我们花了很多时间，却只写出很少的语句。我们要对写下的每一个词，尤其是发明内容部分的词，进行严格的评估，以确保对宽泛发明的一句话陈述尽可能完美。花费这些时间是值得的。正是在这段时间，我们勾勒出了发明的框架，并得到了申请文件所需的技术术语。我们所投入的时间终将得到回报，在之前已经打好的基础上，我们能够高效撰写具体实施方式的内容。

撰写背景技术和发明内容预计要耗时 3~4 个小时。如果发明特别复杂，很可能会耗时一整天。

第三阶段：具体实施方式

根据我们手头关于发明的材料，可以快速高效地写出具体实施方式，参照之前绘制的草图一幅图一幅图地写下去，以背景技术和发明内容为样板，随着叙述的推进，突出发明内容及其退守特征。

如果发明人已经撰写了技术交底书或其他详细的注释，那么我们可以"原封不动"地用该文档来提供实施发明所需的所有细节。在具体实施方式部分我们通常采用两段式描述。第一段是"概述"或"综述"，主要包括在背景技术和发明内容所描述内容的基础上进行扩展的内容，用一些高级别的绘图来描述本发明及其退守特征。发明人的注释可以写进具体实施方式，其作为第二段，将进行更为详细的描述。

在发明内容比较简单，并且只有一个简单实施例的情况下，有时可以在一天内完成第三阶段。复杂的申请需要更多的时间。如果发明人的时间有限，代理人可以单独完成具体实施方式部分。

第四阶段：权利要求

有时间一起撰写说明书的发明人通常也愿意撰写权利要求。大多数代理人宁愿独自完成这项任务。然而，代理人和发明人共同撰写权利要求会有很多好处，我也希望读者能够去尝试。如果发明人积极参与了权利要求的撰写过程，那么她更有可能发现侵权漏洞。而如果在事后对权利要求进行审核，即使是在代理人的指导下，她也不会轻易发现漏洞。同样，当全程参与权利要求的撰写时，发明人也更有可能根据她所掌握的现有技术来判断权利要求的范围是否过宽。

对于相对简单的发明而言，可以在几个小时内写出两三组权利要求。如果发明比较复杂，或者想要范围更宽泛的权利要求，就需要更多的时间。

新专利代理人的经典问题是："我应该先写什么？"

一些导师建议应该先写具体实施方式。有人认为，这是一种很好的方式，可以让思路流动起来，让代理人"感受"发明内容。还有一些导师则认为，至少应首先撰写一些权利要求，以确保具体实施方式，实际上是整个说明书，将以一种能够为权利要求提供必要的概念和术语支持的方式来撰写。

然而，本书作者对新代理人"我应该先写什么"的回答是："你不应该先写任何东西。先弄清楚发明是什么，然后你想写什么都可以。"

希望本书能够让读者接受这一观点。专利代理人的首要任务是回答"发明是什么"。在那之后，先写哪部分就不重要了。无论先写什么，最终结果都是好的。一份在一开始就充分理解好发明构思的专利申请，将最有利于发明人、专利权人，甚至是发明本身。

本 章 回 顾

强化理解

1. 将"课堂式学习"与本章的"自主学习"进行比较。
2. 作者所描述的以下指示是什么意思：
   a. 从已知的起点开始
   b. 慢慢地、谨慎地前进
   c. 不要放过任何必要的细节

遵循这些指示有什么好处？

深入思考

3. 本章所述的代理人引导的面谈方法，使发明人无法以自己的方式描述这项发明。然而，有些代理人认为，应该让发明人以她喜欢的任何方式描述发明，然后再回头去问问题。您认为每种方法的优点和缺点是什么？

提升技能

4. 如果您已经进入专利行业，请用本章所描述的自我学习的方法与您要撰写的下一份专利申请的发明人进行面谈。最好在面谈开始之前向发明人解释一下该方法的原则。

5. 或者，让某人扮演一个发明人的角色，来与您探讨为她的发明申请专利的事情。"发明人"应该研究一些已颁布的专利，这样她就能画出草图，提出许多细节等。以下美国专利的内容相对简单，适于学习：

4,128,616	4,153,944
4,479,115	4,534,776
5,065,309	5,091,931
5,267,304	5,440,620
6,009,138	6,373,229

您自己不要提前学习这些已颁布的专利，我们的目的是试图创造发明人与代理人的真实互动。

附录 A
发明构思及其"问题—解决方案"的描述

下文是在过去约100年间被授予美国专利的几项发明示例。每一项发明均通过发明构思和问题—解决方案(二者都是由作者提出的)来表述,同时给出了专利公告文本的权利要求。

氨 的 制 备

专利 US971,501——Fritz Haber 等

发明构思:以锇作为催化剂,将氮和氢合成,来制备氨。

问题—解决方案:在低温下尽快地制备氨的问题,通过将含有氮和氢的气体从含锇催化剂的上方通过来解决。

权利要求:一种制备氨的方法,含有氮和氢的气体从含锇的催化剂上方通过。

燃料推进火箭

专利 US1,103,503——Robert H. Goddard

发明构思:将火箭燃料保存在与燃烧腔分隔的壳体内。

问题—解决方案:火箭携带大量的可燃材料,同时尽量保持火箭重量较轻的问题,通过将部分所述材料从装有可燃材料的壳体内成功地输送到燃烧室内来解决。

权利要求:一种火箭装置,由燃烧室、装有可燃材料的壳体、成功地将部分所述材料输送到所述燃烧室内的设备组合而成。

包装冷冻食物的方法

专利 US1,773,079——Clarence Birdseye

发明构思：将食物包装在容器中，然后在一定压力下冷冻。

问题—解决方案：以一种经济的、商业上可行的方式来包装和保存食物的问题，通过首先将食物放置在容器内包装好，连带包装进行出售，然后对包装好的容器的大范围表面区域施加一定压力将其冷冻来解决。

权利要求：一种包装和保存食物的方法，将食物包装在容器内进行出售，再对包装好的容器的大范围表面区域施加一定压力，将其冷冻。

负反馈

专利 US210,671——Harold S. Black

发明构思：通过使用负反馈降低由放大器产生的失真。

问题—解决方案：具有放大性能的波传播设备在其输入时接收基波并在输出时承载基波分量和其他波分量，该波传播设备产生失真和不稳定增益的问题，通过引入从输出到输入的波，控制输出时的基波分量和其他波分量的相对幅度，从而减少系统的增益来解决。

权利要求：一种具有放大性能的波传播设备或系统，其包括输入部分和输出部分，以及将基波应用于所述输入部分的装置，所述系统在所述输出部分承载基波分量，并且还包括在所述输出部分产生其他波分量的装置，以及控制所述输出部分内的所述分量相对幅度的装置，所述输出部分具有将波从所述输出部分引入到所述输入部分以便降低所述系统增益的装置。

磁记录技术

专利 US2,351,004——Marvin Camras

发明构思：通过产生调制磁场并使记录介质（如钢丝）以平行于磁力线的方向穿过所述调制磁场来记录信号。

问题—解决方案：在顺磁体上磁性记录波动电流时的失真问题，通过使顺磁体穿过由高频励磁电流和波动电能共同作用产生的高频磁场，所述顺磁体穿过所述磁场的方向平行于所述磁场的磁力线方向来解决。

权利要求：一种将波动的电能磁性记录在顺磁体上的方法，其包括使顺磁体穿过高频励磁电流和波动电能共同作用产生的高频磁场，所述顺磁体穿过所述磁场的方向平行于所述磁场的磁力线方向。

电 话 技 术

专利 US350,000—John L. Kelly Jr. 等

发明构思：从通信系统内减少回声复制，以及利用合成信号来适应产生所述复制的处理器。

问题—解决方案：防止通信系统第一单向传输路径上的语音信号的回声，在通信系统的第二单向传输路径上出现的问题，通过使第二路径上的语音信号与源于连接在第一路径上可调信号处理装置的语音信号进行代数合成，并且调节所述信号处理装置以响应于所述合成信号来解决。

权利要求：一种回声消除器，其包括连接在通信系统的第一双单向传输路径上的可调信号处理装置；

连接在第二所述双单向传输路径上的装置，其用于使所述第二路径上的语音信号与源于所述处理装置的语音信号进行代数合成；

响应所述代数组合的语音信号的装置，用于调节所述信号处理装置。

超 导 设 备

专利 US3,600,644—Robert E. Eck

发明构思：在约瑟夫逊效应电路中仅使用一个超导部件，而不是使用两个。

问题—解决方案：能够简单便宜地生产一种低温约瑟夫逊效应型电路，该电路具有与第二金属元件的平面小面积接触的第一锥形金属元件的问题，通过仅使用一个由在低温温度下具有超导性的材料制成的元件来解决。

权利要求：一种呈现约瑟夫逊效应的低温电路，其包括第一金属元件和第二金属元件，所述元件中的一个由在低温温度下具有超导性的材料制成，所述元件中的一个具有平面，所述元件中的另一个具有锥形末端，所述锥形末端与所述平面接触从而形成小面积的接触。

激光视力矫正方法

专利 US4,665,913—Francis A. L'Esperance Jr.

发明构思：利用紫外线照射和伴随的角膜光解剥离以便重整角膜前表面，从而矫正视力，例如用于治疗近视。

问题—解决方案：矫正视力的问题，通过对眼睛角膜的前表面进行手术，利用选择性的紫外线照射，角膜组织的体积去除过程中伴随的角膜光解剥离深度刺入基质，从而获得预定的曲度轮廓来解决。

权利要求：仅通过对眼睛角膜的前表面进行手术改变眼睛的光学性能的方法，所述方法包括选择性的紫外线照射，角膜组织的体积去除过程中伴随的角膜光解剥离深度刺入基质，从而获得预定的曲度轮廓。

双冲程发动机

专利 US5,375,573—Timothy J. Bowman

发明构思：在双冲程发动机中，利用雾化燃料的同一压缩空气源来雾化润滑油。

问题—解决方案：于双冲程发动机内使用油料喷射和供给阀，以便将润滑油雾化喷射入曲轴箱直接需要润滑的点上的问题，通过利用来自压缩空气轨的压缩空气使润滑油雾化，所述压缩空气轨产生雾化燃料喷射，该雾化燃料喷射到独立的燃烧腔来解决。

权利要求：一种双冲程发动机，其包括产生雾化燃料喷射的压缩空气轨，该雾化燃料喷射到独立的燃烧腔，通过将润滑油定量供给入压缩空气流，使润滑油在该燃烧腔内雾化，所述压缩空气来自压缩空气轨或者来自与压缩空气轨连接的储油箱，形成的油/空气喷雾被直接喷射到曲轴箱需要润滑的点上。

质谱测量

专利 US5,376,791—Lynwood W. Swanson 等

发明构思：在二次离子质谱测量系统中，通过在腔体内引入碘蒸气来增加二次离子的产量。

问题—解决方案：增加直接对准取样材料某一位置进行离子束轰击所产生的二次离子的问题，通过当所述离子束正好对准所述位置时，直接将碘蒸气对准所述位置，从而增加二次离子的产量来解决。

权利要求：一种增加受离子束轰击的取样材料的二次离子产量的方法，所述方法步骤包括：

将离子束直接对准取样材料的某一位置，并且

当所述离子束正好对准所述位置时,直接将碘蒸气对准所述位置,从而增加二次离子产量。

光 通 信

专利 US5,371,815——Craig D. Poole

发明构思:在卷绕光纤分散补偿器内,将信号的模型样式相对于卷绕光纤的弯曲平面对齐。

问题—解决方案:在具有光纤卷绕长度的双模光纤补偿器内存在弯曲损耗的问题,通过利用光信号激发所述光纤,所述光信号具有单一空间模型,在所述卷绕光纤的弯曲平面上有一条或多条模型零线来解决。

权利要求:一种卷绕光纤;以及用于利用光信号激发所述光纤的装置,所述光信号具有单一空间模型,在所述卷绕光纤的弯曲平面上有一条或多条模型零线。

集成电路制造

美国专利 5,389,554——William U. C Liu 等

发明构思:采用一铝镓砷(AlGaAs)层作为稳流电阻器,以及作为异质结双极型晶体管的有源发射极。

问题—解决方案:针对制造具有多个含稳流电阻的发射极指状电极的异质结型双极晶体管时,实现无热点、无空间电荷传导以及无其他不利现象的问题,通过在与基础层相邻的地方,外延沉积一 $Al_x Ga1-x As$ 发射极层,其中 $x=0.4$,所述发射极层为每一个指状电极提供稳流电阻来解决。

权利要求:一种制造具有多个发射极指状电极的异质结型双极晶体管的方法,包括以下步骤:

在与基础层相邻的地方,外延沉积一 $Al_x Ga1-x As$ 发射极层,其中 $x=0.4$,所述发射极层提供稳流电阻,使电流大致均匀地通过每个所述发射极指状电极。

因特网技术

专利 US5,960,411——Peri Hartman 等

发明构思:利用一个动作,例如点击鼠标,就能使顾客从在线卖家定购

商品。

问题—解决方案：在客户/服务器环境中，顾客不方便并且定购商品的"购物车"模式存在潜在安全风险的问题，通过展示确认商品的信息和展示需要执行的定购所述商品的单一动作，以便定购确认的商品；以及仅响应于所指示的正在执行的单一动作，向服务器系统发出请求，定购所确认的商品来解决。

权利要求：一种利用客户系统定购商品的方法，该方法包括：

展示确认商品的信息，和展示需要执行的定购确认商品的单一动作的指示；以及

仅响应于所指示的正在执行的单一动作，向服务器系统发出请求，定购所确认的商品。

制 造 工 艺

专利 US6,016,817 – Hans Henig

发明构思：当利用液态或气态流体处理具有小孔的电路板时，前后滑动所述电路板并且同时振动所述电路板。

问题—解决方案：使用液态或气态处理介质处理具有极细小孔的板状工件时，流体通常流过所述孔的速度非常慢的问题，通过将所述工件定位在水平操作位置，并使其进行混合运动，所述混合运动包括（a）在水平延伸输送路径方向上的第一连续的和/或周期性间断性的滑动，和（b）由有力的摇摆振动构成的第二运动，两个运动同时进行并且任意所述第一运动期间两个运动相互独立来解决。

权利要求：一种利用液态或气态处理介质处理具有极细小孔的工件的方法，使定位在水平操作位置的工件进行混合运动，所述混合运动包括：

第一连续的和/或周期性间断性的水平延伸输送路径方向上的滑动，和

由有力的摇摆振动构成的第二运动，以及

两个运动同时进行并且任意所述第一运动期间两个运动相互独立。

光 刻 技 术

专利 US6,316,152—Hong – Chang Hsieh 等

发明构思：通过在掩模遮蔽的线路中形成尖角，并且依靠光学临近效应使得在线路实际形成时所述尖角部分得以变得平整，从而低成本地生成线路的凸

出或凹入部分。

问题-解决方案：能够低成本在光刻掩膜刻线图案的线路中生成凸出或凹入部分的问题，通过一种线路布局，这种线路布局包括两个具有相等宽度并且横向间隔开的线段，这两个线段的间隔距离小于线段宽度，每个线段在接触的相应端部具有尖角来解决。

权利要求：一种用于光刻掩膜刻线图案的线路布局，包括：

第一线段，其具有一宽度和具有尖角的低端；

第二线段，其具有所述宽度和具有尖角的上端；

所述第二线段以稍微小于所述宽度的距离相对于第一线段横向间隔开；并且

所述上端和下端接触，从而所述两个线段成为一个具有凸出或凹入部分的连续线的一部分。

医 疗 装 置

专利 US6,444,324—Dachuan Yang 等

发明构思：润滑气囊导管内部。

问题—解决方案：防止扩张气囊内部相互粘连，同时防止气囊的"西瓜播种"的问题，通过在气囊的内表面设置润滑性的亲水材料来解决。

权利要求：一种扩张气囊，包括内表面和外表面，所述内表面具有设置在其上的润滑性亲水材料。

电　　灯

专利 US6,525,491—Andreas Huber 等

发明构思：在焦斑形成之前，转变放电灯电流的极性。

问题—解决方案：放电灯闪烁现象的问题，通过在交流（AC）模式下操作气体放电灯，以便将放电灯设置在电极之间，所述电极交替构成阳极和阴极，并且在阴极上形成焦斑前，转变放电灯电流的极性来解决。

权利要求：一种用于操作具有电极的至少一个气体放电灯的方法，所述方法包括：

在交流（AC）模式下操作气体放电灯，其中气体放电灯设置在电极之间，所述电极在放电灯操作期间交替构成阳极和阴极，以及

在阴极上形成焦斑前，转变放电灯电流的极性，

从而使放电灯的闪烁频率降低。

记 录 介 质

专利 US6,526,005—Johannes J. Mons

发明构思：根据 CD 数据编码 CD 的直径。

问题—解决方案：考虑到盘形记录载体（如 CD）的惯性以控制其旋转的问题，通过将载体的真实物理直径记录在机器可读的信息磁道内，信息磁道内具有记录载体的控制信息来解决。

权利要求：一种具有真实物理直径的盘形记录载体，所述载体包含机器可读的信息磁道，信息磁道内具有记录载体控制信息，所述信息包括所述的真实物理直径。

集成电路制造

专利 US6,569,580—Jim G. Campi

发明构思：将类钻石膜用于集成电路光罩的能量阻止区。

问题—解决方案：具有能量透明基板和能量传播以及能量阻止区类型的二元光罩的强度、解析度、光照误差因子的提高问题，通过将类钻石膜（DLC）固附在能量阻止物质上，并且所述能量阻止物质固附在能量阻止区中的基板上来解决。

权利要求：一种具有能量阻止区的二元光罩，包括：

能量透明基板；

固附在能量阻止区中的基板上的能量阻止物质；以及

固附在能量阻止物质上的类钻石膜（DLC）。

半导体存储器

专利 US6,574,148—Christophe Chevallier

发明构思：从两端驱动电压可编程存储器的位线。

问题—解决方案：使用低于日常的电压值，对具有位线类型的电压可编程存储器单元阵列进行编程，且所述位线连接到存储器单元的各自部分上的问题，通过将驱动电路连接到每一位线的两端区域来解决。

权利要求：一种存储器设备，包括：

电压可编程存储器单元阵列；

连接到部分存储器单元的位线；和

分别连接到位线第一和第二端部区域的第一和第二驱动器电路。

存储器驱动器

专利 US6,577,463——Gregory Frees

发明构思：根据正切位移计算调整时窗读取存储设备。

问题—解决方案：直接访问存储设备上的正切位移的问题，通过所述位移的预补偿方法，所述方法根据相对于位于存储表面上的信息的正切位移计算调节时间窗口，在该时间窗口期间换能头读取位于存储表面上的信息来解决。

权利要求：一种用于直接访问存储设备的正切位移计算的预补偿方法，该直接访问存储设备具有位于存储表面上的信息和用于读取所述信息的换能头（transducer head），所述方法包括：

产生相对于位于存储表面上的信息的换能头的正切位移计算；和

根据所述正切位移计算，调节时间窗口，在该时间窗口期间换能头读取位于存储表面上的信息。

附录 B
读者练习——以及作者答案

这里提供一项涉及退格键发明的发明分析练习。读者可以在这个练习中试用本书提出的发明分析技巧——从问题开始，起草一个"问题—解决方案"描述，然后根据需要试试保护范围的大小并做出调整，来使其边界清晰，从而使保护范围尽可能宽，并且不覆盖现有技术。如果不清楚实施例描述的某些特定特征是否应当被认为是现有技术，读者应当做出这样或那样的假设，并以此为基础。

练习的后面，是作者自己练习时思考过程的记录，以第一人称和现在时态呈现，突出意识流思考过程，在发明分析中发挥重要的作用。以这种方式给出作者的答案，是希望能让读者明白，假定一个"问题—解决方案"的并试探其大小是否合适的这样一个迭代过程是如何实际发挥作用的。

读者的思路和最终结论会与作者不同。然而，以不同的方式看待发明是权利要求多样性的一个重要方面[1]。这很大程度上取决于读者所认为的，与下文练习中描述的问题所不同的问题，如果有的话。同时也取决于对现有技术做出的假设。

退格键练习

在过去的某一时间，一位发明人来到专利代理人办公室，带着图 B-1 所示的打字机。像现有技术的打字机一样，它具有字母键和空格键。但是，这台打字机还有退格键，这是其他打字机从来没有的功能。它的实施方式是，在退格键与滑架之间有机械联动装置，在退格键被按下时该联动装置使滑架倒退一

---

[1] 参见第16章。

个字符位置。

图 B-1　退格键的发明（如圈内所示）

发明人解释说，在她的发明之前，想要重新键入特定字母时，打字员不得不手动移回原位置。这是一个烦琐且不方便的过程，会打断打字流程。而且，手动重新定位滑轨并不像听上去那么容易。在向后移动滑轨时，打字员很容易超过前一个位置，然后不得不按"空格键"来越过它。

下面为本发明准备一份"问题—解决方案"描述。

作者的解决方案

我最初假设的"问题—解决方案"主要基于发明人的说法。

第一个假设：

　　不得不手动移动打字机滑架，从而在先前键入的位置重新键入字符，其存在的不准确、不方便的**问题**，通过提供一个键来**解决**，该键能够使滑架回退一个字符位置。

尝试的第一个假设的保护范围，似乎过于关注确切的问题和确切的解决方案。我想知道是否还有其他事情正在发生，无论是从问题的角度还是解决方案的角度。我意识到问题不在于能够回退，而是能够到达纸张上的任何所需位置，而不必输入字符以到达那里。概括来说，看起来解决方案是利用某些结构来实现这一点，而不是手动移动滑架。这使我想到了第二个假设。

第二个假设：

　　不得不手动移动打字机滑架，以便能够在任何希望的位置打字的**问题**，通过提供一个键来**解决**，该键使滑架移动到期望的位置，而不需要打字员操纵滑架。

很显然，这个"问题—解决方案"描述过于宽泛。我已经设法写出了记载恰当现有技术的词语，并且避免出现——字符键和空格键。这个假设需要缩小。于是我问自己，什么问题是通过字符键和空格键不能解决，而退格键能解决的？使用退格键会发生什么其他键不会发生的情况？我意识到，退格键的一个特点是它不会在纸上留下任何痕迹。不太好。这能够将退格键与字符键区分开来，但不能与空格键区分开。我对发明限定中没有包含回退的概念感到失望。事实上，我突然发现退格键与空格键完全相反。它们都可以将滑架移动一个字符位置，而不创建字符——空格键使其向前移动，而退格键使其向后移动。考虑到与现有技术空格键功能有多接近，我说服自己，本发明必然涉及回退的概念。然而，我认识到，从广义上讲，使滑架回退的键是一个新功能，无论它能回退多远。然后我明白了，我不必将发明限定为只回退一格。应当是一个键，将滑架移动到一个"已经过的位置"。

第三个假设：

为了在已经过的字符位置打字，而不得不手动地向后移动打字机滑架，其存在不准确和不方便的**问题**，通过提供一个键来**解决**，操作该键可使滑架移动到该字符位置。

当然保护范围不是太宽，但我的感觉是，也许还有别的东西。是否有一个退格键所属的发明丛林——但空格键和字符键不属于那里——除了它将滑架向后移动的事实之外？答案逐渐浮现在我面前。字母键和空格键用来创建书面语言。即使空格键不能创建印刷字符，它所做的事情也是写作过程的一部分。空格就是这个意义上的字符。退格键则不是这样的。我意识到，它是一个控制键。这是打字机控制键发明丛林中的第一棵树。解决的问题比发明人的想法更广泛，非常多。本发明是在不创建字符的同时实现打字机的操作。我决定作为我自己的词典编纂者，并且定义一些我称之为"控制功能"的东西，我将其定义为除了创建印刷字符或空格之外的任何操作。然后我第四次对这项发明进行假设。

第四个假设：

为能够方便地实现至少一个打字机的控制功能的**问题**，通过提供可实现这种操作的键盘键来**解决**。

我对这个假设很满意。我觉得我离终点越来越近了。尽管如此，尝试保护范围大小的过程中，我发现自己想知道它的功能是否足够。我问自己："什么是底层功能？"如果这个新的实现方式是提供一些快捷方式来实现控制功能，那么"键"还是必要的吗？我决定尝试一些更发散的替代方案。对语音命令做出反应的东西，是一个往往会奏效的发散的实施方式。我认为，任何实现控制功能的方法都应该这样做，包括向打字机发出命令。特定的打字机实现控制功能，实际上对这个特定方式更担心其是什么，而不是如何做。同时，当我思考时过度关注了"硬件"，我担心"打字机"这个词可能太局限。从功能上讲，本发明涉及实现创建打印字符行的设备的控制功能。再来一次。

第五个假设：

为能够方便地实现创建印刷字符行的设备的至少一个控制功能的**问题**，通过提供可实现这种操作的机构来**解决**。

我喜欢现在这个问题陈述，但解决方案又过于宽泛了。根据我目前对"控制功能"的定义，这种语言相当于也记载了旋钮和相关机构，使打字员能够将纸张卷到机器上。按照我自己的定义，这当然是一种"控制功能"。我应该将自己限定在一个在左/右方向上定位滑架的控制功能吗？旋转旋钮当然不会这样做，但是这样的限定不是基于"问题—解决方案"的。我担心，将本发明限定为左/右操作滑架的控制功能，仅仅是采取了一种简便的限定方式，结果是我可能漏掉了某些东西。实际上，什么是使用退格键会发生而使用旋转旋钮则不会发生的呢？我告诉自己，旋转旋钮很方便。我意识到自己已经失去了对问题的关注——缺乏便利是问题所在。那么我们回到由一个键执行控制功能的事实，这比手动移动滑架更方便吗？我希望不是。我告诉自己，不要忘记关于发出退格命令这个发散的实施方式。那么从哪里来的便利？这有种遥控器的感觉。使用小旋钮将纸张滚到滚筒上，是直接操作滚筒的非遥控操作类型。

啊哈！中间操作。允许中间操作，尽管可能会增加额外的复杂性，但我们可以实现便利。如果是退格键，则中间操作是通过遥控来移动滑架的一些联动装置或其他机构的作用。如果是语音命令，则中间操作是对命令的电子识别，随后做出中间操作，该操作是使滑架移动的物理操作。

第六个假设：

对创建印刷字符行的设备，为能够方便地对其实现至少一个控制功能的**问题**，通过响应用户动作的机制实现中间操作，该中间操作继而实现控制功能，以这种方式来**解决**。

至此，我已经完成了"问题—解决方案"描述，现在可以基于此描述起草权利要求。

一种装置，包括：

——打印字符的打印机构，

——实现打印机构至少一个控制功能的机构，

——用户界面装置，用来响应用户动作以实现中间操作，所述中间操作进而实现控制功能。

一些事后思考

这里记录的我的一些想法，无疑是受到了我对将要发生的事情的认识的影响：带有退格键的球型打字机、电脑键盘和手机。我试图不去考虑它们，但我不确定我做到了多少。无论如何，看起来最终的"问题—解决方案"描述在捕获未来的实施方案方面做得非常好。手动打字机、电动打字机、电脑键盘中的退格功能似乎都被涵盖，包括语音控制的可能性。我对"打印"的使用是一个潜在的障碍，因为屏幕上的电子显示字符可以说不是"打印"。我确实在问题陈述中留下了"打印"一词，理论上来说，在20世纪早期，专利代理人可能不会超越打印文字而想到电脑屏幕。

请注意，假定的现有技术打字机不包括滑架返回/走纸工具，如图B-2所示。如果包括它们，那么就需要再进一步思考"问题—解决方案"描述了，因为上面的第六个假设可以记载这样一台打字机。

图B-2　在假定的现有技术中存在滑架返回杆（椭圆形），这在分析退格键发明时会是一个复杂的因素

最后，我注意到，我否定了第一、第三和第五个假设，不是因为它们没有限定可专利的主题，而是因为它们看起来不够宽。但是由于这些"问题—解决方案"描述没有被发现记载在现有技术中，所以基于它们的权利要求也可以包含在任何专利申请中。第14章讨论了这种权利要求的可取性。

"座椅"组成的座椅装置,这些座椅通过某种支撑结构固定在地面上。一种这样的座椅装置包括两个或更多的岩石,一个叠在另一个上,达到合适的高度。另一种是用一棵倒下的树做成的,树被放在两个岩石支架上。

有利的是,所有这些设备,特别是当座椅平台或"座椅"被设置在一个舒适的高度时,比以前的坐在地上的做法让人们坐得更舒适,时间更长。

发明内容

由于其体积和重量较大,已知的座椅设备不易携带。人们并不认为这是一个问题,而是生活的一个事实。然而,当前发明人已经认识到,让座椅设备变得更便携会带来很多好处,比如随着时间的推移,可以将它们移到阴凉处,还可以将座椅重新排列,以适应不同类型的聚会。

根据本发明,通过使用一个或多个细长构件作为座椅的支撑结构,提高了座椅的可移动性。这样的支撑构件在沿纵轴压缩时可以承受较大的负荷,从而达到显著的减重。这种座椅装置在这里被称为"椅子",而加长的支撑部件则被称为"腿"。

这把椅子可以有任意数量的腿。然而,三条腿或四条腿被证明是最有利的。

在本发明的具体实施例中,两条腿可能垂直于座椅,并可附着在座椅边缘附近。在特定的实施例中,座椅或多或少是直线的,在角落上有四条腿。这些细节中的每一个都提供了特定的优势,并且可以独立于其他的细节实现。

腿可以用任何需要的材料制成。的确,它们可以与用石材雕刻的椅子结合在一起,从而产生一种比那些用石材支撑的椅子要轻得多的座椅装置。然而,本发明的特定实施例至少可以有利于支撑构件使用木头。

腿可以与座位的底部形成的凹槽摩擦配合。然而,如果需要的话,整个椅子的结构完整性可以通过用粘合材料将腿固定在凹槽内来实现。

附图说明

图 1 所示为一种现有的座椅装置;

图 2 所示为另外一种现有的座椅装置;

图 3 所示为展示本发明核心的实施方式,为一种座椅装置,或者"椅子"。

具体实施方式

现有技术中已知的座椅装置中有如图 1 和图 2 所示的座椅装置。图 1 装置包括两个或多个上下堆叠的岩石。图 2 的装置包含穿过一对眼石的砍断的树或木头,多位客人可以并排就座。还有其他已知类型的座椅装置,包括扁平的树桩和单个大型岩石。

由于其体积和重量较大,已知的座椅设备不易携带。正如上文所述,当前发明人应该认识到,使座椅设备更加便携将带来许多好处。事实上,图 1 和图

附录 C
专利示例

下面几页的专利样例是书中所提到的椅子的例子。它说明了第四部分讨论的说明书的构建原则。

以下是专利申请的附图。

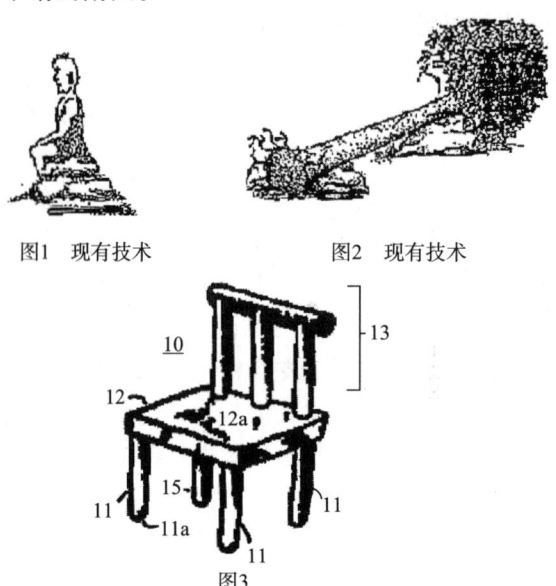

图 C 椅子的专利申请附图

US0,000,001

座 椅 装 置

背景技术

我们知道有几种设备可以让人们舒适地坐着,其中包括由座椅平台或

2 所示的那种岩石可能重达数百磅。一棵有足够的周长来支撑人们坐上去的被砍倒的树也可能非常重。

图 3 所示为一种座椅装置，或称"椅子"10，体现了本发明的核心，比现有技术中已知的更便于携带。

椅子包括一个平面，或"座位"12，有一个上面的座位表面 12a，放置就座者的臀部。根据本发明，座位 12 由支撑构件（11）支撑在地板或地面之上，支撑构件加长，并沿其纵向轴线承载座椅和就座者的重量。当前发明人已经指出，这样一个细长的支撑构件可以做得很薄。这样的支撑构件在沿纵轴压缩时，相对于自身的重量，可以承受较大的载荷。这大大降低了整体座椅装置的重量，使其比现有技术的座椅装置更加便携。

加长支撑部件 11 以下简称"支架"。腿部 11 有圆形底部 11a 和圆形截面。

体现本发明原理的椅子可以有任意数量的腿。例如，如果椅子有三条腿，就保证它不会摇晃。然而，除非三条腿向外张开，否则翻倒是一个问题。但是，由于张开的腿并没有沿着它们的轴线被直接压缩，因此腿的结构强度就成为了一个问题，这就需要粗壮的腿、水平的加强筋，以及腿与座位相接处的接合强度非常高，从而增加了制造成本。

根据本发明的一个优选特征，从图 3 中可以看出，椅子 10 有四条腿 11。当前发明人已经发现，四条腿可以垂直于座椅而不会引起倾倒问题。由于它们直接沿着轴线被压缩，四条垂直的腿不必像三条张开的腿那么粗。而且，既然有四条腿，它们还可以变得更细，还可以支撑三个更粗的腿所能支撑的重量。小心地切割使腿长度相同，就不会产生摇晃问题。五条腿增加了摇晃的问题，也增加了椅子的重量。因此，当前发明人认为四条腿是优选实施例。

根据本发明的另一个说明性特征，所述腿在座位的边缘附近支撑。由此可以进一步提高椅子的稳定性，无论它有多少条腿。当前发明人还发现，当座椅或多或少是直线并且角上有四条腿支撑时，椅子是特别稳定的。实际上，这些特性都是在座椅 10 上实现的。

根据本发明的原理，有腿的座位装置可由任何所需的材料制成。事实上，它可以由石头雕刻而成，这样一来，比现有技术中那些采用固石支撑结构作为一个被拉长的支持部件的座椅装置要轻一些。然而，实施例的腿 11 是由木头制成的。当前发明人发现木头足够坚固，可以用做这个用途，而且木头的重量比石头要轻得多。实际上，在本实施例中，座位 12 也是由木头制成的。

椅子 10 的设计的一个方面是如何将所有的部件连接在一起。如果把椅子放在一个地方，就会发现，在座椅 12 下方（未显示）形成的凹槽中，腿有足够的摩擦力。然而，当椅子移动时，腿往往会脱落，从而影响了它的便携性。

这个问题在本实施例中通过使用黏合剂将腿固定在凹槽中而得到解决。这种专门的椅子用到了树脂。

椅子 10 包括结构 13，连接在座位 12 的一边。这种结构被称为"座椅靠背"，该创新通过背部支撑使就座者更加舒适。座椅靠背的概念是独立于本发明的一项发明，是本发明在申请当天提交的另一项专利申请的主题。

以上仅说明本发明的原理。例如，虽然附图实施例的细长支架在座位下面，但也可以通过上面的细长支撑件来支撑座椅，如藤条或动物肌肉。此外，尽管所述说明性实施例的腿 11 具有圆形截面和圆形底部，但也可能有其他形状和配置。

因此，可以预见，本领域技术人员能够设计出许多不同的样式，这些样式虽然没有在本文中展示或描述，但体现了本发明的原则，应当包含在其精神和范围之内。

权利要求如下：

1. 一种装置，包括
一个座位，
一种支撑基座表面的座位支架，
座位支架包括一个或多个细长的支撑部件。

2. 如权利要求 1 所述的装置，座位支架包括至少三个支撑部件。

3. 如权利要求 2 所述的装置，其中一个或多个细长的支撑部件是非共线的。

4. 如权利要求 2 所述的装置，其中一个或多个细长支撑部件实质上垂直于座位。

5. 如权利要求 2 所述的装置，其中座位具有多个角，并且每个细长的支撑部件都在每个角上支撑座位。

6. 如权利要求 2 所述的装置，其中座位支架正好包括四个支撑部件。

7. 如权利要求 1 所述的装置，其中一个或多个细长的支撑部件张开。

8. 如权利要求 7 所述的装置，其中张开的支撑部件没有延伸到座位的外围。

9. 如权利要求 1 所述的装置，还包括至少一个水平连接器，连接至少一对细长的支撑部件。

10. 如权利要求 1 所述的装置，其中一个或多个细长支撑部件实质上垂直于座位。

11. 如权利要求 1 所述的装置，其中一个或多个细长支撑部件永久性地附着在座位上。

附录 D
《美国法典》第 35 卷节选
（自 2013 年 3 月 16 日起生效）

第 101 条　可授予专利权的发明

凡发明或发现任何新而有用的方法、机器、制造品、物质的组合，或进行了新而有用的改良的，可以根据本法所规定的条件和要求获得专利权。

第 102 条　获得专利权的条件；新颖性

（a）新颖性；现有技术

除非存在下列情况，否则申请人有权获得专利权：

（1）在提交该发明创造的有效申请日之前，该项发明已经被授予专利权，记载在印刷出版物中，公开使用、销售或因其他方式而能够为公众获得；或者

（2）该发明创造被记载在根据第 151 条核发的专利证书中，或记载在公开的或根据第 122 条（b）规定视为公开的专利申请中，而专利证书或专利申请中记载的是另外一个发明人，并且是在提交该发明创造的有效申请日之前提出的有效申请。

（b）例外

（1）在提交该发明创造的有效申请日之前 1 年内（含 1 年，以下亦同）披露发明的。

在提交该发明创造的有效申请日之前 1 年内披露发明的，若符合下述条件之一，则不构成第（a）（1）项规定的现有技术：

（A）是由发明人、共同发明人或发明人、共同发明人直接或间接披露给其发明并获得发明标的的第三人披露发明的；

（B）被披露的发明标的在披露前，已经由发明人、共同发明人或发明人、共同发明人直接或间接披露给其发明并获得发明标的的第三人公开披露的。

（2）申请或专利证书披露发明。

在下述条件下披露发明的，不构成第（a）（2）项规定的提出专利要求的发明的现有技术：

（A）披露的标的直接或间接从发明人或共同发明人处获得；

（B）在披露的标的根据第（a）（2）项的规定有效提出申请前，发明人、共同发明人或发明人、共同发明人直接或间接披露给其发明并获得发明标的的第三人公开披露标的的；或

（C）在提出专利权利要求的发明有效申请日或之前，披露的发明标的和提出专利权利要求的发明为同一人所有或应该转让给同一人的。

（c）根据共同研究协议而产生的共同所有

在下述情况下，适用第（b）（2）（C）目的规定，披露的发明标的和提出专利权利要求的发明视为归同一人所有或应该转让给同一人：

（1）披露的发明标的是由共同研究协议的一个或一个以上的主体开发、提出权利要求的发明是由共同研究协议的一个或一个以上的主体作出或代表其作出的，而该共同研究协议在提出权利要求的发明的有效申请日或之前即已生效；

（2）提出权利要求的发明是通过共同研究协议框架下从事的活动作出的；且

（3）提出权利要求的发明专利申请披露了或者通过修订披露了共同研究协议当事人的姓名。

（d）构成现有技术的专利和公开的申请

专利证书中记载的标的或专利申请中公开的发明，在下述日期有效提出申请，则构成第（a）（2）项规定的提出权利要求的发明的现有技术：

（1）若不适用第（2）项的规定，则是专利或专利申请的提出之日；

（2）如果专利或专利申请基于一个或多个在先专利申请，有权获得第119条、第365条（a）或第365条（b）优先权的，或者有权主张第120条、第121条或第365条（c）的在先申请日的，则是该标的的最先申请日期。

第103条获得专利授权的条件；非显而易见性

虽然不是按照本法第102条的规定所披露的提出权利要求的发明，但若其与现有技术之间的差别如此微不足道，在提出权利要求的发明的有效申请日前，对于本领域普通技术人员来说提出权利要求的发明是显而易见的，则该发明仍然不能获得专利授权。不能因完成发明的方式而拒绝授予专利权。

附录D 《美国法典》第35卷节选（自2013年3月16日起生效）

第112条 说明书

（a）一般规定

说明书应该对发明、制作与使用该项发明的方式和工艺过程，用完整、清晰、简洁而精确的词句进行书面描述，使任何熟悉该项发明所属技术领域或与该项发明最密切相关的技术领域的人都能制作及使用该项发明。说明书还应该提出发明人或共同发明人所拟定的实施发明的最佳方式。

（b）结尾

在说明书的结尾，发明人或共同发明人应该提出包括一项或以上的权利要求，具体指出并明确要求保护的其所认为的发明内容。

（c）格式

权利要求可以每一项独立编写，或者在具体情况允许的情况下，以从属或多个从属权利要求的形式编写。

（d）从属权利要求

援引其他权利要求在符合第（e）项规定的条件下，从属权利要求应该指出其引用的前项权利要求，并做出进一步限定。从属权利要求应该解释为包括其所引用的权利要求的所有限定。

（e）含有多项从属权利要求的权利要求

援引其他权利要求的多项从属权利要求，应指出其引用的前一项或前几项权利要求，并指明请求的进一步限制。多项从属权利要求不能再作为其他多项从属权利要求的基础。多项从属权利要求应该解释为包括了它所引用的特定权利要求的全部限定。

（f）组合发明的权利要求构成要素

关于组合发明，权利要求中可有一部分说明实现特定功能的方法或步骤，而不用细述其结构、材料或作用。这种权利要求说明应被解释为已包括说明书及类似文件中所记述的相应的结构、材料及作用。

第271条 专利侵权

（a）除本法另有规定外，在专利保护期间内，任何人未经许可在美国境内制造、使用、许诺销售或销售取得专利权的发明的，即为侵犯专利权。

（b）积极诱使侵犯专利权的人应该负侵权者的责任。

（c）任何人在美国销售、许诺销售或向美国进口获得专利权的机器、产品、组合物或合成物的零部件或组成部分，或者用于实施专利方法的材料、仪器，上述物品是发明的重要组成部分，且明知上述物品是为用于侵犯专利权而特别制造或改造的，而非通用产品或非用于实质性非侵权用途的商品的，行为人应作为共同侵权人承担责任。

（d）［保护专利权所有人在特定情况下的救济权利的规定］

（e）［与药物及兽医生物制品有关的规定］

（f）

（1）未经专利权人同意，在美国或者从美国提供或者促使提供尚未组装成专利产品的全部部件或其基本部件，积极诱使在美国境外将这些部件组装成专利产品的，如果组装发生在美国境内则构成侵权行为的话，则该人负侵权人的法律责任。

（2）未经专利权人同意，在美国或者由美国提供或者促使提供尚未组装或尚未完全组装的专利发明的部件，该部件是为用于侵害专利权而特别制造或改造，而非通用产品或用于实质性非侵权用途的商品，行为人知道该部件为用于侵害专利权而特别制造或改造，且意图使该部件在美国境外组装，如果组装发生在美国构成专利侵权的，则行为人负侵权者的法律责任。

（g）任何未经授权向美国进口、在美国许诺销售、销售或使用在美国获得专利权的专利方法制造的产品的，如果进口、许诺销售、销售或使用行为发生在专利保护期内，则行为人应负侵权人之责。在侵害方法专利权的诉讼中，不能根据产品的非商业使用或零售来确定救济方式，除非考虑到产品的进口、其他使用、许诺销售或销售无法通过本法实施充分救济。在下述情形下，不能认为产品是通过专利方法制造的：

（1）后续使用的方法使产品发生了实质性改变；或

（2）产品成为另一产品的可忽略不计的不重要的组成部分。

（h）-（i）［定义］

术 语 表

  本术语表主要是针对可能看到本书的发明人或者非专利工作者。专利工作者已经对这些术语非常熟悉了，当然也有例外，例如"权利要求族""权利要求书"，以及本书中对"现有技术"不太常规的用法，其在本书中的含义可能不同于35 U. S. C. 102 和 35 U. S. C. 103 中所限定的含义。

  以下用斜体❶显示的术语以本词汇表中的定义来理解。

  可预见的：指**权利要求**记载在**现有技术**中，一个可预见的权利要求**不能被授予专利权**或者是**无效**的。

  宽的：指**权利要求**中的**限定**相对较少，从而使权利要求包括了实现**发明构思**的更多情形。这样的权利要求被称为宽"范围"。（与**窄范围**对应）

  权利要求：一个单独的句子，包括一个或多个段落，定义专利权人的排他权利。（参见**侵权**）

  权利要求族：由一个**独立权利要求**及其所有**从属权利要求**组成的一组权利要求。

  权利要求书：**专利**中的所有**权利要求**，即所有权利要求族的集合。

  从属权利要求：引用另一**从属权利要求**或**独立权利要求**（父权利要求）的**权利要求**，其包括了父权利要求中的限定。

  实施例：实现**发明构思**的方法、装置或其组合。

  不清楚的权利要求：当**权利要求**可能**被侵权**时，权利要求中的一个或多个**限定**致使权利要求的含义不能合理确定。

  独立权利要求：没有引用其他权利要求的**权利要求**，从而其也不包括其他权利要求中的限定。

  被侵权、侵权：当某个被指控的**方法、装置**或**其组合**包括了**权利要求**中的所有**限定**，该权利要求被侵权。专利中只要有一个权利要求被侵权，则该**专利**被侵权。

---

  ❶ 为便于阅读，译文未用斜体，改用楷体。——译者注

侵权人：未经专利权人许可而**实施**专利发明内容的任何组织。

知识产权（IP）：被法律保护的知识和智慧。发明创造是知识产权的一种形式，受到**专利**保护。其他形式的知识产权包括文学艺术作品、产品名称、商业信息，分别受到版权、商标、商业秘密法保护。

无效的：**授权专利**中的**权利要求范围过宽或不清楚**。（可与不能被授予专利权相比较）

发明构思：使某一发明区别于现有技术的本质内容。例如，最初的圆珠笔的发明构思是其具有一个球形标记点。

限定：**权利要求中**的词或短语。

窄的：是指**权利要求**中具有过多的**限定**，从而使权利要求包括了实现**发明构思**的较少情形。这样的权利要求被称为窄"范围"。（与宽范围对应）

父权利要求：是指被**从属权利要求**引用的**权利要求**，因此，从属权利要求包括了父权利要求的所有**限定**。

专利、授权专利：官方授权的、使其拥有者在一定期限内具有排他权利的文件，包括制造、使用、许诺销售、销售、进口发明。

专利申请：为获取**授权专利**，向专利商标局提交的**说明书、权利要求书**、附图和其他正式文件。

在审（专利）：已经提交给专利商标局，但尚未被授予专利权的**专利申请**。

实施（发明）：通过制造、使用、销售、许诺销售或进口**方法、装置**或其组合来实施一个已经被授予专利权的发明，该方法、装置或其组合至少对专利权利要求书中的一个**权利要求**构成侵权。

前序部分：**权利要求**中的介绍性内容。

现有技术：某一技术领域中已知信息的载体——通常与35 U.S.C. 102中各条所定义的主题相关。本书中也用"现有技术"表示对35 U.S.C. 103中定义的本领域普通技术人员来说显而易见的主题。

记载：当**权利要求**中的所有**限定**都可以在某个**现有技术**中找到时，我们认为权利要求**记载**于现有技术中。

说明书：**专利申请**中描述**发明构思**及其**实施例**的部分。

不能被授予专利权的：是指在**审专利申请**中的某个**权利要求范围过宽或不清楚**。（可与无效相比较）

索　引

Ader, Clement（阿德尔，克莱门特）：39
adjectives or adverbs（形容词或副词）：44，90，106-107，113-114
advocacy, patent attorney's（辩护，专利代理人）：25-26
airplane, invention example（飞机，发明示例）：38，39，98，151-153
alarm clock, invention example（闹钟，发明示例）：22，98
algorithm, invention example（算法，发明示例）：141
amendments, claim（修改，权利要求）
　　inventive concept disclosure by prior art and（现有技术公开发明构思以及）：302-303，311
　　inventive concept not disclosed in prior art（现有技术没有公开发明构思）：308-311
　　rejection prompting（拒绝提示）：267，298，302-303，307-315
　　rethinking invention（反思发明）：307
　　Summary not amended to match（发明内容未修改匹配）：277
　　unnecessary limitations deleted in（删除不必要的限制）：311-315
ammonia production, invention example（氨的制备，发明示例）：335
animal trap, invention example（动物陷阱，发明示例）：126-128
apparatus claims（装置权利要求）
　　Beauregard claims as（博勒加德权利要求）：198-199，235-236
　　product-by-process claims as（方法表征产品的权利要求）：239-240
　　propagated signal claims as（传播信号权利要求）：236-237
　　as statutory claim type（作为法定权利要求类型）：84-85，87-88，102-104，112，158-159，166，181，197，198，199，213，233-237，239-240
"as a function of" language（"功能为……"的语言）：110-111
attorneys, patent. See patent attorneys（代理师，专利。见专利代理师）
audience, patent application（读者，专利申请）：269-270
automobile floor mat, invention example（汽车地垫，发明示例）：106
automobile or horseless carriage, invention example（汽车或自行推进的车厢，发明示例）：52，58-59
Background section（背景技术部分）
　　beginning with end in mind（以终为始）：271
　　collaborative process to write（合作写作过程）：331

conciseness of（简洁性）：271 – 272

Detailed Description as expansion of（详细描述的展开）：285 – 289，293 – 294

drawings not mentioned in（附图中未提及）：272 – 273

inventor discoveries not given away to prior art in（发明人的发现没有披露现有技术）：273 – 276

preparing（准备）：267，270 – 276，331

sample of（样例）：352

backup positions. See fallback features ball-point pen, invention example（备份位置。见圆珠笔中的回退特征，发明示例）：6 – 9，19，37 – 38，64，95，98，99，111 – 112，154 – 154，165 – 166，244

bar codes, laser – read, invention example（条码，激光阅读，发明示例）：312 – 314

Beauregard claims（博勒加德权利要求）：198 – 199，235 – 236

bimetallic switch, invention example（双金属开关，发明示例）：138 – 140

Biro, Laszlo（比罗，拉斯洛）：6n3

bottle cap, invention example（瓶盖，发明示例）：153 – 154

brake light, invention example（刹车灯，发明示例）：273 – 275

cancellation, patent application（注销，专利申请）：298，302，303，314

case law（判例法）：167，168 – 176，182 – 183，189 – 191，192 – 193，197，200，201。See also specific cases

chair, invention example（椅子，发明示例）：46，64 – 75，97，105，125 – 126，141，155 – 157，290 – 291，291 – 292，351 – 354

claim differentiation claims（差异性权利要求）：124 – 126，200

claims（权利要求）

  amendments to（修改）：267，277，298，302 – 303，307 – 315

  audience for（读者）：269 – 270

  Beauregard（博勒加德）：198 – 199，235 – 236

  breadth of（广度）：12，14 – 16，19，21 – 23，27 – 29，33 – 48，51 – 59，61 – 75，81 – 82，95 – 98，123 – 134，174 – 175，188 – 191，260 – 261

  claim differentiation（权利要求的差异）：124 – 126，200

  claim suite（权利要求书）：62，81，82，124 – 126，147 – 161，209 – 210，211 – 230，233 – 240，243 – 255，259 – 262

  collaborative process for drafting（撰写的合作过程）：332

  defining vs. explanatory language（定义和解释语言）：109 – 112，116 – 117，183，277

  definition（定义）：82，137 – 143，147 – 161，260，310 – 311

  definition – based（基于定义）：82，137 – 143

  dependent（从属）：75，82，117 – 118，124 – 126，126 – 129，137 – 143，147 – 161，200，260，310 – 311

  dependent claim assembly in（配置的从属权利要求）：82，147 – 161

  descriptive labels and modifiers in（描述性标签和修饰语）：44，90，106 – 107，113 – 114

  diversity of（多样性）：81，210，243 – 255

  embodiment – based（基于实施例）：

96-97, 100, 126-133
enforced-format（实施方式）: 246-255
enforcement of (*see* enforcement of patent)
fallback features of（退守特征）: 28, 61-75, 123-124, 132, 137-140, 147-161, 280-282, 311,
formalities required in（所需手续）: 261-262
functional language in（功能性语言）: 7n4, 58, 59, 82, 88, 104-105, 127, 163-184, 187-203, 244-246, 261
indefinite（不确定的）: 92, 113-114, 138, 140-142, 150-151, 174, 183-184, 191-193, 196, 201-202, 260
infringement loopholes in (*see* infringement loopholes)
intermediate-scope（中范围）: 81-82, 123-134
invention examples of (*see* invention examples)
inventive concept captured in（捕捉发明构思）: 5-9, 118, 138, 302-303, 308-311, 335-344
inventive-departure-based（基于发明点）: 46, 81, 95-119, 248
Jepson or European format（杰普森或欧洲格式）: 46
marketed product（销售产品）: 130-132
Markush groups（马库什组）: 159-160
maximized royalty base（最大化专利许可费）: 133
means-plus-function construct in（装置加功能的构建）: 7n4, 82, 88, 104-105, 187-203, 245-246
narrow-scope（窄范围）: 81-82, 123-134
narrowing（缩小）: 44-45, 53-58,

61-75, 81-82, 123-134, 260
phantom element（幽灵元素）: 104
picture（图片）: 132-133
Planned Retreat（计划性退守）: 61, 62-66, 67-75, 123, 132, 154-158, 311
prior art considerations in (*see* prior art)
problem-solution approach to (*see* problem-solution approach)
problem-solution-based（基于"问题—解决方案"）: 81, 83-92
problem-solution statements as basis for（"问题—解决方案"描述作为依据）: 28-29, 46, 81, 83-92, 95-119
product-by-process（方法限定产品）: 239-240
propagated signal（传播信号）: 236-237
recitations in (*see* claims, specific words)
rejection of（拒绝）: 25, 91, 128, 267, 297-305, 307-315
rethinking, for amendments（为了修改重新思考）: 307
reviewing（检查）: 259-262
short（短）: 91-92
specificity of（特异性）: 44-45, 51-59-59, 114-115, 118-119
statutory claim type of (*see* statutory claim types)
step-plus-function construct（步骤加功能结构）: 202-203
timing of writing（撰写时机）: 294
unnecessary limitations in（不必要的限制）: 105-112, 113, 117-118, 129-130, 311-315
varying terminology（变化的术语）: 246
withdrawal or cancellation of（退出或回

退)：298，302，303，314

claims, specific wording（权利要求，专门用语）

  "as a function of" language（"根据"）：110 - 111

  "in such a way that" language（"以这样的方式"）：111

  "so that" language（"以致"）：177 - 178

  "such that" language（"这样"）：178 - 179

  transitional phrases（过渡短语）：177 - 181

  "whereby" language（"由此"）：178，179，181，276

  "wherein" language（"其中"）：115，179 - 181

claim suite（权利要求书）

  claim differentiation claims in（差异性权利要求）：124 - 126

  dependent claim assembly in（独立权利要求集合）：82，147 - 161

  diversity of（多样性）：81，210，243 - 255

  enforcement impacted by assembly of（实施受组合的影响）：209 - 210，211 - 230，233 - 240，243 - 255，259 - 262

  fallback features of（退守特征）：62，147 - 161

  hierarchy of claims in（权利要求层次）：154 - 158

  individual direct infringers considered in（考虑个体直接侵权者）：209，219 - 223

  invention setting in（发明设定）：209，211 - 219，261

  Opposing Team's mindset considered in（考虑到对立方的心态）：223 - 226

  reviewing（回顾）：259 - 262

  statutory claim types in（法定权利要求类型）：209 - 210，233 - 240

classroom - style learning（课堂式学习）：319 - 320

clothing manufacture, invention example（服装制造，发明示例）：226 - 229

coffeemaker, invention example（咖啡机，发明示例）：23 - 24，41，98

collaboration, attorney - inventor（合作，代理师 - 发明人）：48，267，293，319 - 332

commercial value. See marketplace; royalties

composition claims（组合权利要求）：88，166，239 - 240

computer mouse, invention example（电脑鼠标，发明示例）：22

concept, inventive（概念，发明）：5 - 9，118，138，302 - 303，308 - 311，335 - 344

context. See environment or context, invention

courts. See judges and juries

Covey, Stephen（科维，史蒂芬）：101，271

cylinder lock, invention example（圆筒锁，发明示例）：209，212 - 213

damages（损害）：133，211，234 - 235，238 - 239

defining vs. explanatory language（定义与解释性语言）：109 - 112，116 - 117，183，277

definition claims（定义权利要求）

  assembly of dependent claims including（从属权利要求集合包括）：82，147 - 161

  drafting（起草）：82，137 - 143

  fallback feature claims comparison to（退守特征权利要求比较）：137 - 140

  indefinite parent claims of（不清楚的父权利要求）：138140 - 142，260

  invention - relevant and invention - irrelevant prior art avoided in（避免与发明有

关的和与发明无关的现有技术）：137－140，310－311

 questions and answers on use of（关于使用的问题和答案）：142－143

dependent claims（从属权利要求）

 assembling（集合）：82，147－161

 chaining vs. nonchaining of（链接与非链接）：147－153

 claim differentiation claims as（主张差异性的权利要求）：124－126，200

 definition claims as（将权利要求限定为）：82，137－143，147－161，260，310－311

 fallback feature claims as（see fallback features）

 hierarchy of（层次结构）：154－158

 independent embodiment claims vs.（实施例式独立权利要求）：126－129

 limitations for, avoided in parent claim（限制，在父权利要求中被避免）：117－118

 Markush groups（马库什组）：159－160

 Planned Retreat strategy for（计划性退守策略）：75

descriptive labels and modifiers（描述性标签和修饰语）：44，90，106－107，113－114

Detailed Description section（详细描述部分）

 Background and Summary as basis for（背景技术和发明内容作为基础）：285－289，293－294

 collaborative process to write（合作撰写过程）：331－332

 editing and revising（编辑和修改）：290

 embodiment alternatives included in（实施方案包括）：292－293

 environment or context details in（环境或上下文细节）：290－292

 invention identification prior to writing（撰写前对发明的认知）：289－290，293，332

 inverted pyramid writing format for（倒金字塔写作格式）：289

 preparing（准备）：267，285－295，331－332

 problem illustrated in（阐述问题）：286

 review of（回顾）：294

 sample of（样本）：352－354

 solution illustrated in（解决方案所示）：286－288

 timing of writing（撰写时机）：293－294

diversity（多样性）

 enforced-format claiming creating（构建强制格式权利要求）：246－255

 functional and structural language use creating（构建功能加结构语言）：244－246

 in patent claim suite（在专利权利要求书中）：81，210，243－255

 patent enforcement impacted by（专利实施受的影响）：210，243－255

 problem-solution statement recasting creating（问题解决方案重建）：244

 varied terminology creating（不同的术语创建）：246

double-hung window, invention example（双悬窗，发明示例）：63，64

Double Patenting (Stringham)：5

Dowss, William（杜斯，威廉）：7－8，111－112，244

drawings（附图）

 Background avoiding reference to（背景技术避免引用）：272－273

 Detailed Description including（详细描述

包括）：285，288，290

invention identification prior to creating（在创造之前识别发明）：290

invention setting identified by（识别发明）：214 - 215

patent application（专利申请）：118，214 - 215，272 - 273，285，288，290，330，351，352

electric lamps, invention example（电灯，发明示例）：342

elevator counterweighting system, invention example（电梯配重系统，发明示例）：321 - 322

embodiments（实施例）

    alternatives（可选方案）：39 - 41，57 - 58，100，125 - 126，292 - 293

    Detailed Description inclusion of embodiment details（包含实施例细节的详细描述）：288，289 - 293

    drawings of（附图）：118，214 - 215，272 - 273，285，288，290，330，351，352

    embodiment - based claims（基于实施例的权利要求）：96 - 97，100，126 - 133

    envisioning alternatives（想象替代品）：45 - 46

    fallback strategy protecting key features of（退守策略保护的关键特征）：28，61 - 75，123 - 124，132，137 - 140，147 - 161，280 - 282，311

    invention setting vs.（发明应用场景）：213

    inventive concept underlying（潜在的发明构思）：5 - 9，118，138，302 - 303，308 - 311，335 - 344

    inventor's focus on（发明人的焦点）：21，23 - 24，37

mining, in problem - solution statement writing（开采，撰写"问题—解决方案"的描述）：35 - 41

multiple（多个）：36

picture claims depicting（图片描述）：132 - 133

problem as focus instead of（问题作为焦点而不是）：8 - 9，11 - 17，41 - 44，55 - 58，99

separating function from design of（分离功能与设计）：37 - 39，100 - 101

Summary inclusion of embodiment details（包含实施例细节的发明内容）：280 - 282

enablement requirement（实现需求）：269，285，289

enforced - format claiming（强制格式权利要求）：246 - 255

enforcement of patent（专利的实施）

    claim suite assembly to maximize（最大化组合的权利要求书）：209 - 210，211 - 230，233 - 240，243 - 255，259 - 262

    damages in（损害）：133，211，234 - 235，238 - 239

    diversity of patent claim suite impacting（专利权利要求书多样性的影响）：210，243 - 255

    individual direct infringers and（个体直接侵权者）：209，219 - 223

    infringement loopholes in（see infringement loopholes）

    invention setting impacting（发明应用场景影响）：209，211 - 219

    reviewing claims for issues impacting（针对可能产生影响的问题检查权利要求）：259 - 262

"single reachable party" criteria for（"单一可达方"标准）：209，219－223

statutory claim types impacting（法定权利要求类型的影响）：209－210，233－240

engine operation, invention example（发动机操作，发明示例）：107－108

 environment or context, invention claim amendments addressing（环境或场景，发明权利要求修正案）：309－310

 claim suite inclusion of（权利要求书包括）：209，211－219，261

 Detailed Description including（详细描述，包括）：290－292

 importance of（重要性）：213－217

 invention setting as（发明应用场景为）：83，88－89，90，98，101，209，211－219，261

 inventive－departure－based claim inclusion of（基于发明点的权利要求包括）：98，101

 maintaining integrity of boundaries of（保持边界的完整性）：217－219，261

 patent enforcement impacted by（专利实施受到的影响）：209，211－219

 problem－solution－based claim inclusion of（基于问题解决方案的权利要求包括）：83，88－89，90

 problem－solution statement addressing（问题解决方案的表述）：55－58，89，90

European－style patent claims（欧式专利权利要求）：46

examples. *See* invention examples

facsimile machine out－of－paper function, invention example（传真机无纸功能，发明示例）：302

fallback features（退守特征）

 assembly of dependent claims including（独立权利要求的集合）：147－161

 of chair（椅子的）：64－75

 claim amendments（权利要求修改）：311

 defensibility of（可防御性的）：66，69－75

 definition claims comparison to（与之相比的权利要求的定义）：137－140

 direct（直接）：69－71

 hierarchy of,（层次）：134－158

 identifying（识别）：28，65－66，66－75

 indirect（间接）：71－75

 intermediate－and narrow－scope claims including（中范围和窄范围的权利要求，包括）：123－124，132

 need for fallback strategy（需要回退策略）：61－62

 Planned Retreat and（计划性退守）：61，62－66，67－75，123，132，154－158，311

 problem－solution approach to（"问题—解决方案"方法）：66－75，123－124

 Summary inclusion of（发明内容）：280－282

Festo Corp. v. Shoketsu Kinzoku Kogyo Kabushiki Co.（2002）：197，200

financial issues. *See* monetary issues

Fisher, In re（1970）：174n34

food steamer, invention example（食品蒸笼，发明示例）：26－27

frozen food packaging, invention example（包装冷冻食物，发明示例）：336

fuel－propelled rocket, invention example（燃料推进火箭，发明示例）：335

Fullam, In re：169

functional language（功能语言）

Beauregard claims and（博勤加德权利要求）：198－199

breadth of claim using（权利要求的范围）：174－175，188－191

case law on（案例法）：167，168－176，182－183，187，189－191，192－193，197，200，201

claim diversity achieved by use of（通过使用，实现权利要求多样性）：244－246

claims using（权利要求使用）：7n4，58，59，82，88，104－105，127，163－184，187－203

definition of（限定）：164

functional claims vs.（功能性权利要求）：163－166

indefiniteness created by（产生的不确定性）：174，183－184，191－193，196，201－202

means－plus－function construct of（装置加功能结构）：7n4，82，88，104－105，187－203，245－246

at point of novelty（在新颖性方面）：166－173

reviewing claims for（检查权利要求）：261

Section 112（f），U. S. C.，impacting：170，172－172－173，187－188，189，191－196，198－203

statements of intended use in（使用意图的陈述）：181－182

transitional phrases in（过渡词语）：177－181

unduly functional language（功能语言）：58，59，166，167－175，183，261

wording of（措辞）：177－184，193－202

General Electric Co. v. Wabash Appliance Corp：167，169－170，171，173，182－183

General Protecht Group v. FFC：190

Glatt Air Techniques, Inc., In re：172－173

Halliburton v. Walker（1948）［哈里伯顿沃克（1948）］：170－172，173，187，191，192

Holland Furniture Company v. Perkins Glue Company：169

horseless carriage or automobile, invention example（自行推进的车厢或汽车，发明示例）：52，58－59

indefiniteness（不确定性）

definition claim used to address（权利要求限定技巧）：138，140－142，260

dependent claim assembly to avoid（独立权利要求集合以避免）：150－151

descriptive labels and modifiers creating（构建描述性标签和修饰语）：113－114

functional language creating（构建功能性语言）：174，183－184，191－193，196，201－202

means－plus－function language creating（构建装置加功能语言）：191－193，196，201－202

"too short" claims as（"太短"的权利要求）：92

individual direct infringers（个体直接侵权者）：209，219－223

infringement loopholes. See also enforcement of patent

claim diversity limiting（权利要求多样化限定）：210，243－255

dependent claim assembly avoiding（从属权利要求集合以避免）：148－161

embodiment－based claims avoiding（基于实施例的权利要求以避免）：126－133

individual direct infringers finding（个体

直接侵权者发现）：209，219－223

means－plus－function language creating（构建装置加功能语言）：197

minimizing claim elements to avoid（尽量减少权利要求元素以避免）：112

patent claim suite avoidance of（专利权利要求书规避）：209－210，211－230，233－240，243－255，259－262

problem－first focus avoiding（首要焦点问题避免）：12

problem－solution－based claims avoiding（基于"问题—解决方案"的权利要求避免）：91

problem－solution statements avoiding（"问题—解决方案"描述避免）：33－35，37，91

statutory claim type adequacy avoiding（法定权利要求类型充分性避免）：209－210，233－240

unnecessary limitations in claim drafting creating（权利要求起草中不必要的限制）：105－108，113

"in such a way that" language（"以这样的方式"语句）：111

integrated circuit fabrication, invention example（集成电路制造，发明示例）：340，343

integration processor, invention example（集成处理器，发明示例）：108

intermediate－scope patent claims

avoiding unnecessary limitations in（避免不必要限制）：129－130

balancing patentability and "infringeability" in（平衡专利权与"侵权性"）：129－133

claim differentiation in（权利要求区分）：124－126

drafting（起草）：81－82，123－134

embodiment claims in（权利要求的实施例）：126－133

fallback features in（退守特征）：123－124，132

marketed product claims in（市场化产品权利要求）：130－132

maximized royalty base claims in（基于权利要求使专利使用费最大化）：133

picture claims in（图片权利要求）：132－133

Internet infrastructure, invention example（因特网基础设施，发明示例）：229－230

Internet technology, invention example（互联网技术，发明示例）：340

invention examples（发明示例）

aiorplane（飞机）：38，39，98，151－153

alarm clock（闹钟）：22，98

algorithm（算法）：141

ammonia production（氨的制备）：335

animal trap（动物陷阱）：126－128

antenna, telescoping radio/TV（天线，伸缩无线电/电视）：106－107

automobile floor mat（汽车地板垫）：106

automobile or horseless carriage（汽车或自行推进的车厢）：52，58－59

ballpoint pen（圆珠笔）：6－9，19，36－38，64，95，98，99，111－112，154，165－166，244

bar codes, laser－read（条形码，激光读取）：312－314

bimetallic switch（双金属开关）：138－140

bottle cap（瓶盖）：153－154

brake light（刹车灯）：273－275

chair（椅子）：46，64－75，97，105，125－126，141，155－157，290－121，

121-29，351-354

clothing manufacture（服装制造业）：226-229

coffeemaker anti-drip feature（咖啡壶防滴功能）：23-24，41，98

computer mouse（计算机鼠标）：22

cylinder lock（圆筒锁）：209，212-213

double-hung window（双悬窗）：63，64

electric lamps（电灯）：342

elevator counterweighting system（升降机配重系统）：321-322

engine operation（发动机操作）：107-108

facsimile machine out-of-paper function（传真机缺纸功能）：302

food steamer（食品蒸笼）：26-27

frozen food packaging（包装冷冻食物）：336

fuel-propelled rocket（燃料推进火箭）：335

integrated circuit fabrication（集成电路制造）：340，343

integration processor（集成处理器）：108

Internet infrastructure（互联网基础设施）：229-230

Internet technology（互联网技术）：340

laser vision correction（激光视力矫正）：338

magnetic recording（磁记录）：366-337

manufacturing technology（制造技术）：340-341

mass spectronomy（质谱学）：339

medical devices（医疗器械）：342

memory drives（存储器驱动器）：343-344

microwave oven turntable（微波炉转盘）：55-58，84-85，88，97，99，100，102-105，131-132，195-196

modular flooring（模块化地板）：252-253，254-255

mousetrap（捕鼠器）：11

negative feedback（负反馈）：336

optical communications（光通信）：339

optical system（光学系统）：108

paper clip or Konaclip（纸夹或魔爪）：13-16，19，38，41-42，54-55，98，100

paper-making（造纸）：212-213

photolithography（光刻术）：341

printing ink（印刷油墨）：150-151，154

recording media（记录介质）：342

rotor（转子）：108

run-length coding（游程长度编码）：251-252，254-255

semiconductor memories（半导体存储器）：343

spring-mounted building（弹簧安装的建筑）：302-303，308-311

superconducting devices（超导器件）：32-338

telephone（电话）：40-41

telephony（电话技术）：337

television signal format（电视信号格式）：213-215

traffic signal（交通信号）：86-88，88-89，98，101，278-279

two-stroke engine（双冲程发动机）：338-339

typewriter backspace key（打字机退格键）：244-245，345-350

typewriter repeating key（打字机重复键）：275-276

video compression（视频压缩）：214-219，220

web search（网络搜索）: 250-251, 254-255

zipper or clasp locker（拉链或锁扣）: 42-43

inventions

 defining（限定）: 27-29, 83

 embodiments of (*see* embodiments)

 enforcement protecting (*see* enforcement of patent)

 environment or context of use for (*see* environment or context, invention)

 examples of (*see* invention examples)

 fallback features of (*see* fallback features)

 as inventive concepts（作为发明概念）: 5-9, 118, 138, 302-303, 308-311, 335-344

 marketplace for（市场）: 46-47, 66, 69-74, 210, 211-219, 233-240

 monetary issues related to (*see* monetary issues)

 multiple or separate（多个或分开的）: 19-20, 26-27, 65, 71, 84

 obviousness of（显而易见）: 25, 167-173, 298-299

 Opposing Team and prior art to (*see* Opposing Team; prior art)

 problem-solution approach to (*see* problem-solution approach)

 rethinking, for amendments（重新考虑，修正案）: 307

 subsidiary (*see* fallback features)

 use of word "invention" in patent applications（在专利申请中使用"发明"一词）: 287, 294

invention-relevant vs. invention-irrelevant prior art（与发明相关的 vs. 与发明无关的现有技术）: 137-140, 121-29, 302-303, 304-305, 308-311

invention setting. *See also* environment or context, invention

 claim suite inclusion of（权利要求书包含）: 209, 211-219, 261

 definition of（定义）: 211, 212-213

 importance of（重要性）: 213-217

 of inventive-departure-based claims（基于发明点的权利要求）: 98-101

 maintaining integrity of setting boundary（保持应用场景边界的完整性）: 217-219, 261

 patent enforcement impacted by（专利执法受到影响）: 209, 211-219

 of problem-solution-based claims（基于"问题—解决方案"的权利要求）: 83, 88-89, 90

 statutory claim type vs.（法定权利要求类型）: 209, 212-213

inventive concept（发明构思）: 59, 118, 138, 302-303, 308-311, 335-344

inventive-departure-based claims avoiding unnecessary limitations in（基于发明点的权利要求避免不必要的限制）: 105-112, 113, 117-118

 beginning with end in mind（从脑海中开始）: 101-105

 defining vs. explanatory language in（限定与解释性语言）: 109-112, 116-117

 dependent claim limitations avoided in（从属权利要求限定规避）: 117-118

 embodiment-based claims as（基于实施例的权利要求）: 96-97, 100

 enforced-format treatment of inventive departure（出发点出发点的强制格式处理）: 248

 identifying inventive departure in（识别发

明点): 99 - 101
		invention setting of (发明的应用场景):
			98, 101
		Jepson claim format as basis of (吉普森权利要求格式的基础): 46
		language specificity in (特定语言): 114 - 115, 118 - 119
		minimizing claim elements in (最小化权利要求元素): 112 - 113
		modifier scrutiny in (修改检查): 113 - 114
		problem - solution approach to ("问题—解决方案"用于): 46, 81, 95 - 119
		simplicity of (简单性): 118 - 119
		statutory claim types for (法定权利要求类型): 98, 101
		steps for creating (构建步骤): 98
inventive features. See fallback features inventors
	applications made on behalf of (see patent applications)
	claims made on behalf of (see claims) (以……为代表创建权利要求)
	classroom - style teaching by (课堂式): 319 - 320
	embodiment focus of (实施例焦点): 21, 23 - 24, 37
	patent application drafting (起草专利申请): 294, 329 - 332
	patent attorney collaboration with (专利代理师合作): 48, 267 - 293, 319 - 332
	reading of cited prior art references by (引用现有技术参考文献): 302
	as self - directed learning participant (作为自主学习参与者): 320 - 329
Jepson or European - style patent claims ("吉普森"式专利权利要求): 46

judges and juries (法官和陪审团)
	audience for patent including (专利读者): 270
	case law by (判例法): 167, 168 - 176, 182 - 183, 187, 189 - 191, 192 - 193, 197, 200, 201
	(see also specific cases)(也见具体案例)
Judson, Whitcomb, 42 - 43
Konaclip, invention example (曲别针, 发明示例): 13 - 16, 19, 41 - 42, 54 - 55, 98 - 100
laser vision correction, invention example (激光视力矫正, 发明示例): 338
lawyers, patent. See patent attorneys
Loud, John: 6 - 9, 95, 165 - 166, 244
magnetic recording, invention example (磁记录, 发明示例): 366 - 337
manufacturing technology, invention example (制造技术, 发明示例): 340 - 341
marketed product claims (市场化产品权利要求): 130 - 132
marketplace (市场)
	commercial significance of invention setting in (发明应用场景的商业意义): 211 - 219
	fallback feature commercial value in (退守特征商业价值): 66, 69 - 74
	problem - solution statement consideration of (关于问题解决方案的考虑): 46 - 47
	statutory claim types impacting value in (影响权利要求价值的法定权利要求类型): 210, 23 - 240
Markush groups (马库什组): 159 - 160
mass spectronomy, invention example (质谱学, 发明示例): 339
maximized royalty base claims (基于权利要求使专利使用费最大化): 133

means‐plus‐function construct（装置加功能结构）

 Beauregard claims and（博勒加德权利要求）：198-199

 breadth of claim using（权利要求宽度）：188-191

 case law on（判例法）：187, 189-191, 192-193, 197, 200, 201

 claim diversity achieved by use of（实现权利要求多样化）：245-246

 declining use of（拒绝使用）：190, 191, 197

 drafting patent claims using（起草专利申请）：7n4, 82, 88, 104-105, 187-203

 indefiniteness created by（由……产生的不确定性）：191-193, 196, 201-202

 Section 112（f），U.S.C., impacting：187-188, 189, 191-196, 198-203

 step‐plus‐function vs.（步骤加功能）：202-203

 wording of（措辞）：193-202

medical devices, invention example（医疗器械，发明示例）：342

memory drives, invention example（存储器驱动器，发明示例）：343-344

method claims（方法权利要求）：84-85, 87-88, 112, 158-159, 166, 213, 237-239

Mettler‐Toledo, Inc. v. B‐Tek Scales, LLC：201

microwave oven turntable, invention example（微波炉转盘，发明示例）：55-58, 84-85, 88, 97, 99-100, 102-105, 131-132, 195-196

modular flooring, invention example（模块化地板，发明示例）：252-253, 254-255

monetary issues（金额问题）

 damages（损害）：133, 211, 23-245, 23-89

 filing fees（申请费）：149, 159

 marketplace commercial value（市场商业价值）：46-47, 66, 69-74, 210, 211-219, 233-240

 royalties（专利权使用费）：7, 15, 16, 22, 36, 133, 210, 213-217, 233-240

mousetrap, invention example（捕鼠器，发明示例）：11

narrow‐scope patent claims（窄范围的专利权利要求）

 avoiding unnecessary limitations in（避免不必要的限制）：129-130

 balancing patentability and "infringeability" in（平衡专利权与"侵权性"）：129-133

 claim differentiation in（权利要求的差异性）：124-126

 drafting（起草）：81-82, 123-134

 embodiment claims in（权利要求的实施例）：126-133

 fallback features in（退守特征）：123-124, 132

 marketed product claims in（市场化产品权利要求）：130-132

 maximized royalty base claims in（基于权利要求使专利使用费最大化）：133

 picture claims in（图片权利要求）：132-133

negative feedback, invention example（负反馈，发明示例）：336

Nuijten, In re（2007）：236-237

obviousness of inventions（发明的显而易

见）：25，167-173，298-299

Opposing Team（对手团队）

    audience of patent application including（专利申请的读者）：270

    fallback strategy in response to（*see* fallback features）

    infringement loopholes sought by（*see* infringement loopholes）

    inventive-departure-based claims viewed from perspective of（从……视角考虑基于发明点的权利要求）：102

    patent claim suite viewed from perspective of（从……视角考虑权利要求书）：223-226

    patent enforcement against（*see* enforcement of patent）

    prior art of（*see* prior art）

    problem-solution statement viewed from perspective of（从……视角考虑问题解决方案）：33-35

optical communications, invention example（光通信，发明示例）：339

optical system, invention example（光学系统，发明示例）：108

O'Reilly v. Morse（1854）：168-169，172，174，175-176

paper clip, invention example（纸夹，发明示例）：13-16，19，38，41-42，54-55，98，100

paper-making, invention example（造纸，发明示例）：212-213

Patent and Trademark Office, U.S.（美国专利商标局）

    applications to（*see* patent applications）（申请（见专利申请））

    fees assessed by（费用）：149，159

    prior art search via（检索现有技术）：28

patent applications（专利申请）

    amendments to（修正案）：267，277，298，302-303，307-315

    audience for（读者）：269-270

    Background segment of（背景技术片段）：267，270-276，285-289，293-294，331，352

    claims in（*see* claims）

    Detailed Description segment of（详细说明部分）267，285-295，331-332，352-354

    drawings in（图）：118，214-215，222-227，285，288，290，330，351，352

    enablement requirement for（请求的实现）：269，285，289

    fallback strategy for（回退策略）：28，61-75，123-124，132，137-140，147-161，280-228，311

    inventors' involvement in（发明人的参与）：294，329-332

    monetary issues related to（*see* monetary issues）

    post-filing appearance of prior art（提交申请后出现的现有技术）：59，61-62，304

    preparing（准备）：267，269-283，285-295，329-332

    problem-solution approach to（*see* problem-solution approach）

    rejection of（驳回）：25，91，128，267，297-305，307-315

    review of（检查）：294，329，330

    sample（样品）：351-354，

    Summary section of（发明内容部分）：267，276-283，285-289，293-294，331，352

    withdrawal or cancellation of（撤回或注

销）：298，302，303，314

patent attorneys（专利代理师）

    advocacy of（辩护）：25 - 26

    classroom - style learning by（课堂式学习）：319 - 320

    consulting with other（与其他人讨论）：45 - 48

    inventive concept articulated by（发明构思的组成）：5 - 9，118，138，302 - 303，308 - 311，335 - 344

    inventor collaboration with（与发明人协作）：48，267，293，319 - 332

    knowledge level of（知识水平）：31 - 322

    problem - first approach of（解决首要问题）：8 - 9，11 - 17，41 - 44，55 - 58，99

    problem - solution statements by（"问题—解决方案"的描述）：19 - 29，33 - 48，51 - 59，81，83 - 92，95 - 119，244，330 - 331，335 - 344，355 - 350

    reliance on inventors by（对发明人的依赖）：326 - 328

    self - directed learning by（自主学习）：320 - 329

    skepticism of（怀疑主义）：24 - 25

    technological curiosity of（技术好奇心）：325 - 326

patent claims. *See* claims

patent enforcement. *See* enforcement of patent

photolithography, invention example（光刻，发明示例）：341

picture claims（图片权利要求）：132 - 133

Planned Retreat（计划性退守）：61，62 - 66，67 - 75，123，132，154 - 158，311。*See also* fallback Features

printing ink, invention example（油墨，发明示例）：150 - 151，154

prior art（现有技术）

    breadth of claim possible without reading on（未记载……的权利要求可能的宽度）：12，14 - 16，19，21 - 23，27 - 29，33 - 48，51 - 59，61 - 75，81 - 82，95 - 98，123 - 134，174 - 175，188 - 191，260 - 261

    claim amendments to avoid reading on（避免记载于……的权利要求修正）：267，277，298，302 - 303，307 - 315

    definition claim avoiding reading on（避免记载于……的权利要求限定）：137 - 143

    fallback features to distinguish from（回退特征的区分）：28，61 - 75，123 - 124，132，137 - 140，147 - 161，280 - 282，311

    invention - relevant vs. invention - irrelevant（与发明相关的 vs. 与发明无关的）：137 - 140，291 - 292，302 - 303，304 - 305，308 - 311

    inventive concept disclosure by（发明构思被……披露）：302 - 303，308 - 311

    inventor discoveries given away to（发明人的发明披露）：273 - 276

    obviousness of improvements to（改进的显而易见性）：25，167 - 173，298 - 299

    online search for（在线检索）：28

    patent application reference to（专利申请参考文献），271 - 272，286，291 - 292

    post - filing appearance of（提交后出现的）：59，61 - 62，304

    rejections based on cited prior art（基于引用的现有技术驳回）：297 - 305，307 - 315

    skepticism about improvements beyond（对改

进的怀疑）：24-25

problem-solution approach（问题解决方案）

 Background including problem; Summary including solution（背景技术包括问题；发明内容包含解决方案）：267，331

 beginning from problem solved（从解决问题开始）：8-9，11-17，41-44，55-58，99

 claim amendments based on（基于……的权利要求修正）：307-315

 Detailed Description including problem and solution（详细描述包括问题和解决方案）：267，285-295，331-332

 fallback feature identification using（使用……确定回退特征）：66-75，123-124

 inventive-departure-based claims based on（基于发明点的权利要求）：46，81，95-119

 problem-solution-based claims（基于问题解决方案的权利要求）：81，83-92

 problem-solution statements（问题解决方案的描述）：19-29，33-48，51-59，81，83-92，95-119，244，330-331，335-344，345-350

 rejection response options based on（基于……不接受答复）：267，290-305

problem-solution-based claims（基于问题解决方案的权利要求）

 drafting（起草）：81，83-92

 examples of（示例）：84-77

 invention setting of（发明的应用场景）：83，88-99，90

 preamble of（前序）：87

 problem language removed in（移除问题语言）：83，89

 rearrangement and repetition in（重排与重复）：87

 statement vs. claim language comparison（描述与权利要求语言的比较）：84，90-91

 statutory claim type for（法定权利要求类型）：83，88

 stitching options for（缝合选项）：83，87-89，90

 "too short"（"太短"）：91-92

problem-solution statements（"问题—解决方案"的描述）

 alternative embodiments considered in（考虑备选实施例）：39-41，57-58

 avoiding embodiment focus in（避免实施例焦点在于……）：23-24

 breadth of（宽度）：19，21-23，27-29，33-48，51-59

 claim diversity achieved by recasting（通过重建实现权利要求多样性）：244

 collegial consultation regarding（大家讨论）：45-48

 competitor or "Opposing Team" mentality considered in（竞争对手或"对手团队"心态）：33-35

 defining invention in（发明的定义）：27-29

 definition of（定义）：19

 drafting claims based on（基于……起草权利要求）：28-29，46，81，83-92，95-119

 early writing of（早期撰写）：20-21

 examples of（示例）：335-344

 exercise on writing（写作练习）：355-350

 function vs. details separated in（功能与

各自的细节）：37-39
  infringement loopholes avoided in（侵权漏洞得以避免）：33-35，37，91
  invention environment or context addressed in（发明的环境或应用场景）：55-58，89，90
  inventive concept and（发明构思）：335-344
  inventive-departure-based claims relationship to（基于发明点的权利要求关系）：46，81，95-119
  inventor-attorney collaboration on（发明人代理师合作）：48，330-331
  language specificity in（专门语言）：44-45，51-59
  marketplace considered in（市场考虑）：46-47
  mining embodiments to create（构建挖掘的实施例）：35-41
  multiple or separate（多重或分开）：19-20，26-27，84
  narrowing（变窄）：44-45，53-58
  problem segment breadth in（问题段宽度）：41-44，55-58
  problem-solution-based claims relationship to（基于问题解决方案的权利要求关系）：81，83-92
  pruning and distilling（修剪和提炼）：44-45
  "seeing" invention before writing（写作前看透发明）：45-46
  skepticism prior to invention validation before preparing（在准备前怀疑专利有效性）：24-25
product-by-process claims（步骤限定的产品权利要求）：239-120
propagated signal claims（传播信号权利要求）：236-237
pruning and distilling（修剪和提炼）：44-45
recording media, invention example（记录介质，发明示例）：342
rejection（驳回）
  claim amendments as result of（根据……提出的权利要求修正）：267，298，302-303，307-315
  of dependent claims after parent claims（父权利要求后的从属权利要求）：128
  for invention not predating references（不早于参考文献的发明）：303-305
  for obviousness（为了显而易见）：25，298-299
  options in response to（响应于……的选项）：267，290-305
  for prior art disclosure of inventive concept（披露了发明构思的现有技术）：302-303，308-311
  for reading on cited prior art（记载于引用的现有技术）中：300-302
  for shortness of claim（权利要求期限短）：91
Rich, Giles：163
rotor, invention example（转子，发明示例）：108
  invention setting impacting（发明应用场景影响）：213-217
  inventive concept impacting（发明构思影响）：7
  maximized royalty base claims（基于权利要求使专利使用费最大化）：133
  problem-first focus impacting（首要焦点问题的影响）：15-16
  problem-solution statement impacting（问题解决方案描述的影响）：22，36

statutory claim types impacting（法定权利要求类型的影响）：210，23 - 240

run - length coding, invention example（编码长度，发明示例）：251 - 252，254 - 255

sample patent（样品专利）：351 - 354

self - directed learning（自主学习）：320 - 329

semiconductor memories, invention example（半导体存储器，发明示例）：343

setting, invention. See environment or context, invention; invention setting

The 7 Habits of Highly Effective People（Covey）：101

"single reachable party" enforcement criteria（"单一可达方"实施标准）：209，219 - 223

skepticism（怀疑）：24 - 25

"so that" language（"以致"语言）：177 - 178

spring - mounted building, invention example（弹簧安装的建筑，发明示例）：302 - 303，308 - 311

statutory claim types（法定权利要求类型）

    apparatus claims as（装置权利要求）：84 - 85，87 - 88，102 - 104，112，158 - 159，166，181，197，198 - 199，213，233 - 237，239 - 240

    claim suite inclusion of（权利要求书包括）：209 - 210，233 - 240

    composition claims as（组合权利要求）：88，166，23 - 240

    invention setting vs.（发明应用场景）：209，212 - 213

    for inventive - departure - based claims（基于发明点的权利要求）：98，101

    method claims as（方法权利要求）：84 - 85，87 - 88，112，158 - 159，166，213，237 - 239

    patent enforcement impacted by（专利实施的影响）：209 - 210，233 - 240

    for problem - solution - based claims（基于问题解决方案的权利要求）：83，88

    product - by - process claims as subset of（步骤限定的产品权利要求作为……的子集）：239 - 240

step - plus - function construct（步骤加功能的结构）：202 - 203

Stringham, Emerson（斯特林厄姆，爱默生）：5，83，118

subsidiary inventions（从属发明）. See fallback features "such that" language：178 - 179

Summary section（发明内容部分）

    claim - restatement vs. story - telling style of（权利要求声明方式与讲故事方式）：276 - 278

    collaborative process to write（合作撰写过程）：331

    creativity in writing（撰写中的创造）：282 - 283

    examples of（示例）：271，274 - 279

    Detailed Description as expansion of（详细描述包括）：285 - 289，293 - 294

    functional presentation of solution in（解决方案的功能性表达）：279

    inverted pyramid writing format for（倒金字塔书写格式）：280 - 282

    one sentence invention solution stated in（描述发明解决方案的一句话）：278 - 279

    optional features designated in（可选特征）：280

    preparing（准备）：267，276 - 283，331

    problem - solution loop closed in（关闭问题解决方案环）：280

索引

Sundback, Gideon: 43n11

superconducting devices, invention example （超导装置, 发明示例）: 337-338

swearing behind references （针对参考文献宣誓在先）: 303-305

telephone, invention example （电话, 发明示例）: 40-41

telephony, invention example （电话技术, 发明示例）: 337

telescoping radio/TV antenna, invention example （伸缩式收音机/电视天线, 发明示例）: 106-107

television signal format, invention example （电视信号格式, 发明示例）: 213-215

terminology. See claims, specific wording

traffic signal, invention example （交通信号, 发明示例）: 86-87, 88-89, 98, 101, 278-279

two-stroke engines, invention example （双冲程发动机, 发明示例）: 338-339

typewriter backspace key, invention example （打字机退格键, 发明示例）: 244-245, 345-350

typewriter repeating key, invention example （打字机重复键, 发明示例）: 275-276

United States Code, Title 35 （《美国法典》第35卷）

§ 101, 199, 233, 237, 355

§ 102, 175, 267, 297-298, 303, 355-356, 359, 360

§ 103, 25, 175, 267, 297, 298, 300, 356, 359, 360

§ 112, 91, 138, 140, 170, 172-173, 174-175, 187-188, 189, 191-196, 198-203, 269, 357

§ 271, 228, 357-358

U. S. Patent Office. See Patent and Trademark Office, U S

Valmont Industries. Inc. v. Reinke Manufacturing Co.. Inc. (1993): 189-190, 191, 201

value, commercial. See marketplace; royalties

video compression, invention example （视频压缩, 发明示例）: 214-219, 220

vulnerability, Opposing Team's search for （弱点, 对手团队的检索）: 33-35。See also infringement loopholes

web search, invention example （网络检索, 发明示例）: 250-251, 254-255

"whereby" language （"由此"语句）: 178, 179, 181, 276

"wherein" language （"其中"语句）: 115, 179-181

Williamson, James: 43

Wright brothers （莱特兄弟）: 38, 39

zipper or clasp locker, invention example （拉链或锁扣, 发明示例）: 42-43